梳理中國

择法而从

本书得到"中央高校基本科研业务费专项资金"资助（supported by "the Fundamental Research Funds for the Central Universities"）。

择法而从

司法中的价值判断

孙海波 著

ADJUDICATION
ACCORDING TO LAW

中国政法大学出版社

声　明　1. 版权所有，侵权必究。

　　　　2. 如有缺页、倒装问题，由出版社负责退换。

图书在版编目（CIP）数据

择法而从：司法中的价值判断 / 孙海波著.
北京：中国政法大学出版社，2024. 10. -- ISBN 978-7-5764-1841-5

Ⅰ. D926

中国国家版本馆 CIP 数据核字第 2024S1A184 号

出 版 者	中国政法大学出版社
地　　址	北京市海淀区西土城路 25 号
邮寄地址	北京 100088 信箱 8034 分箱　邮编 100088
网　　址	http://www.cuplpress.com（网络实名：中国政法大学出版社）
电　　话	010-58908289(编辑部) 58908334(邮购部)
承　　印	北京中科印刷有限公司
开　　本	880mm×1230mm　1/32
印　　张	10.75
字　　数	240 千字
版　　次	2024 年 10 月第 1 版
印　　次	2024 年 10 月第 1 次印刷
定　　价	59.00 元

引 言

法学是一门实践性或应用性的学问,实在法的归宿在于指引人们的行为和提供纠纷解决标准。在某种意义上,司法是法律体系的核心,而司法活动的中心内容在于法官如何作出裁判。个案判决具有眼前和长远意义,就眼前而言,它能直接解决现实争议、定分止争。从长远看,个案判决又具有超越当下案件的重要意义,判决中所蕴含的法律解释或适用方案,会指引法官在未来类似案件中作出大体类似的判决。

司法裁判形式上表现为法律规范与案件事实的对应,它似乎是一种依靠形式逻辑推理的活动。实际上,判决的背后是复杂的,往往是多种因素或多种力量在支配法官作决定。有时候,我们习惯将这背后的东西称为"司法理论"或者"司法哲学"。

想要客观、准确地呈现法官思维过程,绝非一件容易之事。法官的某些思考,研究者通常从外界很难察知,因为具有主观性色彩或高度个人化的评价既无法量化,又无法统一嵌套到某种模式之下。尽管如此,学者们仍然努力用不同的模式或理论解释法官的裁判行为。比如,波斯纳曾将司法行为描述为态度理论、战略理论、社会学理论、心理学理论、经济学理论、组织理论、实用主义理论、现象学理论以及法条主义理论九种模型。[1] 我国学者对法官决策理论也做了十分丰富的研究，涉猎主题包括法条主义、实用主义、法教义学、社科法学、后果考量，以及其他有关法律解释、法律推理及法律论证的理论探讨。

尽管理论研究十分丰富，但远远不足以揭示法官裁判背后的真实画面。有时候就连法官本人对于自己为何这样裁判也说不清楚。卡多佐法官在研究美国司法裁判的性质时，曾一度为法官断案过程的复杂性所困惑：

"当我决定一个案件时，我到底做了些什么？我用什么样的信息资源来作为指导？我允许这些信息在多大比重上对结果起了作用？它们又应当在多大比重上发挥作用？如果可以适用某个司法的先例，在什么时候我会拒绝遵循这一先例？当没有可以适用的先例时，我又如何获得一个规则同时又为未来制定一个先例？如果我寻求的是逻辑上的前后一致，寻求法律结构上的对称，这种寻求又应走多远？在哪一点上，这种追求应当在某些与之不一致的习惯的面前、在某些关于社会福利的考虑因素的面前以及在我个人的或共同的关于正义和道德的标准面前止步？"[2]

虽然描述的是美国法官同行在日常司法审判工作中的困惑，中国的法官在适用法律的过程中面临类似的处境，他们有时难

---

[1] 参见［美］理查德·波斯纳：《法官如何思考》，苏力译，北京大学出版社2009年版，第17~52页。

[2] ［美］本杰明·卡多佐：《司法过程的性质》，苏力译，北京大学出版社1998年版，第1~2页。

以确定法律在特定个案中应具备何种含义，有时在适用法律与发展法律之间犹豫不决，还有时会徘徊于依法裁判与个案正义之间而不知做何选择。

依照笔者对司法裁判过程的观察，法官做出的所有努力旨在寻求一个公正的个案判决，同时又要确保该判决结果符合法治原则。言外之意，他要努力兼顾依法裁判与个案正义这两项根本的司法要求。在简单或常规案件中，这二者基本是一致的，法官依法断案便会同时实现个案正义。只不过，一旦遭遇疑难案件，依法裁判与个案正义的张力才会突显出来。

针对这一难题，无论是法教义学还是与之对应的社科法学，均尝试提出自己的解决方案。法教义学秉持规范法学的立场，着眼于对实在法规范的解释与遵守，法官在既有法体系的框架秩序内通过行使价值判断，给出符合法治要求的公正判决。当然，这种教义性的思维有其自身内在的局限，法官并不是总能完满地兼顾依法裁判与个案正义，价值判断亦会有失灵的场合，此时将特别考验法官的断案能力。

社会科学进路的司法理论，取向于实用主义或后果主义，并不是特别重视规范法学思维。它倡导，在裁判过程中，法官不必拘泥或固守法律文本，而是要重视案件的背景与语境，坚持具体问题具体分析，必要时对实在法文本可采取一种轻视甚至怀疑的态度，注重办案的社会效果或实效。这种判断，也被学者称为"社会科学判断"，本书第二章会检讨这一理论。在事实认定方面，社会科学会影响法官对证据的判断和采纳。在法律适用方面，法官遵循先做后果判断再找法条解释的过程。[1]

---

[1] 参见侯猛：《司法中的社会科学判断》，载《中国法学》2015年第6期。

这种司法理论的代表就是后果取向的裁判思维，它采取一种不同于法教义学的方式来处理价值判断。

在中国法学界持续已久有关法教义学与社科法学的争论，表面上看似是法官到底要考虑规范还是注重后果，实质上背后隐含的是司法如何处理价值判断的问题。人们对此有一个基本共识，会认为价值判断对于司法来说是必要的和重要的，尤其是有助于法官妥善处理疑难案件。大家的分歧在于，彼此眼中的价值判断有很大差异，法教义学视野下的价值判断更多是一种基于法规范的价值判断，而社科法学提倡的价值判断更多是一种带有浓厚实用主义色彩的后果判断甚至超越法律的判断。

在这一背景下，作为一项严肃的司法议题，我们必须要思考：什么是价值？价值来自何处？法律中有哪些基本价值？什么是价值判断？价值如何判断？司法能离开价值判断吗？价值判断是泛在的还是有限存在的？价值判断一定是后果或结果导向的吗？价值判断会对依法裁判产生威胁吗？价值判断是否需要遵循一定的论证规则？法官的价值判断是主观的还是客观的？价值判断的客观性意味着什么？如何确保价值判断走向理性化？等等。诸如此类的问题，还有很多，每一个问题都不好回答。

学界对于司法方法或司法裁判主题形成了相当丰硕的研究，但对"价值判断"这个主题的论述相当薄弱，呈现出了较为严重的碎片化现状。个别部门法领域虽有零星关于价值判断的讨论，但仍然缺乏体系化、深入性的研究成果。法学理论界也欠缺对此一主题的研究，尚有相当大的挖掘空间。本书尝试以价值判断为直接讨论的问题，从法律理论、司法实践等视角对该议题做深入的、体系化的阐释。

从具体写作安排上看，本书共有八章内容。

第一章，法教义学视野下的司法价值判断。

尝试探讨司法中的价值有哪些，"价值"如何"判断"，以及法官拥有多大的价值判断空间。摆正价值判断在司法裁判中的位置，应认识到价值判断既不是越多越好，也不是越少越好，而是应在合适的场合发挥其应有的功能。价值的来源有法律内价值与法律外价值之别，价值判断包含根据价值的判断和对价值本身的判断。价值判断固然重要但并不能直接作为裁判的根据，而应借助于其他方法来影响判决。价值判断具有鲜明的后果主义导向，基于法外价值所进行的后果推理会侵蚀裁判的法律性，极易走向依法裁判的对立面。唯有坚持一种整体的法体系观，才能较好地协调价值判断与依法裁判之间的紧张关系，使得价值判断更好地促进依法裁判。

第二章，司法中的社会科学判断。

与法教义学着眼于从内部视角探讨法律的规范含义不同，社科法学倡导"法律之理乃在于法律外"，以一种外部视角分析法律现象、提供解决法律问题的独特方案。这一章实质上对外部视角的司法判断方法进行反思，试图指出其面临的困难及局限。伴随着法律与社会科学交叉性研究的进展，法学研究与司法实践都不断对社会科学开放。社会科学主要在案件事实论证领域发挥作用，通常被用以确认裁判性事实，除此之外还可以被用以形成立法性事实或提供社会框架背景。从方法论上来说，司法裁判的社会科学化至少面临三个层面的批判：在法概念论上，坚持一种还原论立场，以外部描述性方法消解法律规范性；在功能属性上，以对专业性和权威性知识经验的垄断，实际上发挥着一种修辞性的功能；在思维方式上，依循一种后果导向的推理思路，极易导向一种超越法律的法外裁判立场。在承认司法裁判社会科学化合理性的同时，也要注重其应有的限度。司法应坚持教义性规则对案件裁判的根本决定作用，维护依法裁判的基本立场。

第三、四、五章，司法中后果导向的判断。

与常规的从法规范出发的推理思维不同，后果论则反其道以后果评价作为逻辑论证前提。这种思维方式着眼于预测和评价后果，较为贴近常人的直觉判断，故而在实践中较受欢迎，以至被广泛运用于法律发现、法律解释以及裁判说理等法律适用活动的多个环节中，并取得了不同于单纯形式逻辑推演的良好收效。然而，后果论思维自身面临后果不确定、评价标准缺位、不具有独立性和终局性等问题，对其在实践中的误用和滥用现象必须保持足够的警惕。为此，裁判者需要秉持一种谦抑适用的态度，在迫不得已时才能启用该"最后手段"，严格限定后果的种类及范围，坚持教义规则和法体系内论断优先的原则，当试图借助后果考量逾越法体系或向法外逃逸时，则须承担起更加严格的论证负担。后果考量作为一种有益的法律补充方式，必须在既有的法律框架秩序内运作。

后果论思维背后暴露了表面证立与虚假证立的问题，需要接受教义学的改造和限制。为此，需要从形式与实质两个层面构建限制的标准。在形式层面上，后果论思维应严格"依法"进行，不得任意摆脱法律的拘束。在实质层面上，后果论思维要接受合理性的检验，对后果的选择、评价及考量要考虑对未来类似案件的一般性影响，也要使后果考量在实质理由层面实现融贯，不得与法律的价值、基本原则及整体法秩序相互冲突，确保后果主义裁判能够契合于依法裁判的基本立场。

第六、七章，司法裁判中的道德考量及道德判断。

法律与情理交融，法理与情理相互渗透，在司法中时常会以道德形式显现出来。司法审判活动的独特性体现在法官应基于法律作出裁判，依法裁判相应地成为拘束法律推理的基本要求。法律推理是否因此可以完全不考虑道德性因素，学界对此有过不少争辩，这涉及我们如何理解法律推理活动的性质。道德议题在很多时候与法律问题交织在一起，实践中存在立法与司法这两种应对道德议题的进路，各具特色且各有局限。以司法场域作为讨论背景，法官不得不承担起解决道德议题的重任。道德主要以三种方式进入法律推理活动，即通过考量道德因素来主导裁判结果，以法伦理原则为根据裁判，以及以道德理由强化释法说理。但是，应警惕直接将道德作为法源、以粗糙的道德判断直接取代法律判断的做法，从而严格地坚持道德裁判与依法裁判之间的界限。

司法的一个重要职能在于弥合法律与社会发展之间的鸿沟，社会事实的复杂性和利益分化的严重性对司法提出了尖锐的挑战。转型时期频繁映入公众视线的系列热案、要案，突显出了司法与社会民意或道德关切的紧张关系。在此背景下，为应对形形色色的道德压力，中国司法从传统审判型司法迈向了一种回应型司法，其运作依循自身特定的法理逻辑。由此催生了道德回应型司法解释、司法政策、调判结合机制、案例治理、司法修辞和论证，共同构成了多元化的道德回应体系。在坚持司法被动性原则的基础上，司法回应道德关切彰显了中国特色审判制度的优越性。然而，司法回应并不意味着任意而为，它应尊重客观司法规律，在司法的应有边界内活动，坚持以必要为前提，理性、客观、精准、适度回应社会道德关切，以谨防各种风险的出现。

第八章，司法价值判断的理性限制。

法官价值判断对司法裁判而言具有构成性意义，实践中对它的误用或滥用将会造成极为严重的影响。长久以来，如何实现法官价值判断的客观性，以确保其在理性化的框架下接受批评和验证，成为现代法学方法论的核心议题。法官价值判断的理性化应受到实体性、程序性和伦理性三个方面的限制，由此可相应地建构出实体性论证规则、程序性论证规则以及伦理性论证规则，它们共同型构法官价值判断的理性限制体系。在现代法治视野下，法官价值判断的理性化既非虚幻也非遥不可及，其存在及实现有着浓厚的实践基础和制度保障。

与个人信息、数据治理、生成式人工智能甚至人形机器人等热点话题相比，司法中的价值判断是一个"老掉牙"的传统问题。尽管如此，它依然是法律方法论的"好望角"，也是当代司法面临的现实难题。这项议题十分宏大，所牵涉的内容较为广泛，研究难度可想而知。本书用简短的几个章节，充其量只是揭开了它复杂面目的冰山一角。未来有待更多对此议题感兴趣的同行，一起对它展开更深入、多元的研究。

笔者再次重申本书立场，司法价值判断对法官判案而言必不可少，妥善运用价值判断是法官最重要的品质和能力之一。司法中价值判断是泛在的，只不过在简单案件中它彰而不显，以一种隐性或默示的方式发挥着作用。在疑难案件中，方以一种看得见的方式施展拳脚。价值判断无论是以后果判断还是道德判断的形式出现，均应严格在"依法"的框架下运行，接受形式法治和法教义学规范立场的拘束。总之，本书所论的"价值判断"，确切地说是"依法"进行价值判断。所有论证和论述，归结为一句话，当法官行使价值判断时，时刻都要遵循依法裁判的要求。

如果用一句话概括本书的理论旨趣的话，那就是为依法裁判辩护。

孙海波

2024 年 5 月 12 日

于京郊昌平寓所

目 录

引 言 …………………………………………… 001

第一章　法教义学视野下的司法价值判断 ………… 001
一、法官的价值判断余地 ……………………… 003
二、"价值"如何"判断"？ …………………… 014
三、价值判断与依法裁判的统一 ……………… 027
四、结论 ………………………………………… 037

第二章　司法中的社会科学判断 ………………… 040
一、当司法遭遇社会科学 ……………………… 041
二、法概念上的还原论立场 …………………… 046
三、社会科学作为一种司法修辞 ……………… 052
四、后果判断与法外裁判 ……………………… 064
五、结论 ………………………………………… 072

第三章　后果导向的司法价值判断 ………………… 074
一、后果裁判的实践运用方式 ………………… 077
二、后果裁判的滥用及批评 …………………… 088
三、后果导向裁判的方法论调控 ……………… 095
四、结论 ………………………………………… 104

第四章　后果判断的规范化改造 …… 106
　一、两种后果主义主张 …… 109
　二、后果考量易于滑向法外裁判 …… 118
　三、在法律之内寻求后果考量 …… 127
　四、结论 …… 141

第五章　后果主义裁判的限制标准 …… 144
　一、摆正后果主义在司法裁判中的位置 …… 144
　二、后果论思维的表面证立与虚假证立 …… 149
　三、后果导向思维的形式限制标准 …… 154
　四、后果导向思维的实质限制标准 …… 161
　五、结论 …… 169

第六章　司法裁判中的道德判断 …… 170
　一、法律推理可以免于道德考量吗？ …… 171
　二、解决道德难题的两种进路比较 …… 177
　三、道德在司法推理中的作用方式 …… 186
　四、道德裁判与法律裁判的界限 …… 200
　五、结论 …… 209

第七章　中国司法对道德关切的回应 …… 211
　一、司法过程中道德压力的实践类型 …… 212
　二、道德回应型司法的兴起及法理逻辑 …… 220
　三、司法回应道德关切的中国路径选择 …… 229

四、司法回应道德的风险调控 ………………… 243
　　五、结论 ……………………………………… 251
第八章　价值判断理性限制的体系展开 ………… 253
　　一、价值判断的实体性限制 …………………… 258
　　二、价值判断的程序性限制 …………………… 272
　　三、价值判断的伦理性限制 …………………… 287
　　四、结论 ……………………………………… 296

参考文献 …………………………………………… 299

后　记 ……………………………………………… 322

第一章

法教义学视野下的司法价值判断

近年来一些"机械性裁判"的案件在社会上引发了不少热议,从许霆案到天津赵春华非法持有枪支案、内蒙古王力军收购玉米案、河南大学生掏鸟窝案、深圳鹦鹉案等,这些案件虽然是在"依法裁判"的名义下作出的,但裁判结果多少有些让人们难以接受,因为在某种程度上它们漠视了法律背后的情理、常理和良知。[1] 司法实践中还有另外一种景象,法官过于关注道德、政策、经济效率、情理等实质性价值,甚至以法外的价值判断取代法律判断,最终作出了"合情合理"但却"超越法律"的判决。比如四川泸州遗赠案以道德判断直接否认遗赠效力,又比如无锡冷冻胚胎继承案中将"伦理和情感"作为形成判决的核心理由。[2] 由此,司法裁判在本质上成了诸种(尤其是法外)价值的混合物。

以上代表了中国当下两种不同的司法生态,它们各自滑向

---

[1] 参见李拥军:《合法律还是合情理:"掏鸟窝案"背后的司法冲突与调和》,载《法学》2017年第11期;刘艳红:《"司法无良知"抑或"刑法无底线"?——以"摆摊打气球案"入刑为视角的分析》,载《东南大学学报(哲学社会科学版)》2017年第1期。

[2] 参见四川省泸州市中级人民法院(2001)泸民一终字第621号民事判决书;江苏省无锡市中级人民法院(2014)锡民终字第01235号民事判决书。

了一个极端，前者将裁判看作是一种在"价值真空"下进行的活动，后者则放任各种价值对司法的支配，不仅会造成恣意裁判，而且还会从根本上危害形式法治。究其根本来说，是未能认清价值在司法裁判中扮演的角色。事实上，为了避免滑向这两个极端，一些司法政策也是基于此而确立的。最高人民法院要求各级法院在审判中贯彻社会主义核心价值观，以增强司法裁判的实质合理性和可接受性。与此同时，为了避免法官滥用自由裁量权和恣意司法，最高人民法院以类案检索和案例指导制度来统一法律的适用，限制法官基于主观的偏好任意评价案件，以实现类似的案件类似处理。

由此牵引出本章所要讨论的核心议题，即如何认识价值判断在司法裁判中的地位。对于法官而言，既不能对价值置之不理，又不能完全放任和屈从于价值，那么法官应如何面对价值问题呢？尤其是如何处理法律判断与价值判断之间的关系？有时它们二者之间是一致的，有时彼此又是激烈冲突的，在这种情况下会让司法中的价值问题变得更加棘手。

无论从理论上还是实践角度来看，价值判断问题都是非常重要的，法学研究和法律实践离开了价值判断将寸步难行。以至于有学者直截了当地指出，"法学及司法裁判的特质正在于它'几乎完全是在与价值判断打交道'"。[1]价值判断的问题如此重要，然而理论上对它的关注和处理却远远不够，如魏德士所言，"更加令人惊讶的是，法学很少加入价值评价之争，而且直到今天，价值判断对法学而言所具有的科学理论的基础性意义

---

[1] [德]卡尔·拉伦茨：《法学方法论》（全本·第6版），黄家镇译，商务印书馆2020年版，第277页。

第一章　法教义学视野下的司法价值判断

根本没有得到应有的重视"。[1] 在理论界之所以会产生这种现象，一方面可能是学者们有意或无意地忽视这一问题，另一方面更可能的是，这一问题是如此的艰深复杂以至于不太好处理。当然，这些都不是我们放弃研究它的理由。

正是在这种背景下，重塑价值在司法裁判中的地位，可谓意义重大。价值判断在司法中涉及的面较广，从不同的侧面都可以切入这一议题。考虑到，价值判断发挥核心作用的场域是判决据以形成的过程，故本章将聚焦于司法裁判过程中价值判断的相关问题。具体来说：首先，梳理学界对于司法中价值判断之地位的各种观点，初步澄清价值在裁判中应扮演的角色；其次，要探讨"价值来自哪里？""是谁的价值判断？""如何进行价值判断？"等问题，明确价值的来源以及判断的基本方式；最后，价值判断具有鲜明的后果导向，它可能会对依法裁判构成挑战，而实际上依法裁判与价值判断是能够较好地协调统一的。换句话说，价值判断不是盲目的恣意判断，而是从法律观点或法律立场出发的判断，使价值判断服膺于依法裁判，这也是本书的基本立场。

一、法官的价值判断余地

判断余地是一个行政法概念，是行政法学界在讨论不确定法律概念与行政裁量问题时提出的。对于立法机关所开放出来的不确定法律概念，行政机关享有对其进一步具体化的判断空

---

[1] [德] 伯恩·魏德士：《法理学》，丁晓春、吴越译，法律出版社2013年版，第131页。

间。实践中,可以通过原则的具体化来填补不确定的法律概念,在此一过程中行政机关拥有判断余地或酌定余地。[1] 行政机关的判断余地,往往是基于立法机关的授权或默认,具有"准立法"的性质。司法机关尽管并不享有行政机关那种性质的判断余地,但是由于各种原因,法律体系仍给法官开放了一定的判断空间。如拉伦茨指出的,"不仅在具体化须填补的价值评价标准时,有时在根据社会经验判断案件事实以及在进行类案归属时,都会有判断空间余留给法官"[2]。法官的判断余地客观存在,这一点已几乎成为人们的共识。然而尚存较大争议的是,价值判断的余地或空间究竟有多大。

(一)价值判断在司法裁判中的位置

司法过程的本质就是沟通法律规范与案件事实,以形成公正的个案判决。在这一过程中,法官不断地一端要受到既有法律规范的拘束,另一端又要致力于实现个案正义,而在这二者关系紧张时尤其需要价值判断出场,因为"价值判断是法官在个案中获致正义裁判结论所不可或缺的手段"[3]。故此,我们似乎可以大胆主张:价值判断有可能出现在司法裁判的任何一个阶段。

相较于价值判断,人们对于利益衡量这个概念更为熟悉,

---

[1] 参见[德]卡尔-埃博哈特·海因:《不确定法律概念和判断余地——一个教义学问题的法理思考》,曾韬译,载《财经法学》2017年第1期。

[2] [德]卡尔·拉伦茨:《法学方法论》(全本·第6版),黄家镇译,商务印书馆2020年版,第361页。黄茂荣教授将法院的判断余地限制在三种情形之下:其一,个案中抽象的或概括的价值标准有待具体化;其二,个案法律事实所属的类型归属;其三,过渡性的存在或过程,需要具体标准来明确事物之间的界限。参见黄茂荣:《法学方法与现代民法》(增订7版),绂基印刷有限公司2020年版,第894页。

[3] Meera Matthew, "Relevance of Value Judgment in Law", *National Law School of India Law Review*, Vol. 14, No. 1 (Spr., 2012), p. 152.

民法学界围绕它已发展出了一套较为成熟的利益衡量方法论。学者们热议的利益衡量,形式上看是在各种具体利益之间的比较,而实质上是利益背后诸种价值之间的较量,"在通过衡量实现法效果妥当性的过程中,真正对结论予以正当化的标准是价值的评价,价值的衡量乃利益分配的正当化理由。不同的利益如何加以保护的问题,最终要通过价值判断来决定"。[1] 说到底,法学方法论中所发展出的诸多方法,比如涵摄、类比、目的取向的解释与论证、法律续造、利益衡量、后果论证等,无不与价值判断相关。

本书所讨论的价值判断,系指一切以价值作为考量因素的判断活动。它与事实判断性质不同,事实判断是一种纯粹描述性的活动,而价值判断是一种规范性的活动,它以应该还是不应、正确还是错误、公正还是邪恶等作为思考的形式,在这种判断中实质性的规范理由扮演着重要角色。

从学术发展史以及法律实践来看,价值判断在司法中呈现出了多种不同的样貌,也反映出了人们对待价值的不同看法。归纳起来,如图1所示,按照裁判中价值的分量多寡,我们可以归纳出四种基本的主张,分别是法律形式主义、规则导向的形式司法、价值导向的实质司法和法律怀疑或现实主义。

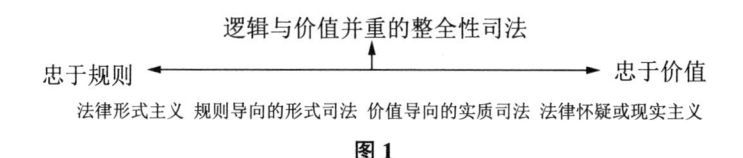

```
              逻辑与价值并重的整全性司法
                        ↑
忠于规则 ←——————————————————→ 忠于价值
  法律形式主义 规则导向的形式司法 价值导向的实质司法 法律怀疑或现实主义
```

图 1

---

[1] 王磊:《论法价值的衡量》,载《北大法律评论》2017年第2期。

可以直观地看到，在图谱中越靠左边位置的，对于规则的忠诚性越强，对价值的依赖性则越弱；相比之下，越靠近右边位置的，对规则的忠诚性越弱，对价值的依赖性则越强。需要说明的是，这四种立场是关于裁判中有无价值或价值分量大小的理论性主张，甚至是较为理想的一种理论化归类，在实践中可能无法全部都找到与其完全一致的对应物。但这并不意味着这种理论化工作是没有意义的，它至少能够帮助我们清楚地审视价值判断在司法中所可能占据的位置。

法律形式主义（legal formalism）主张现有的法律体系是完全无缺的，以至于能够为任何法律问题事先确定好答案，法律推理是一个纯粹形式逻辑演绎的过程，它的非道德性意味着与价值的决裂。[1]可见，这种关于法律形式主义的传统观点并没有给价值判断留下任何空间。值得注意的是，个别法律形式主义的辩护者区分了规则形式主义与原则形式主义，认为原则除了能够为创造奠定基础外，还能够为司法裁判提供可供参考的价值框架。[2]这不仅意味着形式主义具有处理价值问题的能力，而且也意味着新的形式主义能够避免传统观点所遭受的那些明显批评。

---

[1] 斯科特·夏皮罗将法律形式主义的基本立场归纳为：司法克制、决定性、概念主义以及裁判的非道德性。See Scott J. Shapiro, *Legality*, Harvard University Press, 2011, pp. 241-242.

[2] See Paul Troop, "Why Legal Formalism Is Not a Stupid Thing", *Ratio Juris*, Vol. 31, No. 4 (Dec., 2018), pp. 428-443. 即便在法律形式主义的鼻祖兰德尔那里，法律推理绝非完全不考虑正义或政策。法律体系中，原则和概念占据重要位置，当法律推理诉诸原则时就会不可避免地将裁量和价值考量带来。See Thomas C. Grey, "Langdell's Orthodoxy", *University of Pittsburgh Law Review*, Vol. 45, No. 1 (Fal., 1983), pp. 13-14.

第一章　法教义学视野下的司法价值判断

在法律形式主义者眼中，除了形式性的法律规范之外别无他物，由此所导向的司法偏向于一种机械性裁判。处于最右端的法律怀疑主义或现实主义，对法律的确定性抱持一种根本的怀疑态度，法官更多地看重司法裁判的未来后果和效益，为了追求一种效益最大化的判决，他很多时候无视既有的法律规定，凭借自己的个性、价值偏好乃至偏见作出判决。虽然，法律现实主义重视价值，但这里的价值更多指向的是法律之外的工具性或主观性价值，由此会走向依法裁判的对立面，本质上沦为一种装扮着"价值"的"越法裁判"。

在完全忠于规则与完全忠于价值之间，还存在"规则导向的形式司法"与"价值导向的实质司法"。形式与实质是一个对立的概念范畴，司法推理中的形式依据是谱系或渊源导向的，它是一种权威的法律依据，具有一定的排他性；实质依据则是内容取向的，是指道德的、经济的、政治的、习俗的和其他社会因素。[1] 规则导向的形式司法偏重形式逻辑，司法推理的主要方式是形式推理，在形式推理之外，尤其是在处理疑难案件时以价值作为补充。价值导向的实质司法更加注重对价值的运用，推理方式相对较为灵活，实质推理成为一种经常使用的法律方法。这二者都不否认价值在裁判中的地位，它们唯一的区别就在于实际上赋予价值判断多重的分量。

在关于司法价值判断图谱的四种理论主张中，位于最两端的立场由于走向了极端，未能摆正价值的准确位置，均不可取。

---

[1] 参见［英］P.S. 阿蒂亚、［美］R.S. 萨默斯：《英美法中的形式与实质——法律推理、法律理论和法律制度的比较研究》，金敏、陈林林、王笑红译，中国政法大学出版社 2005 年版，第 5~10 页。

规则导向的形式司法与价值导向的实质司法具有一定的合理性，且二者均赋予价值判断一定的意义。在真实的司法实践中，价值判断是变动不居的，在一些案件中它的色彩浓厚一些，而在另一些案件中它的作用要小很多。鉴于此，笔者将规则导向的形式司法与价值导向的实质司法统合为一种"逻辑与价值并重的整全性司法"，它考量特定的案件场合和案情，赋予价值判断或轻或重的分量，并使之与逻辑规则有机统一在一起。整全性司法既强调对于法律规范的尊重，同时又承认价值判断的重要作用，但其核心要义是尽量以规则驯化价值判断，使其在理性的轨道内发挥应有的作用。价值判断的目的是更好地实现依法裁判，使二者有机统一起来。

（二）价值判断泛在论及其理据

价值判断在法律理论与司法实践的生长史，经历了从无到有、从有到精的过程。其实，"价值考量不外乎法治社会在寻求开解法律适用难题的路径上，从耽溺于封闭自足的严格规则主义，到伸张人类'真我'价值诉求的一种法律方法论的内省升华"[1]。既然完全抽空价值判断和放任价值恣意都不现实，那么妥当的做法则是肯定价值判断在司法中的重要作用。然而，对于价值判断是否只能在疑难案件中"出场"，还是说其于简单案件而言也不可"缺席"的问题，在为价值判断进行辩护的论者们中间亦有分歧。由此形成了两种对立的立场，一种观点认为价值判断当且仅当在疑难案件中有用武之地，另一种观点主张即便在简单案件的裁判中亦离不开价值判断，我把前者称为

---

[1] 江必新：《司法审判中的价值考量》，载《法律适用》2020年第19期。

第一章 法教义学视野下的司法价值判断

"部分存在论",把后者称为"泛在论"。接下来,我将通过批驳"部分存在论"来为"泛在论"进行辩护。

案件有难易之分,案件事实与法律规范比较容易对应的即为简单案件,而一旦案件事实与法律规范出现不一致时就会产生疑难案件。法律规定的概括或模糊、法律漏洞的出现、形式合法与实质合理之间的冲突,都可能会使案件变得疑难。[1] 很显然,疑难案件就是法官难以作决定,尤其是当各种考量标准旗鼓相当或相互竞争时就更是如此,于此便需要法官作出价值决断。[2] 疑难案件表面上看似是语词之争,而实质上其实是潜藏在法律规定背后的价值分歧。比如,对知名公众人物的批评是否要受到法律的保护,表面上看涉及的是言论自由的边界问题,而实际上是批评者的言论自由与公众人物的名誉或隐私之间的冲突。疑难案件的裁判,必定离不开价值判断,这一点似乎很少有人会反对。

一如前文所述,人们激烈争论的核心焦点在于简单案件的裁判是否必然也要依赖价值判断。对此,否定论者认为简单案件的裁判只需要诉诸形式逻辑和规则。持这种观点的论者不在少数,它事实上也符合我们的经验和直觉。如卜元石教授所主张的,"法官在一目了然的具体案件中只要适用法律即可,无须过问法律规定背后的价值判断的合理性。只有当法律规定不明确时,需要进行目的解释来查明法律的内容,或是没有法律明

---

[1] 参见郑永流:《法律判断形成的模式》,载《法学研究》2004年第1期;孙海波:《疑难案件否定法治吗——依法裁判立场之重申》,载《政治与法律》2017年第5期。

[2] 参见[美]鲁格罗·亚狄瑟:《法律的逻辑——法官写给法律人的逻辑指引》,唐欣伟译,法律出版社2007年版,第21页。

文规定，法官需要填补法律漏洞时，才需要进行价值判断"[1]。换言之，他们往往认为，价值判断在简单案件中无用武之地，只有在疑难案件中它才能派上用场。

但不得不言，简单案件中不需要价值判断，这一立场是无法成立的。价值判断实际上泛在于裁判过程的始终，只不过有时候它较为隐秘地发挥着作用，我们并没有明确地意识到它的存在。许德风教授也赞同"价值判断泛在"的观点。他指出，人们在简单案件中之所以误认为价值判断不存在，那是因为法教义学的分析工作已经沉淀和固化了法律中的价值判断，由于人们对法律所确定的价值并不存在实质分歧，因为不再重新开启新一轮的价值论辩，这恰恰是法教义学在发挥减轻价值判断论证负担的功能，"这并不是说裁判者在简单案件中完全不进行价值衡量，只是其在学习有关法教义学的规则或者（如侵权法上常见的）案例类型时便掌握了规则设计过程中所考量的诸项价值，并或多或少已经区分不同情况进行过模拟的价值衡量，从而在遇到实际案例时，可以熟练地运用教义学的规则迅速找出裁量时要考察的要点。在这个意义上，应当认为法教义学只不过是价值判断的'口诀'而已"[2]。日用而不自知，价值判断自始至终就在那里，只不过其发挥作用的方式有所不同罢了。

---

[1] 卜元石：《法教义学：建立司法、学术与法学教育良性互动的途径》，载田士永、王洪亮、张双根主编：《中德私法研究》（总第6卷·2010年），北京大学出版社2010年版，第13页。

[2] 许德风：《论基于法教义学的案例解析规则——评卜元石:〈法教义学：建立司法、学术与法学教育良性互动的途径〉》，载田士永、王洪亮、张双根主编：《中德私法研究》（总第6卷·2010年），北京大学出版社2010年版，第28页。

第一章 法教义学视野下的司法价值判断

在否定论者眼中的司法裁判图景过于简单和理想，笔者认为无论是在简单案件还是疑难案件中，法官的裁判事业都离不开价值判断。

第一，从法律产生的角度来看，它本身就是在立法者之间所形成的一种价值共识，凝结了对于特定问题的法律立场、价值和态度。法是一种应然性规范，这是相对于纯粹实然性规范而言的，其规范性（normativity）体现在具有制造实践差异（practical difference）的能力，有法与无法将会在实践中产生两种完全不同的效果，对法的遵守或违反都会产生相应的规范性后果。法律适用者会对遵守法律的主体给予肯定的或积极的评价，而对法律违反者给予否定的或消极的评价。除了直接表达价值的法律原则之外，法律条文背后也有规范目的。可以说，除了纯粹描述性的概念之外，法律与目的和价值是紧密联系在一起的。

第二，司法裁判过程可以一分为二，一是法的发现，二是裁判的证立。法的发现通俗讲就是找法，哪些法律渊源有可能成为眼前案件的裁判根据，这个过程中混杂着法感、前见、直觉、经验等。可以说，"大前提的选择是一种价值判断。律师或法官做出这个价值判断"[1]。有时可能存在着复数的可供选择适用的法律，甚至它们彼此之间还存在竞争，尤其是原则之间的竞争更是直接展示价值之间的冲突，而此时不如说是依靠法官价值决断的能力才能为推理准备妥适的大前提。

第三，裁判证立是运用形式和实质理由去证成判决的过程，

---

[1] [美]鲁格罗·亚狄瑟：《法律的逻辑——法官写给法律人的逻辑指引》，唐欣伟译，法律出版社2007年版，第80页。

它需要将较为一般化的法律规范与案件事实对应起来。这里面实际上潜藏着一个微妙的类比过程，法官唯有通过对比，证明个案事实是法律规范事实的一个实例，方能将规范的后果涵摄于争议个案，这个类比的过程无疑是价值判断最好的表现。拉伦茨用了另一种说法来描述这个价值判断过程，"如果判断者要将案件事实归属于法律规范的构成要件之下，就必须先依据需要具体化的、'须填补的'标准来判断该案事实，这就要求他做价值判断了"[1]。总之，对于判决的证成而言，无论是从合法还是合理角度，价值判断都不可能缺位。

第四，与上一点紧密相关，司法裁判包括事实论证与法律判断两个部分。在案件事实论证层面，也必然会涉及价值或评价性的因素。案件事实很少是自然再现的事实，而大多是由法官在综合各种事实因素的基础上建构起来的。能够成为作为裁判基础的案件事实，是经过评价的事实，是从法律规范的角度赋予了其法律意义的事实，在案件事实建构的过程中价值判断或评价的因素发挥着至关重要的作用。[2] 此外还有一些论者认为，案件事实是不确定的，需借助法官的主观认识和评价来加以

---

[1] [德] 卡尔·拉伦茨：《法学方法论》（全本·第6版），黄家镇译，商务印书馆2020年版，第365页。黄泽敏主张将案件事实归属到规范的过程中，要么先有事实论证再辅之以价值判断，要么二者同时进行。参见黄泽敏：《案件事实的归属论证》，载《法学研究》2017年第5期。

[2] 参见武飞：《论司法过程中的案件事实论证》，载《法学家》2019年第6期；杨贝：《论案件事实的层次与建构》，载《法制与社会发展》2019年第3期；[德] 卡尔·拉伦茨：《法学方法论》（全本·第6版），黄家镇译，商务印书馆2020年版，第354~357页；黄茂荣：《法学方法与现代民法》（增订7版），纮基印刷有限公司2020年版，第869页；Csaba Varga, *Theory of the Judicial Process: The Establishment of Facts*, Budapest, 2011, pp. 93-96.

确定。[1] 以此来看，司法过程中事实问题并不单单是事实，往往会与规范和价值勾连在一起。

第五，简单案件真的就一定是简单的吗？对于他们的处理完全不需要价值性因素的摄入？答案是否定的。这是因为，简单案件虽然不存在实质性的理论或价值争议，但其自身仍有一定的复杂性。[2] 在一些学者看来，简单案件的裁判本质上是一种解释的结果（a result of interpretation），这种解释必然要法律的目的、意图或价值相联系。[3] 事实上，如何区分简单案件与疑难案件，这个问题本身就是一种价值判断。价值在简单案件中实际上也在场，"作为'论证性依据'为裁判结果提供说明性理由"[4]。张骐教授也认同价值判断泛在论，主张"无论是疑难案件，还是简单案件，都需要进行价值判断，了解法律条文的价值内涵，按照法律所蕴含的价值进行审判"[5]。真正的合法判决，不仅要合乎法条文的字面规定，而且要与法律的深层价值保持一致。

---

[1] 参见［美］杰罗姆·弗兰克：《初审法院——美国司法中的神话与现实》，赵承寿译，中国政法大学出版社2007年版，第15～38页。

[2] See Ralf Poscher, "Interpretation and Rule Following in Law: The Complexity of Easy Cases", in Michał Araszkiewicz, et al. eds., *Problems of Normativity, Rules and Rule-Following*, Springer, 2014, pp. 281-294.

[3] 富勒主张对于法律的理解必须忠实于法律的目的。See Lon L. Fuller, "Positivism and Fidelity to Law: A Reply to Professor Hart", *Harvard Law Review*, Vol. 71, No. 4 (Feb., 1958), pp. 630-672; 在德沃金看来，法律本身是一种解释性概念，法官要在实践中解释出法律最好的样子，即便在简单案件中这种建构性解释仍要进行。See Ronald Dworkin, *Law's Empire*, Harvard University Press, 1986, pp. 45-70.

[4] 参见姜永伟：《论价值判断作为裁判依据的二阶性》，载《浙江社会科学》2021年第2期。

[5] 张骐：《司法推理价值判断的观念与体制分析》，载《浙江社会科学》2021年第2期。

也许会有人批评价值泛在论，认为这会放任价值判断，既有可能导致人们对法律规范的疏忽或漠视，也有可能让主观的价值、偏好甚至偏见主导裁判过程，进而摧毁法律的安定性和司法裁判的客观性。这种担忧尽管并不是没有道理，但从根本上曲解了价值泛在论。价值泛在论，并不意味着放任价值像一只无头苍蝇一样在裁判场域中盲目飞行，也不意味着司法裁判中的价值泛滥，它的核心立场在于司法裁判总会有一些环节或过程是离不开价值判断的，这种价值判断要以法律规范作为判断基础，对法律之外价值的考量或依赖须慎之又慎，价值判断要尽可能趋于合理化、理性化。

二、"价值"如何"判断"？

虽然初步明确了价值判断在司法裁判中所占据的核心位置，但我们仍然被一些问题所困惑：什么是价值？价值有哪些表现形式？价值来源于什么地方？法官个人的价值与法律的价值是何种关系？法官的价值判断与立法者的价值判断之间有何关联？不同的价值之间是否有次序之分？法官对于"价值"如何进行"判断"？等等。本部分将尝试解答这些问题。

（一）何种价值？

人们通常从主客体二分的关系视角来理解价值，认为价值是客体对主体需要的满足，主体相应产生的这种评价感或态度被称为价值观。这种界定的一个问题在于，主体对客体的需要决定了价值的存在，而这直接地突显了价值的主体依赖性，甚至有可能导致，一谈到价值，就让人误以为价值就是主观性价值。

对价值的最常见的一种分类是工具性价值和目的价值，前者也称手段性价值（instrumental value），是事物具有的一种工具性功用，是实现其他目的的方式或手段。比如，一瓶水能解渴，对于人来说就具有工具性价值；后者也叫内在价值或固有价值（intrinsic value），不是因为任何别的原因，事物的存在本身就具有内在的价值和意义，它超越于主客体的关系而存在。比如，知识、生命这些事务本身就值得珍视，它们具有内在的属性和价值。赵汀阳教授提出了一对类似的概念，"（1）关系型：在关系型中，某一事物是有价值的，当且仅当，它满足了某种主观需求或某种被约定的规范；（2）自足型：在自足型中，某一事物是有价值的，当且仅当，它能够实现其自身注定的目的"。[1] 就司法裁判领域而言，"正义、平等、自由与人的尊严就是其本身和作用都是好的、善都是固有价值"[2]。充分发掘和促进固有价值，具有重要的意义，因为它们自身是一种客观的价值，并不会随主体的需求而存在或改变。同时，也适度尊重和认可法律中的外在价值，比如民事私法领域中的效率、福利、便捷等。

法的价值属于法伦理学的范畴，对于法律具有哪些价值，也是众说纷纭，除了以上内在与外在价值的分析进路，也可以从实质与形式两个维度来剖析法律的价值，实质价值接近于目

---

[1] 赵汀阳：《论可能生活》（第2版），中国人民大学出版社2010年版，第19页。

[2] 张骐：《司法推理价值判断的观念与体制分析》，载《浙江社会科学》2021年第2期。

的价值,比如自由、平等、正义、安全、秩序等;[1]形式性价值是法所具有的形式品性或美德,诸如富勒所讲的法治的八大形式性要素,法具有一般性、法律要公布、法律不得溯及既往、法律要清晰、法律中不得有矛盾、法律不强人所难、法律要前后一致、官方要守法等。[2]法律中的价值无法一一穷尽式地罗列出来,内在价值与外在价值、形式价值与实质价值共同构成了法律的价值体系。

与法律中价值相对的,是非法律性价值或法律之外的价值。法律中的价值有法律渊源谱系可寻,要么被法律直接表达,比如固化在法律原则之中,要么隐含地寄存于法体系之中,比如规范背后的价值,需要法官的"解释工序"才能揭示出来。非法律性价值,指的是法律之外的道德、经济[3]、社会、文化、政治性的实质依据或理由,比如,社会的主流道德、判决的社会经济效益、裁判的社会影响、是否符合文化精神、裁判结果在政治上是否妥当,这些法律之外的价值考量有时候会假借法律之名渗透到司法过程中,并不同程度地影响着裁判结果。

在司法推理中,由于法官充当裁判者,那么除了法律自身包含的或想要实现的价值之外,对法官个人的价值观念(personal

---

[1] 斯坦和香德认为西方社会法律具有秩序、社会正义和个人自由三大价值。参见[英]彼得·斯坦、[英]约翰·香德:《西方社会的法律价值》,王献平译,中国法制出版社2004年版。

[2] See Lon. L. Fuller, *The Morality of Law*, revised edition, Yale University Press, 1969, pp. 46-90.

[3] See Fabrizio Esposito and Giovanni Tuzet, "Economic Consequences as Legal Values: A Legal Inferentialist Approach", in Péter Cserne, Magdalena Małecka eds., *Law and Economics as Interdisciplinary Exchange: Philosophical, Methodological and Historical Perspectives*, Routledge, 2019, pp. 135-157.

value）也不得不察。"法官不是人"的神话早已被现实击破，法官是有血有肉的凡人，像常人一样也有喜怒哀乐、七情六欲。[1]大家所熟悉的法律现实主义思想，认为法官的所思所想，法官的情绪反应乃至早餐吃了什么，都会直接影响他的判决。我们可能不必走这么远，但不应简单地打发法官头脑中的这种主观性或评价性的混合物，有些主观态度或许能称得上是一种价值，有些非理性的主观情绪可能是接近于理性的存在。

在法官的头脑当中，对于法律价值的反映是一种高级的价值体验，除此还有一些低级的主观情绪反应。这些东西是在长期的个人生活和审判工作中形成的，有时候会下意识地影响他的判断，尽管他自己在很多时候意识不到这一点，"法官的观念，就像其他政治家以及法律主体一样，也是在个体与社会之间复杂与动态的互动过程中形成的"[2]。这些观念是一个混合体，由前见、偏见、良心、直觉、法感、宗教信仰、政治立场、个人的脾气秉性等主观性因素混杂在一起。

一些实证研究业已表明，个人的价值，包括理性的和非理性的，会对裁判结果产生影响。[3]这一点在大量关于司法行为的经济学、社会学、政治学、心理学研究中，都能找到相应的印证。认识到作为个人的裁判者头脑中的这种复杂观念是重要的，同时更为重要的是，设法尽可能压缩其中非理性因素可能

---

[1] See Jerome Frank, "Are Judges Human?", *University of Pennsylvania Law Review and American Law Register*, Vol. 80, No. 1 (Nov., 1931), pp. 17-53.

[2] Jason E. Whitehead, *Judging Judges: Values and the Rule of Law*, Baylor University Press, 2014, p.5.

[3] See Rachel Cahill-O'Callaghan, "The Influence of Personal Values on Legal Judgments", PhD Thesis, Cardiff University, 2015, pp. 68-109.

发挥作用的空间。法官的个人价值通过与外部的法律职业共同体的价值互动，不断使自身价值与法律的共通价值相一致。正是加入了"主体间性"这个问题，才能不断减少不同主体对同一个法律问题的评价差异，也能够缓解法官个人价值与法律客观价值之间的紧张。

（二）谁之价值？

在法律适用过程中，由法官进行价值判断这一点并无疑义，有意思的问题在于法官判断依据的是谁的价值？法官所考量和判断的价值是谁的价值？究竟是立法者的价值还是司法者自身的价值，还是二者兼有之，这个问题要具体分析。

法律规范构成价值的基础，规范本身就是一种应然性判断，规范背后栖居着价值。也就是说，这是法律本身所蕴含的价值，是立法者在立法过程中注入规范中的价值，也是立法者所期待法律能够实现的价值。立法者的价值安排形塑了法律秩序，"任何具体的法律秩序都是以立法者肯定的、通过规范证实进而巩固的价值秩序为基础"[1]。法官正常情况下扮演着法律适用者的角色，要服从立法中已经做出的利益和秩序安排。法官以立法中确立的价值为基础进行的判断，实质上是在重述立法者的价值判断。如焦宝乾教授所言，这种价值判断是"基于规范价值内涵明确的前提对事实作出的一种法规范上的利益导向评价，与其说是一种司法中的价值判断，还不如说是立法中已经赋予了法律的价值观的体现"[2]。举例而言，我国《企业破产法》

---

[1] [德]伯恩·魏德士：《法理学》，丁晓春、吴越译，法律出版社2013年版，第53页。

[2] 焦宝乾：《法律论证导论》，山东人民出版社2006年版，第221页。

第一章 法教义学视野下的司法价值判断

中对于破产债务清偿设定了明确的顺序,首先是优先清偿破产费用和共益债务,然后依次是清偿破产人所欠职工的工资、医疗、保险等费用、破产人欠缴的除前项规定以外的社会保险费用和破产人所欠税款、普通破产债权。就立法中已经对特定的利益做了安排的,法官应尊重立法者的价值选择。

但不得不承认的是,立法一旦完成便已滞后,随着社会生活的变迁,需要对法律规范再进行解释。此时,是应探寻立法者的目的,还是发掘其在当下社会中所拥有的客观目的,在法律解释理论中历来是有争议的,由此形成了主观说和客观说两种立场。主观论者认为探求立法原意是对过去立法的尊重,然而却遭遇不少难题,因为眼下争议的问题是立法者当初所预料不到的,他如果预料到该会作出何种判断?一个更根本的问题,谁是立法者?立法者的意图又如何确定?是立法者群体中的某个人或某些人的意图,还是所有意图的加权和平均?[1]主观论这条道路注定不平坦。相比之下,客观论把立法者与立法文本剥离开,赋予文本独立的生命,就像撰写连环小说一样,立法者在写完小说之后由法官按照自己的理解续写,寻找法律文本在当下新的客观形势下所可能具有的真正含义。在当代的法律解释理论中,客观论立场更胜一筹,因为灵活和合理而取得了较多的支持。[2]就价值判断的价值来源而论,主观论者强调尊重立法者的价值判断,客观论者倾向于支持依靠司法者的价值判断。

---

[1] See Larry Alexander, Emily Sherwin, *Advance Introduction to Legal Reasoning*, Edward Elgar Publishing, 2021, pp. 30-44.

[2] 参见[奥]恩斯特·A.克莱默:《法律方法论》,周万里译,法律出版社2019年版,第103~111页;[德]罗尔夫·旺克:《法律解释》(第6版),蒋毅、季红明译,北京大学出版社2020年版,第112~118页。

可以说，立法者的价值判断是初次判断，而从司法中的价值出发进行判断则是二次判断，二者有时是一致的，有时又是冲突的。就法官对立法者价值的背离来说，在不同的部门法领域中表现也有差异。在刑事法领域，由于罪刑法定原则的存在，法官的解释和推理都要受到不少限制，比如法官不能任意为扩大解释、目的性扩张、类推等，而要严格忠实于法律文本和立法者的意图，谨慎地在罪与非罪的边界线上作出判断，"刑法解释中作为解释者的法官必须服从于立法者的价值判断，不然就是在篡夺立法权，是以自己的意志取代立法者的意志。……解释的目的不是让解释者偷梁换柱地将自己的意志打扮成法律本身的意志，而是要查明法律中包含的立法者的价值判断"[1]。在刑事法律规定出现模糊、漏洞乃至内在矛盾时，为了落实个案正义，法官就要借助价值判断来解决难题，这里的判断基础有时是立法者明示或默示地表达的价值，有时是法官本着正义和良知从客观的立场探求的规范价值。在民事私法领域，任意性规范较多，当事人拥有较大的处分权，加上又无刑法中那种罪刑法定原则的拘束，法官在价值判断方面的权力更大，也更为灵活。

总而言之，由于立法者的价值判断具有一般性或概括性，它在具体的个案当中往往难以发挥作用，"由于立法所做的价值判断往往只是勾勒了大致的轮廓，必须由司法者去充实具体的细节与填补其间的空白"[2]。在立法所开放的判断空间里，法

---

[1] 劳东燕：《刑事政策与刑法解释中的价值判断——兼论解释论上的"以刑制罪"现象》，载《政法论坛》2012年第4期。

[2] 劳东燕：《价值判断与刑法解释：对陆勇案的刑法困境与出路的思考》，载《清华法律评论》2016年第1期。

官结合具体情境得以进行司法上的价值判断,这种价值判断既可能是对立法者的价值判断的重新展现,也可能构成对立法者价值判断的冲击、补充和完善。但无论怎样,这都不意味着法官可以凭其所好随意地进行价值判断。

(三) 价值如何判断?

司法裁判中的价值判断大体上分为两类:一类是根据价值对相关法律所作出的判断,比如根据公正的标准判定是否适宜要求违约方继续履行合同,或者,将财产遗赠给自己的宠物狗或保洁员是否符合公序良俗原则。另一类涉及对价值本身的判断,[1]既可能包括对某种价值内涵的澄清,也可能指向对多种价值冲突的协调。精干的法官特别擅长运用价值判断,"法官最重要的品质在于他的价值体系以及从事价值判断的能力。唯有通过在不同的理由(尤其是实质性理由)之间的协调,一位法官才能清楚地提出其价值"[2]。对于价值冲突问题,其表现形式会略显复杂一点,它们既可能是法律价值内部的冲突,也可能是法律之外价值间的冲突,还可能是法律内部价值与法律外价值之间的冲突,更复杂的情形是法律内外价值的冲突并存。[3]当然,无论是以上哪一种情况,都考验着法官在实质价值层面进行规范性思考的能力。

1. 根据价值的判断

我们权且将两种判断形式分别称为"根据价值的判断"与

---

[1] 参见张骐:《司法推理价值判断的观念与体制分析》,载《浙江社会科学》2021年第2期。

[2] Robert Summers, "Two Types of Substantive Reasons: The Core of a Theory of Common-Law Justification", *Cornell Law Review*, Vol. 63, No. 5 (Jun., 1978), p. 710.

[3] 参见黎丽:《价值判断之于法官》,载《法学》2003年第6期。

"对价值的判断"。根据价值的判断，以法律中所承载或固定的价值作为认知基础，对某个规范事实或规范行为是否符合此一价值所做的评价。很显然，价值判断并不是凭空进行的，不是判断者个人张口就来的情绪表达，它要在法教义学体系编织的背景中进行。这里有几点需要注意的是：

第一，价值判断是一种法律思维方法，能够帮助法官对特定问题形成一定的规范性立场，包括推导出案件的裁判结论，但它只是一种分析工具，甚至是否算得上是一种独立的法律方法都很难说，无法直接作为裁判的根据。

第二，价值判断必须借助于一定的基点和媒介，要以现有的法律体系为基础，不能任意作出法律之外的判断。法律体系中原则性规定、概括性规范或一般性条款，就是连接法律与价值判断的最好媒介。在刑法中，概括性条款与规范性构成要件能够充当连接法教义学与价值判断的基点。[1] 刑法中大量的概括性情节就是典型的例子，比如"情节显著轻微""情节严重""重大过失""严重伤害""数额较大""数额巨大"等，价值判断的行使就是要将这些概括性内容加以具体化。

第三，价值判断的行使还必须通过具体的法律方法加以展现出来，通过融入具体的法律方法中，一方面能让判断的过程理性地展示出来，另一方面也能监督价值判断以避免恣意。这些法律方法，包括法律解释、法律推理、法律论证、利益衡量等。[2] 在不同的法律方法中，价值判断进入的时间、环节以及

---

[1] 参见劳东燕：《刑事政策与刑法解释中的价值判断——兼论解释论上的"以刑制罪"现象》，载《政法论坛》2012年第4期。

[2] 参见许德风：《论法教义学与价值判断：以民法方法为重点》，载《中外法学》2008年第2期。

发挥作用的具体机制都会有所不同。比如，对目的解释、实质推理（包括类比推理和辩证推理）、价值权衡等具体方法而言，价值判断在其中扮演着举足轻重的角色。

2. 对价值的判断

第二种类型的价值判断，直接指向了价值的本身。故而，这里我们需要再次对价值的内在性质加以考察。价值判断本质上是一种认知活动，拉德布鲁赫却认为"价值判断不是认知，而是信仰"[1]。在他看来价值判断是一种不证自明的假设，想表达的其实是价值判断的客观性。一般来说，只有最初始、最顶层的那个价值判断能够算得上是一种信仰（更准确说是先验的假定），"应然原理只能通过其他的应然原理来创立和证明。因此，最初的那个应然原理是无法证明的，是公理式的，它并不是知识所能解决，而应是由信仰来完成的"[2]。但在此基础上，从最基础价值判断所推衍的其他判断，很难再看作是信仰了，是主体所作出的一种实践判断。

如果想要对价值作出判断，这里需要解决一个元问题，即我们可以对价值进行排序吗？对于同一位阶的价值如何考量，价值的不可通约（incommensurability）难题如何破解？这些问题长时间以来一直困扰着哲学家。法律实践中同样也有类似遭遇，当同一位阶的权利或价值（比如生命）出现冲突时，究竟何者具有压倒性？很难找到一个放之四海而皆准的定式来普遍地解决这些难题。

---

[1] Gustav Radbruch, Grundzüge der Rechtsphilosophie, 1. Aufl. 1914, S. 22.
[2] ［德］古斯塔夫·拉德布鲁赫：《法哲学》，王朴译，法律出版社2013年版，第12页。

能否在诸种价值之间选择出主次,依照不同的分量加以排列,成了价值判断的关键。学者们也越来越多地意识到这一点,"作价值判断时起决定作用的是价值的序列关系——价值的序列"[1]。在至善主义的传统之中,或许人们能够对不同类别的善进行排列,但对于基本善之间的次序安排仍然不是一件易事。在价值多元的现实背景下,如何寻求价值的统一性,对不同的价值加以协调,这个问题会变得更加尖锐。

回顾西方的价值哲学史,不少学者在这一议题上发表过高见。马克斯·舍勒提出了价值分为四个等级,由高至低分别是神圣价值、精神价值、生命价值和感觉价值;哈特曼继而将价值排序为生命、意识、能动性、折磨、力量、意志自由、远见和目的性功效;到了约翰·杜威这里价值排序成了一个根据具体视情境而确定的问题,这与其实用主义的哲学色彩是一脉相承的。[2] 从一般的角度讲,很难排列出一个一以贯之、一成不变的价值次序。在不同的领域中,伴随各种因素的加入同一价值会被赋予不同的分量。因而,情境论的主张更灵活且切合实际。

在法律领域中,我们也经常试着对各种价值排序。比如前文提及的法律的形式价值与目的价值体系中,目的价值通常要优于形式价值,而在多种目的价值中,正义是最重要的,居于

---

[1] [日]山本敬三:《民法中的动态系统论——有关法律评价及方法的绪论性考察》,解亘译,载梁慧星主编:《民商法论丛》(总第23卷),金桥文化出版(香港)有限公司2002年版,第174页。

[2] 参见张彦:《当代"价值排序"研究的四个维度》,载《哲学动态》2014年第10期;张彦:《当代西方价值排序理论的范式演进:从舍勒、哈特曼到杜威》,载《学术月刊》2013年第2期。

法律诸价值之首,法的合法性、权威性和有效性均来自正义价值。[1]在此之后的秩序、安全、自由等再排序则存在不同的看法。在德国宪法理论中,在论及基本权利的客观面向时,学者们提出了"客观价值秩序"或"价值秩序"的概念,普遍认为人的尊严在其中居于最高的位置。[2]所以,在解决法律内部的价值冲突时,虽然不能提出一个一劳永逸的价值排序,但仍应坚守住价值底线,尤其是要坚持"公正优先"和"保护人的尊严(人道)"。[3]其他价值若与这二者冲突,则应优先保护这些价值。

拉德布鲁赫提到法(法体系)具有三种基本法律价值:安定性、合目的性以及正义。这三者之间是否存在优先次序?他坦言,正义是所有法律的基础,它是用来确立个人和民族整体之间价值关系的,因此正义优先于合目的性;合目的性不容许进行普遍有效的确认,而安定性恰恰是要对有争议的合目的性要求创设出清晰、确定的法,因而安定性也优先于合目的性。接下来的难点,就在于安定性与正义之间是何种关系?二者发生冲突时应优先保障何者?在他看来不能一刀切地回答这个问题,要结合具体的情况来分析,它毋宁说是一个"程度"的问

---

[1] 参见周灵方:《法的价值冲突与选择——兼论法的正义价值之优先性》,载《伦理学研究》2011年第6期。

[2] 相关讨论参见赵宏:《主观权利与客观价值——基本权利在德国法中的两种面向》,载《浙江社会科学》2011年第3期;李海平:《基本权利客观价值秩序理论的反思与重构》,载《中外法学》2020年第4期;张嘉尹:《论"价值秩序"作为宪法学的基本概念》,载《台大法学论丛》2001年第5期。

[3] 参见张骐:《司法推理价值判断的观念与体制分析》,载《浙江社会科学》2021年第2期;江必新:《司法审判中的价值考量》,载《法律适用》2020年第19期。

题。如果说法律的内容存在某些轻微的缺陷，确实是一种有缺陷之法（defective law），但尚不足以取消其法律之资格，此时仍优先保障法之安定性；而一旦法律内容的此种不正义达到了一种人们无法忍受的程度，用拉德布鲁赫自己的话说达到了一种"极端不正义"，此时法律已沦为"不法"（lawless）。[1]此外，还有学者谈及了不同的法律解释方法背后的价值差异，认为文义解释表征的是法的安定性（稳定性/可预测性）价值，旨在追求立法者意图的历史解释彰显了民主的价值，体系解释促进的则是连贯性和融贯性价值，潜藏于目的解释之下的至少是一种工具理性。[2]由于"文义优先"这条黄金规则的存在，法律解释中应优先保护安定性价值，再接下来才是其他各价值。

相比于根据价值的判断，对价值的判断的具体运作方式依赖于"权衡"（balance）。判断者穿梭于各相关实质价值之间，结合具体的案件情境，通盘考量之后形成一个最佳的判断，赋予其中某些实质价值更重的分量。通过加入了特殊的语境和案件事实情境，不可通约的价值之间也并不是完全没法比较，很多时候法官必须作出一个决断，依靠内心的信念这种深层次的规范性力量在非此即彼之间进行选择。至于，如何在理论上解决衡量不可通约价值的难题，已远远超出了本章讨论的范围，

---

[1] 拉德布鲁赫还谈道，法的安定性本身就是正义的一种形式，故而正义与安定性之间的冲突实质上就是正义自身的内在矛盾，是两种不同形式的正义之间的矛盾。参见［德］古斯塔夫·拉德布鲁赫：《法哲学入门》，雷磊译，商务印书馆2020年版，第38页。1945年以后的拉德布鲁赫也承认，原则上，法安定性优先于正义。参见［德］乌尔弗里德·诺伊曼：《时代镜像中的法哲学：古斯塔夫·拉德布鲁赫（1978—1949）》，申屠晓莉、邓卓行译，载里赞主编：《法律史评论》（2020年第2卷·总第15卷），社会科学文献出版社2020年版，第3～25页。

[2] 参见雷磊：《法律方法、法的安定性与法治》，载《法学家》2015年第4期。

故在此存而不论。

三、价值判断与依法裁判的统一

价值判断可能在司法裁判的任一过程中发挥作用，有时其以明确的方式影响法律的选择和判断，有时又以隐性的方式存在。从其作用的具体形态来看，价值判断可以对概括性法律提供具体化解释，可以平衡法律规范与案件事实之间对应关系，可以填补法律的空缺以及对冲突的诸法价值进行协调。为了寻求公正的个案裁判，离开价值判断是难以想象的。价值判断固然重要，但若把握不好分寸和方式，反而给法体系和法治带来一些消极的影响。以后果为导向的价值判断，为法外价值进入司法创造了空间，法外价值判断用力过猛稍有不慎就会和依法裁判之间产生紧张。为了充分合理地发挥价值判断的应有作用，就有必要理清价值判断、后果主义与依法裁判之间的关系。

（一）后果主义与价值判断

司法裁判中的后果主义有两种体现，一种是将后果作为证成裁判的标准或根据，一个裁判是否妥当取决于它能否达成特定的后果，法律实用主义就秉承这样一种立场，它对法律（概念）坚持一种怀疑主义的立场，将裁判理解为一个实现社会政策、整体福利和经济效益的过程。在这种裁判观中，法律性的因素被法外判断所侵蚀，政策性的判断、经济效益的考量等会从根本上取代法律判断。法律实用主义理论的代表者波斯纳指出法官追求效用的最大化，在法官的效用函数关系式中会考量诸多变量，包括公众期待、威望、促进公益、避免判决被撤销、声望、政治选举中的得票等。[1]这些因素都会刺激法官在裁判中的决策行为，进而影响裁判的最终结果。

我们将这种判断称为"强的后果判断"，它本质上也是一种价值判断，只不过其追求的是法律之外的价值。从司法实践来看，很少会有法官宣称自己要以后果作为检验裁判是否妥当的标准。故而，这种强理论为适应实践，尤其是回避合法性的质疑，会采取一些微妙的变形，比较典型的是，它们通常会以隐性的方式发挥作用，法官在内心中通过对非法律性后果或价值的判断，先形成一个大致的预判，再尝试找到能够在形式上证成该结果的法律渊源和法律理由，最后通过常规的法教义学的方法推导出判决结果。这个过程中，显现出了法官的两种态度：其一，较强的策略性（strategic），根据所追求的目的或动机来调整自己的行为，归根到底就是要实现自己预想的结果；[2]其二，不忠诚性（infidelity），法官既未能忠于过去的立法决定，同时亦未尊重法体系中的价值，而任凭法外价值或因素从实质上主导法官对特定问题的判断。

司法内外部环境的复杂性，加上长期以来在司法领域中贯彻的"政治效果、法律效果与社会效果相统一"政策，[3]使得法官会有意无意地将法律之外的后果性考量带进来。尽管，尚不足以将这种面向法律之外后果的价值判断看作是一种独立的

---

[1] 参见［美］理查德·A. 波斯纳：《超越法律》，苏力译，中国政法大学出版社2001年版，第135~142页。

[2] 参见王彬：《司法决策中的效用考量及其偏差控制》，载《暨南学报（哲学社会科学版）》2020年第8期。

[3] 最高人民法院旨在通过这种方式实现公共政策的司法转化机制，借此将党和国家的公共政策输送到司法裁判过程中。参见宋亚辉：《追求裁判的社会效果：1983—2012》，载《法学研究》2017年第5期。

法律方法，但其会通过与其他方法相连接而发挥作用。

另外一种是"弱的后果考量"，是指对规范后果的考量，这里的后果就是法律规范所蕴含的后果（consequences as implications），[1] 亦即法律规范逻辑构成中的法律后果。由于立法为法官所开放出的价值判断空间，有时候法官可以在多种裁判方案中进行选择，在涉及多种法源并存时，这种选择的空间就越大。可以说，即便在规范目的的射程之内，裁判仍然可能是多样化的，这也是合理的差异化判决得以存在的真正缘由。与强后果主义相似的是，法官在法律给定的多种可能后果中，先形成一个大致的预判，然后再逆向去寻找和解释法律，以从教义学的层面去证立判决。

两种版本的后果主义有一个共同的特征，就是坚持一种"从后果到规范再到后果"的逆向推理思维。其不同之处在于，两种后果的性质间存在明显的界限，强版本的后果主要是法律体系之外的后果，而弱版本的后果仍然是法体系内部蕴含的后果。在一些论者看来，司法中严格的后果主义考量，只能考虑法律之外的一般性后果，或者说是一种一般性的社会后果，既包括积极的后果也包括消极的后果。[2] 这些后果性的价值因素进入司法过程之后，由此所形成的判断也就分为法律性判断与非法性（法外）判断，它们各自分别代表着一种弱和强的后果主义判断。

借助于以上对后果主义判断的一般分析框架，回到本章所

---

[1] See Neil MacCormick, *Rhetoric and the Rule of Law: A Theory of Legal Reasoning*, Oxford University Press, 2010, p. 110.

[2] 参见雷磊：《反思司法裁判中的后果考量》，载《法学家》2019年第4期。

要讨论的裁判中的价值判断问题。由于价值本身就代表着一种实质主义的观点或态度，故而取向于价值的解释或判断也具有鲜明的后果导向性。一如前述，价值判断不能独立地运作，而必须借助于其他的法律方法，可以说后果考量就是价值判断运作的一种重要方式。比如，德国宪法学理论中将基本权利解释为客观价值秩序，便是运用后果考量解释方法的典型例子，这里的"价值秩序"仅仅是一种推论形式，最终的实质论证须借助后果考量。[1] 又比如，在目的解释中，无论是探求立法者的原初目的，还是寻找规范在当下变迁环境中所可能具有的客观目的，这一解释过程是在一定的后果性价值导向下进行的。个别论者将后果考量当作是实现价值判断客观化的努力来加以检讨，尽管其对这一问题所得出的结论并不乐观。[2] 后果主义为价值因素进入司法提供了一些方法和框架，相比于放任价值判断恣意而为，确实在一定程度上有益于价值判断的理性化。

价值根据自身的来源不同有法律内、外价值之别，故而基于此所形成的价值判断也分成法律之内的价值判断与法律之外的价值判断。虽然它们有后果主义倾向，但是非法律性价值判断的后果主义色彩要更浓厚，它是一种强的后果主义，而法律性的价值判断充其量只展现了弱的后果主义考量。法律之外的价值之所以进入司法，要么是来补充立法调整的空缺，发挥一种价值填补功能，要么意图取代法律性理由从实质上影响裁判的结果。引入法外价值补充立法空白，这是填补法律漏洞的一

---

〔1〕 参见张嘉尹：《论"价值秩序"作为宪法学的基本概念》，载《台大法学论丛》2001年第5期。

〔2〕 参见雷磊：《司法裁判中的价值判断与后果考量》，载《浙江社会科学》2021年第2期。

种重要方式，在理论上也获得不少认可和赞许，其往往通过原则论证的方式来进行。而后一种非法律价值判断具有较强的外在动机，一如戈尔丁所言，"当重要的社会或制度性目标和利益岌岌可危时，法官们常常会认为，这些假定在道德上合理的目标是法律体系所应促进的目标。由此，法官们所明示或默示地使用的价值判断在裁判推理中起着至关重要的作用"[1]。为了在个案中实现某些特定的价值后果，法官以此后果来调适法律的选择和适用。

两种版本的后果判断，都面临后果主义存在的一般性问题，比如，后果是将来发生的事物，何以提前能够预测？后果的种类复杂多样，如何选择真正妥适的后果作为论证的出发点？对于后果的评价标准和规则缺位，[2]后果主义论证的使用会产生很多不确定性，由此所推出的结论也并不具有终局性[3]。任何一种法律方法都不是完美的，在法律实践的适用过程中都会暴露出这样或那样的问题，更何况后果主义本身就不是一种较为成熟、独立的方法。关于后果主义自身的问题，本书第三章还有更细致的讨论。我们对于以上缺陷尚能容忍，基于法律价值的判断基本上是在教义学的框架下展开的，不会肆意向法外空间逃逸，而非法律性价值的判断却会突显出更为严重的问题，那就是它极有可能会演变为一种实质上的"法外裁判"。

当法官诉诸道德、经济、政治、制度性或其他社会考量时，它们虽然也能提供实质性理由，但这些理由要么不够强，要么

---

[1] Martin P. Golding, *Legal Reasoning*, Broadview Press, 2001, p.58.
[2] 参见孙海波：《通过裁判后果论证裁判——法律推理新论》，载《法律科学（西北政法大学学报）》2015年第3期。
[3] 参见杨知文：《司法裁决的后果主义论证》，载《法律科学》2009年第3期。

不够充分。[1]这是因为依法裁判要求法官必须竭尽所能将案件结论建立在法律性的理由之上。那么,法律性的理由从何而寻呢?自然首先要从法体系的内部寻找:一方面,法律的外部体系是由概念或规则搭建而成,也是法律人生产法律教义的重要场所;另一方面,是由法律原则与价值编织的内部体系,也是一种实质性的价值体系或者形成的一种内部无矛盾的"意义整体"。内外体系共同构成了层次分明的法律秩序的统一体,[2]司法裁判的法律根据皆由此而产生。强的后果主义将法律体系外的价值带入法律,纵然很多时候采取一种隐秘的方式将这一过程掩饰,但案件判决结果实质上是由法外判断所决定的。

(二)依法裁判对价值判断的限制

价值判断虽然赋予法官较大的裁量空间,但并不意味着它可在司法裁判场域中任意驰骋,现代法治的核心要义之一便是以法治约束裁量。对司法裁判中价值判断客观化的寻求,实际上是使其步入理性化的轨道,能够被实践中的人们客观性接受,亦即纳入"主体间性"(intersubjectivity)的维度,通过理性的商谈与沟通,最大限度地减少价值判断中的独断与恣意,以实现价值裁量的正义。

依法裁判是司法裁判的根本属性,也是决定判决合法性的唯一要素。在讨论价值判断的运作问题时,尤其要注意协调它与依

---

[1] See Robert Summers, "Two Types of Substantive Reasons: The Core of a Theory of Common-Law Justification", *Cornell Law Review*, Vol. 63, No. 5 (Jun., 1978), p. 710.

[2] 关于内部体系与外部体系的讨论,参见[德]伯恩·魏德士:《法理学》,丁晓春、吴越译,法律出版社2013年版,第318页;[德]卡尔·拉伦茨:《法学方法论》(全本·第6版),黄家镇译,商务印书馆2020年版,第548~552页。

第一章　法教义学视野下的司法价值判断

法裁判基本立场之间的关系。从法律之中价值出发进行的价值判断，尽管采用了一种弱的后果判断的形式，对法律规范蕴含后果的考量并未从根本上背离依法裁判，从经验上看法官在处理案件时总是会或多或少地预先打量一下相关法律规范设定之后果的种类及幅度范围。相较而言，以法律之外价值为基础的判断，依循的是一种强的后果主义进路，会从根本上改变法源的选择及适用，从实质上以法律之外的实质价值理由来促成判决。

　　从法律价值出发进行判断，由于会受到法律教义的限制，通常并不会对依法裁判构成威胁。但也有一种例外值得注意，那就是"法律中的概括条款向法外价值逃逸"。法律中的一些概括条款，尤其是法律原则，本身彰显着一种价值，既可能是公正、平等等内在价值，也可能是福利、效益等外在价值。概括条款的使用借助于行为事例的类型化，通过价值判断来认定某个行为是否归属于各种具体实例中的一种情形，从而赋予对该条款对当下案件的可适用性。

　　以《民法典》中规定的"公序良俗"为例，何为公序良俗难以通过简单的定义来明确，它是不确定法律概念，须通过价值判断结合具体实例来加以明确和补充。王泽鉴教授从判例中抽取了一些代表性的事实类型，比如宪法上基本权利的保护、契约上危险的合理分配、婚姻制度的维护、家庭伦理、经济秩序、性之关系等。[1]德国法上学者们也对公序良俗原则进行了类型化的尝试，包括"滥用权力或垄断地位，捆绑契约，危害债券与信用欺骗，法律行为工具化，尤其是个人私域的商业化

---

　　[1]　参见王泽鉴：《民法总则》（增订版），中国政法大学出版社2001年版，第292~296页。

利用（如卖淫、性交易等），危害婚姻与家庭秩序，诱使违约（如以刺激出卖人违约为目的的二次买卖），贿赂协议，公共职位、学位或贵族称号买卖、准暴利行为"[1]。当然，以上只是一种有限的列举，伴随着司法实践的发展还会呈现出更多的事实类型。

公序良俗作为一项一般条款，在司法审判中应谨慎使用。现实的情况是，我国法官动辄抬出该条款来否定法律行为的效力。由于公序良俗指向的是一种社会一般道德，并且这种道德价值会随着时代的变迁而变化。在判断是否违背公序良俗时无疑会参酌社会中的道德，这里经常会走向两个误区：①公序良俗的道德判断基础是一种社会底线道德或一般道德，法官将要求过高的伦理作为判断标准，实质上会有制造道德强制之虞。②以简单的道德判断取代对有违公序良俗的复杂价值判断，这表现为判决中仅写明"违反社会公德""违反社会道德"等[2]。将感性的道德判断与在教义学内部对公序良俗进行复杂思考的法律判断画等号，比如在两起有影响力的案件中法官均是这么做的，在当年轰动一时的四川泸州遗赠案中，法官认为将财产遗赠给情妇的做法违背社会公德，如果判决遗嘱有效将会放任社会中"包二奶"的不良现象。在"北雁云依"姓名权争议案中，法院认为自创"北雁"姓氏违背传统道德，因为这种行为与公序良俗原则相悖。[3] 将"法外的价值判断"装扮为"依照

---

[1] 朱庆育：《民法总论》（第2版），北京大学出版社2016年版，第303页。
[2] 参见蔡唱：《公序良俗在我国的司法适用研究》，载《中国法学》2016年第6期。
[3] 参见四川省泸州市中级人民法院（2001）泸民一终字第621号民事判决书；以及山东省济南市历下区人民法院（2010）历行初字第4号行政判决书。

法律价值的判断",这种从一般条款向法外价值逃逸的做法,本质上使"法外裁判"代替了"依法裁判"。

对于法外的价值判断,可继续细分为两类:一类法外的价值能够被法律文本的开放性所容纳,法官借由解释技术将其整合入法律体系之内,实现由外在价值向内在价值的身份转变,而成为法体系本身所蕴含的价值;另一类法外的价值判断尚且不能通过转介的方式进入法体系的内部,它无法被既有的法律文本所吸收,因而目前只能停留在法外的状态,待将来立法作出相应的调整之后,可以被吸纳为法律体系内部的价值。[1]在民事私法体系中,公平、自愿、诚实信用都是重要的法律价值,按照一般的侵权损害赔偿规则,侵权人应停止侵权行为并赔偿损失,但是实践中存在着一种特殊的判决形式,侵权事实确实客观存在,侵权行为亦与损害结果之间存在因果联系,但考虑到一旦责令侵权责任人停止侵权行为会危及公共利益或造成重大的经济损失,出于"成本收益"的效用考量,判决"侵权不停止执行"更符合经济效益。[2]民事私法强调意思自治,法体系的价值也具有较强的开放性,其能比较灵活地包容法律秩序外部的价值。而刑法体系中,由于罪刑法定原则的存在,法官不得通过解释任意地将法外价值诠释成好像是法律本身就包含的价值。

对于无法被现有的法教义体系所吸纳的价值,比如常见的

---

[1] 参见劳东燕:《刑事政策与刑法解释中的价值判断——兼论解释论上的"以刑制罪"现象》,载《政法论坛》2012年第4期。
[2] 如大头儿子著作权纠纷案,两审法院皆认为可将"高额赔偿"替代"停止侵权行为"。参见浙江省杭州市中级人民法院(2015)浙杭知终字第356号民事判决书。

"民意",是一种公众的意见,代表着民主的价值,由于缺乏良好的民意收集和检验机制,导致民意存在着不确定和非理性的风险,甚至很多时候民众的朴素(道德)判断与法律的判断是完全不一致的,比如在张扣扣为母复仇杀人案中,很多人认为张扣扣年少时目睹母亲被残害的过程,幼小的心灵受到严重创伤,之后为母复仇杀人的行为虽然恶劣但情有可原,呼求法院留张扣扣一命。[1] 对母亲的"孝道"是一种重要道德价值,却无法通过解释纳入目前的刑法教义文本中,也终究不能以此为其杀人行为开脱。对于这种暂且只能停留在法外的价值,如果法官执意仍将其作为判决的实质根据,那么就会从根本上改变依法裁判的本质,使得司法裁判沦为法外的政治、道德、经济裁判等。

司法审判中的法律推理本质上是一个"讲道理"的过程,通过提供充分的理由来证成一种而非另一种决定。佩雷尔曼指出,"根据判决所涉及的不同领域,在实践论辩中所给出的'好理由',可能来自道德、政治、社会、经济、宗教等方面。对于法官而言,这些理由必须是法律理由,因为他的推理必须能表明判决与其有义务加以适用的法律保持一致"[2]。我们应始终牢记,我们的法院不仅是散播正义的法院,更是法律之下的法院。对于那种以法律之外价值判断来消解甚至取代法律判断的做法,应予以警惕和批判,它们是法外裁判论的最主要形式,也是依法裁判最大的理论敌手。另外,在实践中还要学会甄别

---

[1] 陕西省汉中市中级人民法院(2018)陕07刑初37号刑事判决书;陕西省高级人民法院(2019)陕刑终60号刑事裁定书。

[2] Ch. Perelman, *Justice, Law, and Argument: Essays on Moral and Legal Reasoning*, D. Reidel Publishing Company, 1980, p. 129.

一些采取隐秘形式的法外裁判论，它们擅长使用修辞和掩饰手段，以表面上形式化的教义推理来掩盖实质上的法外判断，例如，近年来司法实践中流行的社会科学的裁判理论，[1]借助于经济分析、社会学等论据来主导裁判。

价值判断无论借助于何种方法，法律解释还是后果考量，都不能流于随意，而制造一种去法治化的风险。需要说明的是，警惕对法律价值判断的滥用，并不意味着法官在实践中就一定不得运用此种判断。在制定法存在调整空缺的情况下，法外价值补充是一种很有益的手段，只不过在刑事法中要受到严格限制。此种场合下，法官可以引入法外的价值，但应将这种价值通过解释的渠道转介为法律的内容，通过从法律立场或观点的评价，赋予其一定的法律意义，进而以此价值补充来完成法源的重塑和案件的裁判。我们应有一种整体法秩序的立场，任何时候、任何场合下所进行的价值判断，"不只是要陈述判断者个人的评价，更主要的是要指出基于法律的立场观点、按照法秩序的要求和评价标准，这类案件事实应当如何判断"[2]。要将价值判断设法置于法教义学的调控之下，以此来缓解价值判断与依法裁判之间的紧张。

四、结论

价值判断问题是法律方法论中的一座高峰，通往顶峰的道

---

[1] 参见孙海波：《司法裁判社会科学化的方法论反省》，载《法制与社会发展》2021年第2期。

[2] ［德］卡尔·拉伦茨：《法学方法论》（全本·第6版），黄家镇译，商务印书馆2020年版，第368页。

路注定崎岖不平。它贯通司法裁判事业的最核心之处，迫使我们追问依法裁判与公正裁判是什么关系，为何这二者都与价值判断难以割裂。法官个人价值的确会影响客观的法律判断，但裁判中的价值判断与法官个人的主观价值考量又根本不同。尽管一谈到价值判断，人们总会自然地联想到主观性判断，但司法裁判中依据的价值可以是客观价值，其所取得判断仍然可以是一种趋向于理性化的客观判断。围绕学界关于司法中价值判断的以往讨论，本章从方法论的层面得出以下几点结论：

第一，我们既要反对法律形式主义秉持的价值虚无论，又要警惕法律怀疑主义或现实主义的价值主观（情感）论。价值在司法中是泛在的，它可能出现在裁判过程中的任何一个环节，既可能是案件事实的论证层面，也可能是法律的适用阶段。司法裁判中要形式逻辑与规范价值并重，二者之间是一种水乳交融的关系，司法裁判的整全性价值正是要将形式判断与实质价值判断统一起来。

第二，价值的存在形式和来源都是多样化的，包括法律之内的价值和法律之外的价值。除了个别公认极其重要的价值，比如生命尊严和正义之外，很难对其他的价值进行排序。价值判断要么是根据价值对法律或事实问题进行判断，要么是协调诸种冲突的价值。在难以决定优先序位的价值冲突中，须采纳情境主义的思考方式，结合具体的案情和语境权衡各价值，通盘考量之后赋予各价值不同的分量。

第三，价值判断并不具有独立性，而通常需借助其他的法律方法发挥作用。比如，它时常嵌于法律解释与后果考量等方法中。价值判断具有鲜明的后果主义导向，按照其价值的来源不同，分为基于法内价值的弱后果判断与基于法外价值的强后果判断，前者一般不会对法教义学体系构成威胁，但要警惕"概括性条款向法外价值逃逸"。后者采取各种方式将法外价值后果带入裁判中，极易走向依法裁判的对立面。

第四，无论是何种形式的价值判断均应在法律的框架下进行，有些法外价值通过解释可以为既有法律文本接纳而转变为法内价值，另一些法外价值则只能停留在目前法外的状态，对于后者的运用就应慎之又慎。应注意，随着时代和立法的变迁，法内外价值之间的互相流动是必然的。价值判断会对依法裁判带来某些张力，但价值判断是为了更好地实现依法裁判和个案正义。[1] 从整体法秩序的观点来看，通过方法论的构造可以缓解价值判断与依法裁判之间的内在张力。

---

[1] 参见张骐：《司法推理价值判断的观念与体制分析》，载《浙江社会科学》2021年第2期。

第二章
司法中的社会科学判断

司法作为解决问题和争议的场所,一个重要的特质在于对各种理由保持开放,也即学者所倡导的"在开放的场域或体系中论证"。人们都很清楚,在常规、简易案件中,待决案件事实与规范要件事实是对应的,借助演绎或涵摄模式,便可轻易地推导出可靠的结论。然而,争议案件事实与法律规范有时会呈现出不相适应、形式适应但实质不适应等情形,此时就需要法官能动地从事法律发现。[1] 除了法律自身的扩张程度会导致案件疑难之外,有时候案件的社会影响也会制约法律的适用,这一点在热点或重大影响性案件中表现得很明显。在这些情况下,司法裁判很有可能对法律之外的因素开放出空间,如霍姆斯法官所言,"重大案件之所以重大,并不是因为其在塑造未来法律方面的重要意义,而在于某些直接的压倒性利益吸引了人们的情感,并扭曲了判断"[2]。经验、社会现实利益状况、后果影响、政策乃至政治等诸多要素,很多时候都会装扮成社会科学知识的样貌进入司法过程中,并左右法官的判决。

---

[1] 参见郑永流:《法律判断形成的模式》,载《法学研究》2004年第1期。
[2] Northern Sec. Co. v. United States, 193 U. S. 197, Dissenting Opinion, Justice Oliver Wendell Holmes.

法学是法律科学（legal science/science of law）之简称，二者之间的亲缘性自不待言。在法律发展史上，人们曾追逐过法律公理之梦，努力着模仿自然科学的样子将法律体系型构为一个严丝合缝的完美集合，普赫塔通过概念金字塔的逻辑演绎，追求"科学"意义上的体系思想，"当最顶端确立了一个最普遍的概念，其余所有概念都居于其下时，亦即其他类概念和种概念都能纳入其下时，这一逻辑体系的思想就臻于完结；人们因此可以从金字塔底部的任一点出发，通过一系列的中间环节，逐步放弃特殊性的东西，以此方式最终也能攀升至最高点"[1]。公理之梦的破灭让人们开始理性地审视法学与自然科学之间的差异，法学中充斥着不确定、谬误、情感，而自然科学则关心自然的、绝对的、永恒的东西，细微之处亦有理有据、求真务实。[2] 虽然不能将法学与自然科学等而同之，但并不意味着我们可以就此放弃法学的科学性，只不过它所追求的是一种"弱科学性"，即退而求其次，将法学安置于社会科学范畴之下。

一、当司法遭遇社会科学

社会科学囊括研究人类社会的诸多科目，涵盖政治学、经济学、社会学、心理学、人类学、伦理学等。囿于本章论题，集中关注与司法审判较为密切的社会学、经济学和心理学等社会科学，尽管它们各自有其独特的研究进路，但其在内部尚未

---

[1] ［德］卡尔·拉伦茨：《法学方法论》（全本·第6版），黄家镇译，商务印书馆2020年版，第29页。
[2] 参见［德］尤利乌斯·冯·基尔希曼：《作为科学的法学的无价值性——在柏林法学会的演讲》，赵阳译，商务印书馆2016年版，第10~42页。

形成较为一致的知识论和方法论。将社会科学知识和方法引入裁判过程,我们首先不得不面对它们之间的差异,其中有些是非常直观性的:"科学是理性的,而法律是非理性的;科学是抽象的,而法律是具体的;法律生产个别性的知识,而科学生产普遍性的知识;法律发现以确定性和排除合理怀疑为基础,而社会科学发现则立基于或然性和归纳;法律是规范性和规定性的,描述人们应当做什么,以及法律应当是怎样的,而社会科学则是价值中立的、实际的和描述性的,描述人们事实上如何行为"[1]。简要来说,社会科学更多是一种经验性的,而裁判在本质上是规范性的活动。那么,如何打破二者之间的藩篱,实现有效转译,是司法裁判社会科学化的核心所在,也就是本章关心的核心议题。

由于法律与社会科学(law and social science)的研究在美国起步较早,司法对社会科学的开放性程度较高。这一方面与法学发展有关,自法律现实主义打破形式主义的神话之后,美国法学的整体面貌是反理论的,高度关注不断变迁的社会现实,倡导经验重于逻辑,这为经验性科学资料和证据进入司法打开了方便之门。[2] 另一方面,在法理论的观照下,司法更加面向未来,而不仅仅恪守法律条文和先例,根据社会利益的现实需求,可超越法律裁判。故而美国有不少讨论社会科学在司法中应用的著述。比如,有从一般理论角度梳理法律或司法中的社会

---

[1] Rosemary J. Erickson and Rita J. Simon, *The Use of Social Science Data in Supreme Court Decisions*, University of Illinois Press, 1998, p. 6.

[2] See Schlegel, John Henry, *American Legal Realism and Empirical Social Science Studies in Legal History*, University of North Carolina Press, 1995.

科学;[1] 有从心理学角度,研究司法裁判对心理学的吸收和应用;[2] 有研究社会实证数据能否作为证据,以及如何影响法院对证据事实的认定;[3] 有研究社会科学在劳动法、婚姻法、宪法、刑法、侵权法等领域的具体实践。[4] 我们权且将社会科学对司法的渗透及其运用称作为"裁判的社会科学化",以上种种研究能让我们清楚地看到社会科学在司法中运用的现状与前景,同时还会从更重要的侧面展示出这种现象的内在局限,对司法裁判社会科学化不加限制的最终结果必然是消解裁判的法律属性,将价值判断还原为事实判断,最终放弃依法裁判的基本立场。

早在1908年发生的穆勒诉俄勒冈州案中所争议的俄勒冈州通过的一项将女工每天工时限定在10小时内的法案是否合宪的问题上,此种立场就曾显现。时为律师的布兰代斯从社会科学的角度力图为法案的合宪性进行辩护,其向法院提供了长达百余页的意见书,被后世称为"布兰代斯意见书"(Brandeis Brief),

---

[1] See Harold L. Korn, "Law, Fact, and Science in the Courts", *Columbia Law Review*, Vol. 66, No. 6 (Jun., 1966), pp. 1080-1116.

[2] See Michael J. Saks, Reid Hastie, *Social Psychology in Court*, Van Nostrand Reinhold, 1978.

[3] See David Barnes, *Statistics as Proof: Fundamentals of Quantitative Evidence*, Little, Brown, 1983; J. Braxton Craven, "The Impact of Social Science Evidence on the Judge: A Personal Comment", *Law and Contemporary Problems*, Vol. 39, No. 1 (Win., 1975), pp. 150-156.

[4] See Adler, Nancy, David, Major, Susan Roth, Nancy Felipe Russo, Gail Wyatt, "Psychological Factors in Abortion: A Review", *American Psychologist*, Vol. 47, Issue 10 (Oct., 1992), pp. 1194-1204; Niels Petersen, "Avoiding the Common Wisdom Fallacy: The Role of Social Sciences in Constitutional Adjudication", *International Journal of Constitutional Law*, Vol. 11 (2013), pp. 294-318; Martha L. Fineman, Anne Opie, "The Use of Social Science Data in Legal Policymaking: Custody Determinations at Divorce", *Wisconsin Law Review* (1987), pp. 107-158.

他从经济学、社会学以及心理学等方面找到大量经验性数据，证明女性与男性在生理和身体特征方面存在差异，对于女性给予特殊的工时保护的立法是正当的。[1]自此之后，社会科学知识和方法在美国以论辩意见或其他形式进入司法过程开始变得司空见惯。在最高法院1954年审理的布朗诉托皮卡教育委员会案中也直截了当地引入了社会科学理论资源。先前的普莱西诉弗格森案确立了"隔离但平等"原则，辩护了隔离的正当性。而在该案中为推翻先前的先例原则，上诉人及其律师竭力从社会科学中寻找有力证据来证明隔离对黑人孩子会带来巨大的心理伤害。[2]具体来说，在采取隔离的南方学校的黑人孩童中开展了一项"玩具娃娃测试"（Doll test），摆在黑人孩童面前的分别是一只黑色玩偶和白色玩偶，当询问他们哪一个玩偶更漂亮以及更喜欢哪一个时，绝大多数孩童都直言不讳地回答自己喜欢白色玩偶。这个心理学实验从社会科学的角度，证实了种族隔离会给黑人孩童带来巨大的心理影响和认知偏见，由此种族隔离从一开始就会带来伤害并制造不平等。尽管美国联邦最高法院在布朗案中吸收了社会科学的论据，并据以推翻了自己50年前确立的先例。但是，争议仍然继续，不少论者质疑布朗案中运用社会科学的做法，比如：态度性研究很难在各种变量因素中锁定何者是最关键变量，言外之意是能不能将这种态度性变化归因于学校的隔离；又比如，一些论者通过在北方未进行学校隔离的黑人孩童中开展了类似实验，结果也发现了类似甚

---

[1] Muller *v.* Oregon, 208 U. S. 412,（1908）.

[2] Plessy *v.* Ferguson, 163 U. S. 537,（1896）; Brown *v.* Board. of Education, 347 U. S. 483,（1954）.

至更明显的态度偏好，这足以解释隔离并不是影响孩童态度偏好的唯一因素；再比如，认为布朗案依靠的社会科学知识并不可靠，甚至将这种证词称作伪证都不过分。[1] 尽管针对这些社会科学知识、发现或结论应否成为妥当的证据资料尚存争议，但在实然的层面上它们已经广泛而深刻地影响了司法。

相比之下，在我国，无论是从理论研究还是司法实践来说，司法裁判社会科学化的问题都才刚起步。法教义学或法条主义，强调法官思维应以规范作为逻辑起点，并以此为根据推导案件结论；与之不同，社科法学者反对法律中心主义，主张法官在司法场域中面对的不只是法律，除此之外，事实及事实判断也很重要，更极端者会趋向于坚持事实中心主义。社科法学者不仅主张在学术理论研究中贯彻社会科学的方法，同时还倡导让这些东西深入实践中去影响法官的判断。这里隐含着一个重要的方法论困境：一方面社会科学能为司法裁判提供信息参照和辅助，另一方面法官对社会科学知识的了解和认识十分有限，[2] 从社会科学到法律话语之间的转化存在着难以逾越的鸿沟。

当然，笔者关心的仍然是中国问题，即中国法官如何面对以及运用社会科学。在社会科学方法论并不统一，社科法学发展水平有限，司法职业化程度不高及其专业化能力不强的情况下，贸然引进社会科学知识和方法，极有可能会干扰甚至扭曲法官的判断，使得正义的法官、法律之下的法官沦为法律之外的"民科法官"。正是基于这种忧虑，促使我们思考社会科学在

---

[1] See Austin Sarat eds., *Blackwell Companions to Sociology*, Blackwell Publishing, 2008, p.415.

[2] See Austin Sarat eds., *Blackwell Companions to Sociology*, Blackwell Publishing, 2008, p.410.

进入司法裁判的过程中可能遭遇障碍和困难，从方法论上对其加以澄清，这不仅有助于摆正社会科学在法律和司法中的位置，同时对于维护法官的规范性思维以及捍卫依法裁判的基本立场亦有重要价值。

二、法概念上的还原论立场

社科法学阵营是倡导社会科学在法律领域中应用的坚定辩护者，他们的主张大体上可以分为两个层面：一个是理论层面，运用社会科学的知识和方法剖析法律现象，提出不同于传统法教义学的判断和结论；另一个是实践层面，以社会科学的发现和结论来影响法律实践，比如利用成本收益之方法来进行立法评估、从法经济学的视角划定行政罚款之标准、以政策的形式影响法院之判决等。[1] 近几年中国法学领域中掀起了一场法教义学与社科法学的争论，人们可以在法教义学的著述中找到很多针对社科法学的一般性批评，其中从方法论角度所展开的攻击较为彻底，如陈景辉教授指出的那样，社科法学关于"中国"问题、客观且全面地描述法律实践背后的影响要素以及存在即为有效，这三个方面的基本主张均存在严重缺陷，从而使得社科法学理论最终只能走向破产，"法律与社会科学正在上演的，不过是一出没有事先声明的魔术表演而已"[2]。就笔者所关心的论题而言，社会科学在何种意义上能够影响司法决策过程。

---

[1] 从政治学、政策学的角度，对立法、行政及司法裁判之影响的讨论，参见陈铭祥：《法政策学》，元照出版公司2011年版，第32~137页。

[2] 陈景辉：《法律与社会科学研究的方法论批判》，载《政法论坛》2013年第1期。

第二章 司法中的社会科学判断

以上批评自然可以适用于下文的讨论，然而它们更多地指向的还是理论层面的社科法学，本章将聚焦于社会科学在司法层面应用中可能面临的难题。当前这一部分，笔者先来剖析社科法学论者在法概念的问题上所普遍持有的一种还原论立场。

人们对于"法律是什么"持有的观点、立场或态度，被称为"法概念论"，简而言之，就是人们眼中的法是什么样的。说到底这就是法概念的问题，对于法律是什么的不同想象势必影响到裁判中对于法源的选择，进而可能会形成不同的裁判立场。法概念是形成法律推理之前提的核心要素，不同的法概念主张会形成不同的裁判后果。[1]这就能解释为什么面对同一个案件，尤其是在争议案件或疑难案件中，不同的法官会形成不同的甚至有时完全截然相对的结论。很大一部分原因，就在于他们眼中的法是不一样的。比如说，一位持有自然法立场的法官眼中的法是更宽泛的，除了实在法之外，还包括实质性的道德原则和价值，司法裁判具有鲜明的实质主义取向；而相比之下，作为实证主义者的法官则将法牢牢限定在实在法之内，司法裁判折射出更强的形式主义色彩。

从法哲学角度来看，法概念论与裁判理论之间存在两种关系：其一，决定论，认为有什么样的法概念论就会产生什么样的裁判理论；其二，非决定论，主张在法概念论与裁判理论之间并不存在必然的决定关系。对于非决定论又可以区分出两种具体类型：一种提出法概念论与裁判理论是完全不同的两个问

---

[1] 除了文中论及的指涉"法律之性质"的法概念，还包括规范中包含的具体法律概念，它们在法律实践中也发挥着语义确认与确定、指明法律后果、限制目的论证和施加论证负担等功能。具体讨论请参见雷磊：《法律概念是重要的吗》，载《法学研究》2017年第4期。

题,"无法根据某人在法概念论上的立场,就得出他在裁判理论上的立场"[1],由此可能出现,相同法概念论立场的学者会导向不同的裁判理论。持有不同法概论主张的学者最终可能走向同一种裁判理论。非决定论中的另一种类型,倾向于解构法概念论,认为对司法审判实践来说,澄清"法律是什么"这个问题是不重要的。他们主张法律是部分不确定的,极端论者可能认为法律总是不确定的,法官在个案中如何获致结论,并不必然要从法律这个前提中来推导。言外之意,法律标准并不拘束裁判结论。果真如此的话,判决又是怎么得出的?论者认为这可能来自裁判者对于案件事实的反应,是包括有意识和无意识的社会和心理因素所决定的。[2] 传统的法教义学强调规范对裁判的拘束作用,辩护与形式法治相容的依法裁判理论,而社科法学导向的裁判理论显然归属于一种非决定论,对法概念以及法律之于实践的规范性持怀疑态度,这里将此种怀疑论暂且贴上还原论的标签。

司法裁判是一种规范性判断,这种规范性品质源自它是依照法律所进行的裁判,故而可以说司法裁判的根本特征在于其具有法律属性。司法裁判者以一种内在参与者的态度,去理解和诠释规范,这种内在化的过程其实就产生了规范性,它能够为行动提供理由,并具有形塑和改变实践的能力。[3] 社会科学化导向的

---

[1] 陈景辉:《法理论的性质:一元论还是二元论?——德沃金方法论的批判性重构》,载《清华法学》2015年第6期。

[2] See Dennis Patterson, *A Companion to Philosophy of Law and Legal Theory*, Wiley-Blackwell, 2010, p. 216.

[3] 参见谢世民主编:《理由转向:规范性之哲学研究》,台大出版中心2015年版,第285~320页。

裁判，更多地采纳的是一种外在立场，"与法教义学尊崇法条和既有的法秩序不同，社科法学关心的是法条的生活世界，是真实世界的法律问题……社科法学与法教义学相比，可能更接近科学。社科法学采取怀疑主义的科学态度，对一切可能存在问题的法律条文保持警惕"[1]。与其说是采取怀疑主义的态度，不如说是反对法律中心主义，对规范持有一种轻视的态度，甚至在个案中以社会科学知识和判断取代法律判断。在这种裁判中，社会科学知识和结论最终成为诱发结论形成的根据，法律规范的因素被弱化甚至被消解了，由此依法裁判的立场很容易被突破，而实质上最终走向了一种"超越法律"（overcoming law）的裁判。

很显然，社会科学化的裁判试图消解规范性，在法概念的问题上坚持一种还原论。还原论（reductionism），也称"化约论"，意指将一种复杂的事物还原为更基础的要素，并根据后者来解释和描述前者。比如，有论者将法律还原为主权者发布的命令，并由此从命题的一般特质来解释法律。在对待法律是什么的问题上，社科法学采取了一种外在观察和描述的立场，他们基于一种审慎的理由来看待和理解法律。社会科学的进路更看重"行动中的法"，将一般性的实在条文置于具体的个案语境中，通过对案件事实和相关情境的"深描"，来解构并重构法律。"法律应当是什么"的问题也将随之转化为"法律事实上是什么"，从"应当"到"是"的转变过程中，所剥离掉的恰恰是法律的规范性意义。在这里，法律披上了社会科学的外衣，摇身一变将自己装扮成了形形色色的经验性事实。典型的，比如社会学会将法律还原为可观察的行为及其规律性、社会结构

---

[1] 侯猛：《社科法学的传统与挑战》，载《法商研究》2014年第5期。

与制度体系,经济学将法律还原为一种经济效益,认为侵权法并不是一套旨在恢复正义的法律体系而是旨在追求财富最大化的效能体系,人类学将法律还原为田野数据等。

社会科学化的裁判理论坚持的外在立场,必然在法概念论上滑向还原论,倡导科学知识中心主义,以社会科学知识和结论取代规范,将法律改造为经验事实,最终瓦解法律的规范性。尽管如上文所述,某些社科法论者也主张会对法规范提出批判或建议,"但这些启示或建议往往指向法律制度的失灵或盲视,而造成这一结果的原因是'不适应现实或与现实不符'。因此,要么法律需要被修改以适应现实(较为温和的反规范论主张),要么法律在社会行动或国家治理中压根起不到多大作用,至多只是用以解决问题的备选手段之一(较为激进的反规范论主张)"[1]。晚近以来,法律现实主义就有类似的社会科学化倾向,一种是"特性派"(Idiosyncrasy Wing)现实主义,将法律还原为心理、个性或特性要素,法律判断还原为一种心理的刺激反应;另一种是"社会学派"(Sociological Wing)的现实主义,主张实践中决定裁判的是"情境类型",也就是以争议性教义的特定事实所例证的一般行为模式,以及在相关商业环境中能够构成正常的或经济上可欲的行为。[2] 相较于今天学界社科法论者所倡导的社会科学知识和方法在司法裁判中的应用而言,

---

[1] 雷磊:《法教义学的基本立场》,载《中外法学》2015 年第 1 期。

[2] See Brian Leiter, *Naturalizing Jurisprudence: Essays on American Legal Realism and Naturalism in Legal Philosophy*, Oxford University Press, 2007, pp. 27-30. 对于将法律现实主义刻画为还原论的常规主张,一些学者也提出过不同意见,比如马默教授认为法律现实主义并不是一种还原性替代理论(reductive-displacement),而是一种议程替代理论(agenda-displacement)。参见[美]安德瑞·马默:《法哲学》,孙海波、王进译,北京大学出版社 2014 年版,第 30~34 页。

法律现实主义的理论化程度要更高、更精致。

社会科学化的裁判理论一方面将法律还原为社会科学事实或因果关系准则，另一方面将规范性的司法判断还原为事实判断，通过这样两个层面的努力，司法裁判的规范性最终得以消解。在这里，社科学科和法律之间的界限似乎模糊了，更为重要的是，何以能够用纯粹描述性的事实判断来取代规范性的价值判断，任意取消"是"（to be）与"应当"（ought to be）之间界限的做法是否妥当，就很值得拷问。从方法论上来说，社会科学主要是归纳性的，从大量经验样本和数据中去归纳和抽象一般规则、规律的思维过程，样本之选择、分析手段之科学性、样本数量之充分性都会影响到最终结论。可以说，社会科学判断和发现具有偶然性，其结论可以不断地被推翻和修正。

除社会科学判断本身可能出现错误之外，其最致命的缺陷就在于：这种（无论是定性还是定量）经验性判断何以能够得出具有可普遍化的结论。换言之，一个从经验中推导出的事实判断，可以产生较强的规范性约束力。比如，我们走进一个村庄，看到街上的女性头上都裹着黑丝巾，我们是否足以推导出这个村子里的女性出门上街时头上都应裹着黑丝巾。在实然描述与规范性判断之间，存在着休谟所谓难以跨越的鸿沟。在司法裁判的具体场域中，经验性的事实描述和判断，难以得出法院应如何在教义层面适用法律以及应推导出何种结果的规范性判断。如某些论者一针见血地指出的那样，"从描述性社会科学无法为规范性司法裁判提供理性基础"[1]。我们也看到

---

[1] Patrick Driessen, "The Wedding of Social Science and the Courts: Is the Marriage Working?", *Social Science Quarterly*, Vol. 64, Issue 3 (Sep., 1983), p. 490.

一些社科法学论者，从法教义学也具有经验面向出发，提出经验事实能够作为法律的规范论证的理由，好的实证研究能够借助因果推理来发现具有规范重要性的差异制造事实，借此来辩护社会科学知识和方法具有规范性意义这个事实。[1]这一论证虽有启发性，但基本上是失败的，法教义学以实在法为研究对象，实在法之存在与解释固然离不开经验事实，但不能因此得出结论认为经验事实能够为实在法提供规范性。与此同时，经验事实在法学理论研究中的角色与其在司法审判中的地位是两个问题，二者之间还有较大的差距。总而言之，笔者认为在司法裁判中，社会科学知识能够为法教义学提供一个有益的补充甚至必要时作为一个检验标准，但仍应把握事实判断与规范判断、社会科学判断与法律判断之间的界限，在引入社会科学知识和方法的同时，避免从根本上消解法律和法律判断的规范性。

三、社会科学作为一种司法修辞

社会科学可以通过各种各样的途径影响司法，比如说，"专家证人在法庭上证实相关的社会科学研究；社会科学家出具法庭之友意见书，让法院了解该领域目前的知识现状；社会科学家在立法听证会上也进入法律之门"[2]。总体来看，社会科学要么作用于案件事实的认定，要么影响法官对法律的适用及判

---

[1] 参见王鹏翔、张永健：《经验面向的规范意义——论实证研究在法学中的角色》，载李昊、明辉主编：《北航法律评论》（2016年第1辑·总第7辑），法律出版社2017年版，第28~80页。

[2] Austin Sarat eds., *Blackwell Companions to Sociology*, Blackwell Publishing, 2008, p. 414.

断。这一论断与我们对于司法过程的认知是联系在一起的，司法裁判无非包括案件事实论证和法律适用两个部分。法教义学以实践问题为导向，旨在解释法律和推进法律的适用，故而法律适用是其作业的重要场所。相应地，案件事实论证领域为社会科学知识的进入留下空间。对此，一些社科法学者可能会宣称，社会科学也会影响法律的适用，甚至在个别时候会根本改变裁判结果。从结果论来看，这确实是可能的。一种可能的解释是，社会科学影响了事实和因果关系判断，进而影响法律之适用；另一种可能的解释是，社会科学发现直接帮助法官形成了预判，先形成案件的判决结果再回过头去寻找法律，进行教义学的论证与修饰。这两种不同的解释，也让我们看到社会科学事实上会以不同的形式影响司法。

从规范的角度来看，如果司法对社会科学保持开放的话，应允许其在事实论证方面发挥作用，其中比较典型的是以证据或准证据的形式进入法官的裁判视野。诉讼法讲究严格的证据法定原则，各国诉讼法规定的证据类型不尽一致，对于哪些社会科学发现可以作为证据使用相应亦存在差异。在英美证据法中都承认专家意见，并将其视为一种正式、有效的证据类型。比如，《美国联邦证据法》第702条规定了专家证人意见，"在下列情况下，因知识、技能、经验、训练或者教育而具备专家资格的证人，可以以意见或者其他的形式就此作证：(a) 专家的科学、技术或者其他专门知识将会帮助事实审判者理解证据或者确定争议事实；(b) 证言基于足够的事实或者数据；(c) 证言是可靠的原理和方法的产物；以及 (d) 专家将这些原理和方法可靠地适用于案件的事实"[1]。普通证人提供的是一种知情信息或对案件发生经过的印象等，而专家证人提供的则是专业性的科学技术知识，这是二者的根本性差异。同样地，在英国也有专家证人意见制度，《英国专家证人指南》中列举的可以聘请专家证人的事项已达1800多种，"包括事故调查和司机行为分析、弹道分析、血液检测、呼吸测酒、血液酒精浓度检测、耳印比对、面部识别、指纹比对、声纹鉴别、DNA分析、基因指纹分析、写作凹痕分析、精神病鉴定、唇读、婴儿猝死症分析、受虐妇女综合症分析、艺术品鉴定和公众舆论状态分析等"[2]。专家证人意见作为一种法定证据，在英美普通法的司法中被广泛运用，并发挥着日益重要的作用。

在我国，在制度上并不承认专家证人意见。实践中当事人及其代理律师时常会寻求专家论证，并以证据的形式向法院提交专家论证意见书，其直接动机显然就是为了支持己方诉求并最终获得胜诉。但是，法官并不能依照专家意见来定案。正如最高人民法院在某些判决书中所指出的那样，"专家论证法律意见书系专家观点意见，不能作为认定客观事实的依据，不属于《中华人民共和国民事诉讼法》第六十三条规定的证据，不予采信"[3]。既然不属于法定证据，专家意见所提出的社会科学结论就难以直接作为证据来用，"因为没有证据作为有力支撑，社会科学与事实认定之间的联系就相当脆弱。退而求其次的做法

---

[1] 陈界融译著：《〈美国联邦证据规则（2004）〉译析》，中国人民大学出版社2005年版，第212页。

[2] 齐树洁主编：《英国证据法》（第2版），厦门大学出版社2014年版，第348页。

[3] 最高人民法院（2012）民申字第526号民事裁定书。

是，具有社会科学属性的证明材料，成为法官心证的范围"[1]。当然，专家意见只是广义的社会科学证据的一种。相比之下，鉴定意见在司法实务中应用广泛，它就是一种专业科学和技术所生产的知识，在我国是一种独立的证据类型。除此之外，在知识产权、侵权法、网络法、产品责任等领域，由于在一些时候会涉及一些专业的问题，而对这些问题的探求已超越专业法官的理性认知能力，故需要有具备专业知识和技能的人士提供服务，在这个意义上社会科学来辅助法官来探知特定事实成为一种可能。

就社会科学能够施展空间的事实论证而言，其主要用来确定裁判事实和立法性事实。美国学者肯尼斯·戴维斯教授在一篇文章中细致区分过这两种事实，"当法院发现了与本案当事人相关的事实时，即当事人做了什么，当时的情况是怎样的，事件发生的背景条件是什么，便可以认为法院在执行一种裁判的功能，这些事实相应可以称为裁判性事实"，而相比之下，"当法院处理法律与政策的问题时，它事实上是在立法，就像法官通过司法立法创造了普通法一样，为其立法判决提供依据的事实可以很方便地称为立法性事实"[2]。裁判性事实与立法性事实的区别较为明显，前者更多地具有个案相关性，是具体案件中的相关事实，能够作为裁判的事实基础。立法性事实，说白了是为法官造法所提供的事实依据，这些事实具有超越个案性，能够经过普遍化的过程被吸纳到新的一般规则中去。所以，我们在判

---

[1] 侯猛：《司法中的社会科学判断》，载《中国法学》2015年第6期。
[2] Kenneth Culp Davis, "An Approach to Problems of Evidence in the Administrative Process", *Harvard Law Review*, Vol. 55, No. 3 (Jan., 1942), p. 402.

断社会科学所作用的事实类型时,只需甄别法官是在案件事实论证以推进法律适用还是试图续造法律中运用社会科学知识和方法。

由于立法性事实与法官造法直接勾连,而即便在普通法中法官造法也会受到诸多限制,在成文法的框架下法官造法的空间就更为狭窄。就此可以说,社会科学只在较为有限的意义上应用于立法性事实。比如,在某些涉及政策和政治道德的案件中,特定个案事实及其蕴含的社会科学意义,在某种程度上会增加或修正相关法律规则的事实要素,更为重要的是,会在原则层面来废止原有规则,布朗案中通过对黑人孩童进行的玩偶实验所得出的社会科学证据,直接颠覆了先前案件中"隔离但平等"的规则,以新的立法性事实凝结和催生了新的规则,即"隔离但不平等"。从性质上来看,立法性事实主要是和法律制定过程相关的事实,传统的证据规则并不适用于它,因为有关问题可能需要对法律和经验信息进行广泛的审视,从而帮助法官发展出规范性的法律规则和原则,当然基于社会科学所提供的立法性事实仍然是可以争议的,从而证明一套立法性事实比另一套更具有信息性和说服力。[1] 鉴于立法事实的超越个案性,对它的引入要格外受到限制,"社会科学只能在相当罕见的案件中才可以作为立法性事实的提供者进入司法裁判,出于法律安定性和司法谦抑性的考量,法官并不被鼓励'空隙立法'"[2]。所以,只有当特定个案可能涉及法律续造时,通常才会考虑使用社会科学论据来生产立法性事实。

---

[1] 参见[美]兹格洛·昂舍塔:《科学证据与法律的平等保护》,王进喜、马江涛等译,中国法制出版社2016年版,第232~234页。

[2] 王云清:《司法裁判中的社会科学:渊源、功能与定位》,载《法制与社会发展》2016年第6期。

社会科学知识在司法裁判中的应用的常规形式就是裁判性事实。以这种方式出现的社会科学就是社会科学证据。它应受到证据法和证据规则的约束,当然在有的国家它可以某种特定的形式(比如上文提及的专家证人意见)成为法定证据,在另一些国家它无法具备法定证据的资格。在确定案件的裁判事实方面,社会科学经常会以"调查研究法"的形式现身,"在个案中针对为数众多的人关于涉案事实的认识、态度或观点进行调查而形成的社会科学证据",[1]利用这些社会调查报告的数据和结论,来达到证成或证伪某些案件事实的目的。比如,在知识产权领域中,对专利或商标的判断本来就具有很强的专业性,甚至需要一些理工科的复杂知识和背景,这超出了法教义学训练出身的法官的能力,实践中在判断某两个商标之间是否具有混淆性或同一性的问题上,时常会引入社会调查报告这种社会科学论据,以解决法官和当事人对科学专业性问题之惑。

在一起商标侵权案件中,案件当事人委托相关主体对"白家"和"白象"商标的认知度及混淆误认比例展开调查,该调查公司在对一百个普通消费者随机抽样调查后出具的《商标识别研究报告》显示:"白象"商标的认知率很高,而且其中有68%的受访者将"白家"商标误认为"白象"商标;有78%的受访者认为"白家"商标与"白象"1506193号商标有关联性。[2]该调查报告经过公证和当庭质证,最后法官以此为基础认定"白家"商标与"白象"1506193号商标具有混淆性,侵权事实得以成立。社会科学证据在证明裁判事实的实践运用中也存在

---

[1] 梁坤:《社会科学证据研究》,群众出版社2014年版,第24页。
[2] 参见河南省高级人民法院(2008)豫法民三终字第37号民事判决书。

不少问题，比如：证据获取主体多元化，且相关资质缺乏统一标准；委托程序较为混乱，既有当事人单方委托调查，也有双方共同委托调查，还有法院委托调查；社会科学证据的科学性程度及相关性程度也因不同方法的采用而存在差异；由于缺乏社会科学证据采信的统一标准，法院对社会证据的认证也做法不一，采纳或拒绝采纳的理由十分多样。[1] 不难看出，由于社会科学知识与证据（法）的衔接出现缝隙，使其即便在明确常规的裁判事实方面也运用得十分混乱，缺乏统一性和规范性。

据学者介绍，社会科学在确定裁判事实和提供立法事实之外，还有第三种用法介于二者之间，吸取了它们的一些常规的元素，但又与之根本不同，学者们将这种社会科学在司法中的运用称为提供社会背景（social background）或社会框架（social framework）。社会科学经验性研究及其结果，旨在为确定案件关键性事实问题提供一个参考框架或决策背景。社会科学用以确定裁判性事实与立法性事实的传统用法，并不排斥提供社会框架的用途，反而会鼓励在实践中这样运用社会科学，并且我们在政策上也没有充分的理由去禁止这种做法。[2] 社会框架的用法并不旨在改变或创设新规则，同时并不是纯粹地确定与当事人利益攸关的裁判事实，它重在利用一般的社会科学研究结论提供一个分析和解决争议问题的背景或框架。在司法实践中，其功能具体表现在："社会框架可以使法律程序中争议事实的存在变得更加有可能或者更加不可能。社会框架很少会激起陪审

---

[1] 参见汪祖兴、宋汉林：《民事社会科学证据的中国图景》，载《现代法学》2014年第2期。

[2] See Laurens Walker, John Monahan, "Social Frameworks: A New Use of Social Science in Law", *Virginia Law Review*, Vol. 73, No. 3 (Apr., 1987), pp. 559-560.

员的情绪或者利用陪审员的轻信。通过谨慎的表述，它们可以澄清而非混淆审判中要裁决的争议。社会框架经常会告知陪审员一些他们并不知道的事实，或者消除他们的一些普遍但是错误的观念"[1]。总的来看，社会框架虽不直接指向案件事实的认定，但却可帮助法官理解案件裁判事实是在何种社会语境中产生的，它为司法最终提供的是一种辅助性依据或说明性事实。[2]普通法实践中以这种方式应用社会科学的例子有证人指证、危险性评价、性侵害等，在我国司法实践中也能发现不少以提供社会框架形式应用社会科学知识的例子，典型的有离婚案件、抚养权纠纷、继承纠纷、赡养案件、性欺凌、校园欺凌、家庭暴力等。[3]在这些案件中，社会科学知识所提供的社会框架，能够帮助裁判者更好地理解相关裁判事实，甚至有时会诠释出事实的某些新意义，进而辅助法官更好地完成法律适用的工作。

以上介绍了社会科学知识和方法在案件事实论证方面发挥作用的三种方式，唯有在确定裁判事实层面偶尔可能会以社会科学的证据形式出现，并接受证据规则的约束来证明相关事实，除此之外很难直接以证据的身份发挥作用。这里人们可能会困惑，如果社会科学不能像证据那样直接对案件事实产生影响，那么在实践中人们为何会屡屡诉诸这个事物呢？以笔者之见，

---

[1] [美] 约翰·莫纳什、[美] 劳伦斯·沃克：《法律中的社会科学》（第6版），何美欢、樊志斌、黄博译，法律出版社2007年版，第375页。

[2] 参见王云清：《司法裁判中的社会科学：渊源、功能与定位》，载《法制与社会发展》2016年第6期。

[3] 比如在涉及孝道的案件中，当事人或法官会引经据典，将孝道的伦理价值阐发出来，为解决孝道争议提供给社会和文化背景框架。郑玉双：《孝道与法治的司法调和》，载《清华法学》2019年第4期。

社会科学知识和方法，尤其是以定量形式所产生的社会科学调查数据和报告，实际上在发挥着一种修辞性的功能，通过科学实验和调查数据所产生的一种"科学权威"或"实证权威"来达到某种证明或解释目的。这种独特的修辞性意义，也在某个层面解释了人们为何在司法中这般钟情于引入社会科学知识和方法，尤其是在社会科学知识不受传统证据法和规则调整的国家里，这种修辞性功能会表现得更直接、更深刻。

昂舍塔认为社会科学在宪法性事实认定方面发挥信息性功能、权威性功能、阐释功能、合法化功能以及修辞功能。其中，修辞性功能源自科学意见或证据本身所具有的巨大渲染力或说服力，"法院在其书面判决意见中讨论科学时，或者将科学文献作为权威渊源引用时，这一功能便固有地存在着。在一个科技进步常常发生并受到欢迎的时代，科学证据的修辞作用是特别强的，因为它意味着不会被律师立场所玷污的独立的专业知识和可信性"[1]。修辞实质上是一种"诡辩"，能把比较弱的论点通过渲染或包装变得更能被接受或更有说服力。社会科学之所以擅长朝着这个方向努力，就在于"科学"本身就是一种权威渊源，当案件当事人或法官诉诸社会科学论据时，他们试图把某种来自实践经验之真的东西作为裁判的基础。如波斯纳所指出的那样，"科学家们试图通过各种方式来加强自己的权威，比如通过数学严谨性的影响，使用令人生畏的专业性术语，抑制怀疑以及在评估实验、统计或观察结果时隐藏个人性的、判

---

[1] [美]盖格洛·昂舍塔：《科学证据与法律的平等保护》，王进喜、马江涛等译，中国法制出版社2016年版，第137页。

断性因素"[1]。科学家垄断科学知识以及获取这些知识的方法，故而司法裁判过程中引入社会科学知识和发现，实质上会基于这样一种事实权威而产生极强的修辞效果。

值得一提的是，相关主体之所以诉诸社会科学，不仅是为了协助查明争议事实，最直接的目的就是支持己方的诉求。在这个意义上，可以说，司法中对社会科学的利用具有策略性的一面。它时不时地会指向某种利益或目的，"一些科学家或科学协会可能会不偏向于任何一方当事人而提出诉讼摘要书，但是绝大多数诉讼摘要书会偏向并支持一方当事人。即使科学本身并没有偏见，科学报告及许多没有被提及的研究，会偏向于诉讼的一方当事人而反对另一方"[2]。这种特定的利益或诉讼立场的倾向性，支持了社会科学具有较强修辞功能的观点。在上文所提及的一些实践案例中，社会调查报告这种量化社会科学方法所取得的发现或结论，由于本身代表着一种"可能多数的观点"，能够产生一种较强的说服力和感染性，影响裁判者去接受社会调查结论，这种靠渲染或量化优势说服裁判者的技艺就是司法修辞。

司法的社会科学进路有一项基本主张，即"语境论"，将个案置于整个社会事实背景下，去发现一些常人容易忽略掉的细节性事实，并诠释出该事实所可能蕴含的重要法律意义。一些社科法学者对这种"看不见的事实"做出了两个层面的界定：一方面，它是客观存在的事实，对行为人具有一定的约束力和

---

[1] Richard Posner, *Overcoming Law*, Harvard University Press, 1995, p. 526.
[2] [美]盎格洛·昂舍塔：《科学证据与法律的平等保护》，王进喜、马江涛等译，中国法制出版社2016年版，第238页。

影响力，而不是可有可无的背景性事实；另一方面，它不是很容易被发现，经常被人们所忽略，只有专业的人士运用凭借敏锐的洞察力和社会生活经验，借助专业的方法才能审视到这些事实。[1]社科法学者在分析法律问题时，能够在细微之处显身手，以小见大，对案件事实处理得细致入微。这不得不令人称赞，因为法教义学的思维并不擅长发现这些细节。如果这种方法仅仅只是停留在学术研究层面尚无可厚非，但如果想以其影响或改变裁判实践，那么要特别谨慎。

不妨以社科法学代表人物苏力教授对药家鑫案发表的评论为例子，来谈谈经过社会科学方法处理的事实所可能发挥的修辞力量。音乐学院大学生药家鑫深夜驾车撞倒妇女后，又刺了伤者八刀致其死亡。该案故意杀人犯罪事实清晰、明确，犯罪情节严重恶劣，从教义学层面上适用刑法本身并无太大困难。然而，苏力教授却发现了一个为人们所忽略的细节，药家鑫是独生子！这或许可以成为改判其死刑的重要理由，药父药母均已年过半百，基本丧失生育能力，药父在一夜之间愁白了头，除去附带民事诉讼中药父药母可能承担的民事责任不谈，失去独子之痛足以要了老两口的命，他们继续生活的全部期盼和希望破灭了。所以，留药家鑫一命，实际上可能是救了药父和药母的命。尽管苏力也认识到这一判断在法律上并无依据，但他努力寻求并提供了一些社会科学论据，比如大量的犯罪学实证研究表明，家庭中一人坐牢全家在经济、社会体面、教育、工作和生活等多方面都会受到牵连；又比如，他提出当下社会结

---

〔1〕 参见张剑源：《发现看不见的事实：社会科学知识在司法实践中的运用》，载《法学家》2020年第4期。

构折射出的社会连带或家体连带，没有任何一个人是完全孤立的，"社会生物学揭示的社会利益等基本单位不是个体生物人，而是基因群体；这意味着，即使现代市场经济趋于缩小基于基因的利益共同体，却无法把人变成完全独立的原子化个体。作为社会经验现象的'一损俱损'不可避免，且会永久存在"[1]。这一结论虽然视角独特，并且算得上具有启发意义，但却是反经验和反直觉的。尽管它是一种来自社会科学的知识经验，但其修辞效果指向的却是犯罪嫌疑人，而并没有周全地虑及更大社会背景框架下受害人及其家属的利益和感受，其吊诡之处在于它来自一种片面的社会经验，结果最终导致它自身就是反经验和反常识的。

通过深描"看不见的事实"有时候会收获意想不到的结果，但有时候也会获得奇葩或滑稽的结论。这再次向人们展示，社会科学在司法裁判中的运用并非任意的，尤其是要谨防其修辞效果的正当发挥。诚如昂舍塔所提醒我们的那样，"无论是科学依据还是非科学依据，单纯为了修辞目的而使用都是危险的：一旦将修辞置于一旁，暴露出判决的潜在理由，这一整个过程就可能侵蚀特定判决的合法性，同时也在制度整体上削弱法院的合法性"[2]。允许在司法裁判中引入社会科学知识和方法，但绝不意味着可以放任对于它的滥用，我们时刻都应铭记，我们的法院应当是法律的法院、正义的法院，而绝不仅仅是科学的竞技场。

---

[1] 朱苏力：《从药家鑫案看刑罚的殃及效果和罪责自负——纪念〈法学〉复刊30周年·名家论坛（一）》，载《法学》2011年第6期。
[2] [美]盎格洛·昂舍塔：《科学证据与法律的平等保护》，王进喜、马江涛等译，中国法制出版社2016年版，第138页。

四、后果判断与法外裁判

将社会科学带进司法裁判,在为法官破解相关事实争议难题提供助益的同时,也会带来不少新的麻烦。法官并不是科学家,甚至连个业余的科学家都算不上,他如何才能审查那些科学知识和论据的真实性呢?这是在法庭上最首要遇到的问题。即便在很多时候社会科学知识的加工渠道科学、透明甚至专业到令人信服,尤其是以量化形式展现出来的社会科学论据更是如此,但仍然不能保证这些社会科学经验和结论永远都是正确的、不容置疑的。司法在对社会科学保持开放的同时,也应尽力避免"垃圾科学"或"伪科学"不当影响裁判,然而识别出科学知识之真伪并非易事,"即使在社会科学内部,划分'伪'(junk)科学与正统科学也不可避免地带有政治性色彩。这让我们不禁要问,法庭是不是解决此类社会科学争议的恰当机构"[1]。在反向的意义上,法教义学体系及其思维模式恰恰能够发挥对社会科学的过滤和制约功能。

社会科学知识及发现自身的真伪鉴别问题,将会是一个长久困扰法官的认识论难题。从方法论上来审视司法裁判社会科学化的主张,还有一个重要的要素值得我们给予足够的重视,亦即"后果主义取向的论证",以及经由后果、超越法律而最终导向的一种法外裁判论。对于后果论证,最近几年围绕法教义学与社科法学之论争,法教义学者与社科法学论者都尝试从不同立场去解读和安置后果考量的问题。

---

[1] Austin Sarat eds., *Blackwell Companions to Sociology*, Blackwell Publishing, 2008, p. 413.

第二章 司法中的社会科学判断

社会科学的坚定倡导者，极力辩护后果论的重要地位。比如，苏力教授的观点就十分鲜明，他否认存在一种所谓独立的法律人思维，法律人和老百姓一样都首先关注后果，并从后果出发来倒推思维。他不止一次地向人们强调，"这个社会更看重后果判断"，文本解释等教义思维虽然重要，但无非是一种修辞，"这些教育和训练只有助于法律人用各种语词将各种不可缺少的判断包装起来，陈仓暗度，在字面上勾连法律和法律决定，却无助于法律人在面对非常规案件时所必需的出色判断"[1]。侯猛更为细致地阐释了这种后果论的结构，认为社会科学的进路从后果而非教义规则出发来逆向地思考争议问题，"特别是在重大、轰动、疑难案件中，法官一定会先考虑后果。这个后果并不只是对于案件当事人的影响，而是案件对社会经济生活的影响。法官在权衡后果之后，根据后果来寻找合适的法条，然后再运用法律解释技术加以正当化论证"[2]。先考虑后果，再倒推找法，比如刑事法律实践中常见的"以刑制罪"就是例证。当然，社会科学进路的学者也会一再强调自己并不会对规则置之不理，但是很显然，在如上后果论的思路之下，教义性的解释和规则的适用无非是对后果考量的一种掩饰和正当化而已，它对案件实体结果之形成并未产生根本性的决定意义。

社会科学判断的重要面向之一，就是后果导向的判断，这一点其实在关于其修辞功能的介绍中就已初见端倪。教义性的推理以过去的法律规则作为起点，它是回顾性的或向后看的

---

[1] 苏力：《法律人思维？》，载《北大法律评论》编辑委员会编：《北大法律评论》（第14卷·第2辑），北京大学出版社2013年版，第431页。
[2] 侯猛：《社科法学的传统与挑战》，载《法商研究》2014年第5期。

（looking backward）；相比之下，后果论着眼于案件所可能产生的各种影响，它是面向未来的（looking forward）。一些社科法学论证，过度推崇这种指向未来的后果论，甚至将其标榜为"一种真正负责任的司法态度"，只着眼于当下和过去被认为是司法上的短视，未来永远比过去和当下重要，故而向前看才是最终的目的，向后看只是实现这一目的的手段。[1] 社会科学引入司法一般是指向特定问题的，社会科学论据，比如上文提及的在证明商标是否构成侵权问题上所组织的社会调查，从一开始就带有着强烈的后果主义动机。基于政策、政治性因素、社会利益平衡、经济学成本收益之分析、人类学田野调查、[2] 统计分析等各种社会科学方法，都必然隐含着后果性的社会科学判断。

社会科学在司法裁判上的立场与其在法概论上的主张是一脉相承的。上文第二部分从概念论角度，剖析社会科学将规范进行事实化的转化处理，这种还原论的立场实质上是在消解法律的规范性。在进入到司法裁判层面时，这种消解规范性的做法进一步得到强化，以描述性的事实判断或经验判断来取代法律判断或规范性判断，从实然不得推导出应然的信条在这里被彻底放弃了。

就目前司法应用社会科学的成熟性和普遍性状况来看，经

---

[1] 参见桑本谦、李秀霞：《"向前看"：一种真正负责任的司法态度》，载《中国法律评论》2014年第3期。

[2] 人类学的田野调查、参与观察、理解他者、使用当地语言等工作方式，都会影响甚至改变法官对司法裁判过程的认知。人类学一方面会影响事实的认定，通过人类学方法发现的证据可以转化为证据，同时人类学者也会作为专家证人出庭并提供专家意见。另一方面，人类学思维会深化后果考量，在法律解释和适用过程中强调情理和风俗习惯等要素。参见侯猛：《司法过程中的社会科学思维：以人类学为中心》，载《思想战线》2020年第6期。

济学和社会学在司法中的应用更为频繁,且相关操作规程也更为成熟。本部分笔者将以经济学对裁判的进入作为分析参照,窥探由此所带来的后果考量和法外论证的问题。

以法经济学的司法应用为例。法经济学在财产法中应用得十分普遍,尤其是在侵权法中使用经济学的例子比比皆是。在美国法学界,对于侵权法之性质的理解有两种竞争性观点,一种观点主张将侵权法视为正义的矫正机制,通过赔偿或补偿来恢复被破坏的原初正义状态;[1]另一种观点更占上风,认为应将侵权法视为一种效益或财富最大化的机制,裁判者以此视角来分配产权和责任。[2]既然过去的侵害事实已经定局,那么在未来各方的冲突利益中做出协调才是最重要的,侵权法的这种思维带有十分鲜明的后果论色彩,它是面向未来的。传统侵权法对过错(fault)的理解是"没有尽到应尽的注意义务","只有当一个人能够控制其处境但却未能这样做的情况下,才能将过错归咎于他"[3]。而按照法经济学的解释进路来看,过错之判定可以根据经济指标来计算,最有能力或付出较小成本就能阻止侵害结果发生但并未如此做的便可判定存在过错,为大家所熟知的就是著名的"汉德公式"(The Hand Formula):$B<PL$,

---

[1] See Jules L. Coleman, "The Practice of Corrective Justice", *Arizona Law Review*, Vol. 37, No. 1 (Spr., 1995), pp. 15-31; Hanoch Sheinman, "Tort Law and Corrective Justice", *Law and Philosophy*, Vol. 22, No. 1 (2003), pp. 21-73; Jules Coleman, "Corrective Justice and Wrongful Gain", *The Journal of Legal Studies*, Vol. 11, No. 2 (Jun., 1982), pp. 421-440.

[2] See Steven Shavell, *Economic Analysis of Accident Law*, Harvard University Press, 1987;[美]理查德·A. 波斯纳:《法律的经济分析》(上),蒋兆康译,中国大百科全书出版社 1997 年版,第 211~284 页。

[3] Tony Honoré, *Responsibility and Fault*, Hart Publishing, 1999, p. 18.

即如果预防事故的成本（B）小于侵害事故发生的概率乘以造成损害结果的危险性（PL），那么潜在的致害者就承担过错责任。

法经济学思维在美国侵权法中适用的例子比比皆是。波斯纳曾举过一个适用汉德公式的案例。在亨德里克斯诉皮博迪煤矿公司案（Hendricks v. Peabody Coal Co.）中，一个16岁的少年在被告废弃的水矿坑中游泳时受到严重伤害，被告知晓经常有人在水矿坑里游泳，而且也知晓原告跳水点下方有暗礁，并派人巡视那片区域但做得不够有效。法院认为被告只要花费1.2万至1.4万美金就能用铁栅栏将整个水域围起来，这一成本与孩子面临的伤害风险相比是微不足道的。法院出于安全考虑，据此认定被告未能给予足够的注意，应承担相应的过错责任。[1]利用汉德公式（实质是成本收益之衡量）判定过错的过程中，体现出了鲜明的财富（社会利益）最大化的效益追求，这种思维之下所确认的过错其实是一种"拟制"的过错，远远超出了传统侵权法意义上严格的"过错"概念。

在我国侵权法实践中，尤其是处理知识产权侵权问题时，时常也会用到经济分析的思维，比如该领域有一种特殊的侵权类型，叫作"侵权不停止执行"。按照侵权法的一般性规定，一旦侵权事实成立，就应停止侵权并承担赔偿责任。但在某类特殊的知识产权案件中，侵权法的一般责任规则遭到挑战。在广州新白云机场幕墙专利侵权纠纷案中，原告已申请并获得"一种幕墙活动连接装置"的新型专利，被告未经原告许可擅自使用原告的专利产品。法院认为，被告本应停止侵权行为，但考

---

[1] 参见［美］威廉·M. 兰德斯、［美］理查德·A. 波斯纳：《侵权法的经济结构》，王强、杨媛译，北京大学出版社2005年版，第106~107页。

虑到机场的特殊性，判令被告停止使用被控侵权产品不符合社会公共利益，因此被告可继续使用被控侵权产品，但应适当支付使用费。[1]尽管侵权的事实明显得以成立，但法院综合平衡了各种因素和利益状况，尤其是运用经济分析的思维，考虑到如果判令被告白云机场停止使用侵权产品，即拆除机场墙体的幕墙设计，必然会耗费大量的人力、物力和财力，同时也会干扰到机场运输的营业状况。即便判令被告赔偿 30 万元的损失，相比之下收益远远大于所支出的这一成本。这种经济分析方法在上述知识产权侵权案件中的运用，鲜明地体现出了一种后果主义导向的法律思维。法院对于某种所预测到的可能后果的追求，进一步引导他发现相应的法律及适用方案，以达到妥善解决争议之根本目的。

还有一些论者持有更开放的论点，认为经济分析方法不仅可以单独地依靠成本收益之衡量比较发挥作用，同时还可以渗透到传统的法教义学思维之中，文义解释、历史解释、目的解释以及体系解释中均可引入经济分析论据。[2]学界也有不少论者详细讨论过法社会学解释，这可以看作是社会科学方法在法律解释中的具体运用。[3]总之，法学思维可以对经济分析保持全面的开放。在司法裁判过程中，以经济上所追求的效益或后果作为判决的可欲后果加以追求，再回过头来寻找能够证成这

---

[1] 参见广东省广州市中级人民法院（2004）穗中法民三知初字第 581 号民事判决书；广东省高级人民法院（2006）粤高法民三终字第 391 号民事调解书。
[2] 参见王鹏翔、张永健：《论经济分析在法学方法之运用》，载《台大法学论丛》2019 年第 3 期。
[3] 参见侯学宾、耿思远：《司法裁判中的社会学解释与客观性社会解释》，载陈金钊、谢晖主编：《法律方法》（第 24 卷），中国法制出版社 2018 年版，第 227~243 页；杨知文：《社会学解释方法的司法运用及其限度》，载《法商研究》2017 年第 3 期。

一结果的法律,并在教义学的层面上装模作样地作出推理和解释,告诉当事人及社会公众案件的判决结果是从法律中推导出来的。经济分析思维的问题并不在于后果导向,而在于它极易背离法律走向一种法外裁判或越法裁判。我们应注意,并不是所有的法律关系都可以用经济指标来量化,并非所有的法律规则都追求经济效率的目标,[1]经济分析的思维解释不了侵权法之外的大部分部门法。更为重要的是,当事人提起侵权之诉的目的是实现利益的正义分配,"并非到法院来为法官提供一个追求最大限度减少损失政策的机会,更确切地说,诉讼当事人到法院来是要证明自己的权利主张,试图通过官方的力量来声明谁有权对谁做什么"[2]。像上文反复强调的那样,法院是法律的和正义的法院,而并不是执行公共政策和实现特定经济目标的场所,至少不是最佳场所。

如果将司法过程理解为二阶的结构,即"法的发现"(the discovery of law)与"裁判的证立"(the justification of decision),前者体现为法官的找法的活动,后者着眼于依照法律对裁判结果进行证成。社会科学化的裁判依循后果主义思维,其作业方式的逻辑起始点在于裁判结论或后果,经济后果、政治后果、政策后果、社会后果等往往会直接催生裁判结论(即预判),有了这个结果之后再逆向寻找最能够证成该结果的法律。法教义学依循从找法到推导结论顺向思考,而社会科学化的裁判则是沿着从结论到法律逆向思维。这种后果主义推理思路存在一些

---

[1] 参见[奥]恩斯特·A.克莱默:《法律方法论》,周万里译,法律出版社2019年版,第238页。

[2] [美]格瑞尔德·波斯特马主编:《哲学与侵权行为法》,陈敏、云建芳译,北京大学出版社2005年版,第230页。

第二章 司法中的社会科学判断

问题，比如指向未来的后果何以能够预测，又比如对于后果的评价规则和标准缺位，除此之外还有一个重要的难题在于它会滋生以非法律理由取代法律性理由的危险，[1] 就像在运用经济分析方法的案件中展现的那样，法官表面上看是在依照法律推理，而实质上却暗度陈仓，以经济性理由作为论据来形成裁判结论，如此一来凭借后果判断走向了实质上的法外裁判。

当然，社会科学知识和方法在应用到司法的过程中，这种后果判断在多数时候是隐性的，只有在较少的时候才以显性的方式进行。而至于最终作出法外裁判，除了极个别的情形（比如知识产权案中的侵权不停止执行）之外，基本上都不会公开、直接超越法律来裁判。司法的根本属性是法律属性，司法裁判的底线是依法裁判，为了让自己的判决获得形式合法性，裁判者不太敢贸然公开越法裁判，而是借助于司法修辞，以社会科学知识和发现为论据形成裁判结论，而后续的找法、教义论证其实不过是在伪装先前的法外判断，让人们从形式看上去误以为结论是严格依照法律推导出来的。通过虚饰的方法将判决赖以形成为根据的法外因素（或真实理由）掩盖起来，[2] 从根本上来说，这违背了诚信裁判的要求，[3] 即法官不得利用修辞的手段掩盖判决形成的真实过程，而应原原本本地将判决赖以形成的真正理由展示出来。

---

[1] 参见孙海波：《通过裁判后果论证裁判——法律推理新论》，载《法律科学（西北政法大学学报）》2015 年第 3 期。

[2] 参见杨贝：《论判决理由与判决原因的分离——对司法虚饰论的批判》，载《清华法学》2016 年第 2 期。

[3] See Steven J. Burton, *Judging in Good Faith*, Cambridge University Press, 1992, pp. 35-68.

司法的一个重要特质在于，要求应在敞开的体系中论证，在坚守教义规则的同时，对价值判断等理由开放，正是在这一点上，社会科学会假借价值判断为名，来影响甚至替代法律判断。尤其是在法律自身规定之不完整性导致案件裁判疑难时，不少社会科学的倡导者认为应以道德判断、经济判断、政治判断等非法律性理由来取代法律判断，从而使得司法裁判从实质上沦为道德裁判、经济裁判、政治裁判等。针对这种情况，一些学者提醒我们注意，这是司法裁判的一种根本性的谬误，"即使在疑难案件中，法律争议和裁决也有其特有的法律属性。坚持疑难案件中的法律属性使它们把握了法律实践的特性，而任何可行的裁判理论都必须对这一特性加以说明"[1]。即便在积极倡导将社会科学引入司法裁判过程时，也应注意其正当地发挥作用的方式和限度，避免社会科学方法在司法过程中的盲目飞行，从而威胁到依法裁判的基本立场。

五、结论

如果说法教义学对争议法律问题提供的是一种证成性理由（justificatory reason），那么社会科学所提供的是一种说明性理由（explanatory reason）。在司法裁判过程中，从规范的角度看，社会科学应在案件事实论证领域发挥作用，比如确立裁判事实、提供社会科学证据等，然而实践中却出现了不当的错位，社会科学实际更多地将触点指向了法律适用层面，尤其是常常以社会科学所提供的法外理由凌驾于法律理由之上。在裁判过程中

---

[1] 参见［德］Ralf Poscher:《裁判理论的普遍谬误：为法教义学辩护》，隋愿译，载《清华法学》2012年第4期。

法律性的要素或色彩被淡化，司法裁判没落为超越法律的法外裁判，而这正是本章所担心的一种危险，一如克莱默教授提醒我们注意的那样，"在全力支持法官应当向'外部'，尤其是向社会科学论证因素开放的时候，还应当警惕某种幻想，主要是警惕（忽视由实然直接推导出应然结论的不可靠性的）幼稚的幻想，即由这些因素直接推导出评价"[1]。在描述性的社会科学与规范性的司法裁判事业之间毕竟存在着难以逾越的缝隙，一方面需要承认社会科学在案件事实论证方面辅助性作用，另一方面又必须认识到社会科学应用于司法裁判的限度，应尽可能避免以社会科学的外部性知识和方法直接批判法律。警惕以社会科学的各种后果论据直接替代法律性论据，坚守住依法裁判的底线性立场。

---

[1] [奥] 恩斯特·A. 克莱默：《法律方法论》，周万里译，法律出版社2019年版，第241~242页。

第三章

后果导向的司法价值判断

法律实践中，律师和当事人通常是从后果出发来讨论问题。律师要预测法官将可能会作出怎样的判决，并竭力说服法官采取有利于己方的法律适用方案，从而谋求利益最大化的判决结果。当事人亦是如此，他们唯一关心的事情就是判决结果对自己是否有利，至于这个结果是不是从法律中推导出来的，则在所不问。相比之下，法官会更多地从规范出发思考问题，这与其特定的职业角色相关。可以说裁判不可无法，法官对特定问题的分析和解决亦不得绕开法律而进行。

以上其实涉及法律人的思维，对法律人是否有自己独特的思维方式，理论界一度有过诸多争议。有的主张教义分析和法律论证就是法律人安身立命之本，法律思维客观存在；[1]有的则试图解构法律人的思维，认为并不存在一种独立的法律人思维，法律人和普通老百姓一样，通常只关心后果，都会以一种外

---

[1] 参见［美］弗里德里克·肖尔：《像法律人那样思考：法律推理新论》，雷磊译，中国法制出版社2016年版；孙海波：《法律推理新论"新"在哪里》，载《法制日报》2016年8月21日，第12版。

在立场预测后果和看待法律适用。[1] 后一种观点大概只说对了一半，理论家和实践者的立场可能会有差异，但在实践者内部仍然存在微妙的区别。比如，律师和当事人确实更多的是站在"坏人"的立场上预测法律，但法官并不尽然如此，法官主要站在一种内在的立场上去理解和解释法律，这种规范性的立场决定其思考问题主要以法律规范作为逻辑起点。

在普通法实践中，法官运用后果或考量法外因素的做法非常普遍，如一些法官在判决中坦言的那样，"法院的法律推理过程在本质上是结果主义导向的"[2]。在大陆法系国家，虽然法官要以成文法作为裁判的依据，但并不妨碍他们对后果导向思维的运用，法律解释、法律推理和法律论证过程有时会或多或少地体现出后果主义的色彩。坚持法律效果、社会效果与政治效果相统一的司法政策，更是为法官在裁判过程中考量各种后果创造了空间，我国法官可以名正言顺地穿行于各种后果之间，并力求让自己的裁判结果能够带来一种较好的法律和社会影响。

从学术理论上看，论者们对以后果为导向的裁判立场有不同的称呼。常见的有基于后果的推理、基于后果的论证和基于后果的裁判，偶尔也被称为实用主义推理或论证。在普通法文化中，学者们更经常使用"政策论证"这个概念，[3] 对相互竞

---

[1] 苏力：《法律人思维?》，载《北大法律评论》编辑委员会编：《北大法律评论》（第14卷·第2辑），北京大学出版社2013年版，第429~469页。

[2] See Board of Church Extension v. Eads, 159 W. Va. 943, 230 S. E. 2d 911, 1976 W. Va. LEXIS 220.

[3] 波斯纳认为法官表面上进行的类比推理只是修辞或掩饰，其真正依据的是政策分析（policy analysis）。See Richard Posner, "Reasoning by Analogy", *Cornell Law Review*, Vol. 91, No. 3 (Mar., 2006), pp. 761-774.

争的实质性依据和后果进行评估,来证成所要追求的判决结果。"政策"所意指的内容很广,具体而言,这些"政策性因素"包括社会因素、行政管理因素、宪法限制、公平性、经济成本效益以及其他法律之外的因素。[1] 这种后果导向的裁判思维,集中体现于"法官对一个特定判决所可能产生的积极或消极后果进行考量,并将其作为支持或反对判决结论的理由。"[2] 不难看出,它具有几个鲜明的特征:①逆向思维,其中必定有一个从"后果到规范"的思维环节;②将后果作为理由或诱因,来调控法律的选择和判决的证成;③裁判存在不确定性,根源于后果本身不可靠,提前预测的后果不一定准确、客观、普遍;④由两个部分构成,一是对后果的预测和选择,二是通过后果对裁判结论进行证成。

也有学者将"后果主义导向的判决"描述为"司法能动主义"的形式之一。[3] 能动司法是与司法克制相对应的概念,在我国,能动司法与两个效果相统一的司法政策是相随而生的。下文如无特别说明和交代,笔者将不加区分地交替使用这些概念。由于贴合人性之中所蕴含的后果主义的倾向,加上其所标榜的追求"实质正义",结果使得后果主义在道德上具有较大的诱惑力。面对实践中形形色色的后果主义,我们须辨识其真正的样貌,旗帜鲜明地反对那种不受约束的后果主义。为此,要

---

[1] See John Bell, *Policy Arguments in Judicial Decisions*, Oxford University Press, 1983, pp. 69-76.

[2] See Flavia Carbonell, "Reasoning by Consequences: Applying Different Argumentation Structures to the Analysis of Consequentialist Reasoning in Judicial Decisions", *Cogency*, Vol. 3, No. 2 (Sum., 2011), p. 84.

[3] See Keenan D. Kmiec, "The Origin and Current Meanings of 'Judicial Activism'", *California Law Review*, Vol. 92, No. 5 (Oct., 2004), pp. 1475-1476.

摆正考量后果与依循规则之间的关系，让后果主义这种思维方法步入正轨，接受教义学的改造，真正为司法实践服务。

后果主义的适用方式较为灵活，对法官具有较大的吸引力。反观中国司法审判活动，后果主义被广泛适用于各种类型案件的裁判中，我们可大致勾勒出后果裁判的实践图景。然而，也能清晰地看到这种思维方式被过度推崇，以至于被误用和滥用，从而带来了各种潜在的危害。为此，需要摆正后果导向思维在司法裁判中的位置，坚持一种谨慎和理性的态度看待这种裁判立场，通过施加一些来自法教义学的限制，使得后果导向裁判思维能够以一种谦抑性姿态发挥应有作用。

一、后果裁判的实践运用方式

法律实践中对后果的运用，尤其是司法判决中的后果导向，这种做法确实客观存在。美国学者曾对联邦和州法院过去几十年的判决进行统计分析，找到了98个使用"结果导向"表述的判决，有些出现在异议意见中用来驳斥多数意见，有些被用来描述其他上诉法院判决的原则或系列判决的方向是结果导向的，还有些被用来拒绝采纳适用某个提议的规则。[1] 在我国法律实践中，参考或诉诸后果的做法也十分普遍。在北大法宝案例数据中，以"社会效果"作为关键词进行精确检索，可以得到27万余条结果。可以合理推测，还有更多数量的案件虽未在判决书中直接出现"社会效果"或"后果主义/考量"等字眼，但实质上却考量或诉诸了道德、政治、经济、社会性、文化性等

---

[1] See John E. Simonett, "The Use of the Term 'Result-oriented' to Characterize Appellate Decisions", *William Mitchell Law Review*, Vol. 10, Iss. 2 (1984), pp. 189-191.

各种后果。比如,最近几年频繁映入公众眼帘的"正当防卫"案件,尤其是以于欢案作为正当防卫的标杆性案例,在此之后正当防卫案件的处理具有鲜明的后果主义导向,[1] 维稳的政治考量以及保障人们在未来类似案件中的行为结果预期,都会在"后果"的意义上影响着法院的判决。

从目前已有的讨论来看,虽然后果主义代表一种与规则主义相对的法律思维方向,但人们基本上认为后果导向难以成为一种具有完全独立地位的法律方法,其通常要与其他法律方法结合在一起才能发挥作用。[2] 后果导向可能出现于司法裁判活动的多个环节,其中包括以后果为导向的法律发现、以后果为导向的法律解释以及以后果为导向的裁判说理三种作用方式。

(一)后果导向的法律发现

在逻辑上,法官只有找到能够适用于当下案件的法律规范,才能进一步将规范与事实相互对应作出裁判。这一活动过程被称为"找法",或者说是"法源的发现和选择"。依照考夫曼的看法,在案件受制定法调整时,法官的找法活动与法律适用是一体化的,而当法律体系出现违反立法圆满性的漏洞时,找法将变成一项艰巨的任务,此时他称寻找法律的活动为"法律发现"。在一个案件同时指涉法律适用与法律发现时,可以使用"法律获取"的概念。[3] 法官找到了何种形式和内容的法,对

---

[1] 参见陈璇:《正当防卫、维稳优先与结果导向——以"于欢故意伤害案"为契机展开的法理思考》,载《法律科学(西北政法大学学报)》2018年第3期。

[2] 参见孙海波:《在法律之内考量裁判后果》,载《比较法研究》2022年第4期;以及雷磊:《反思司法裁判中的后果考量》,载《法学家》2019年第4期。

[3] 参见[德]阿图尔·考夫曼:《法律获取的程序——一种理性分析》,雷磊译,中国政法大学出版社2015年版,第25~27页。

第三章 后果导向的司法价值判断

裁判结果将起着决定性的意义，离开了这一环节，整个司法裁判活动将难以为继。

裁判过程中，真正的困难并且易于出错的地方就在于"找法"，即找到对待决个案来说恰当的法律规范。这一活动无法借助于纯粹形式逻辑来完成，而必须依赖裁判者在长期司法经验中培养出的理性实践能力，用齐佩利乌斯的话来说是依靠一种"判断力"，找到能够将案件事实归入到其中的法律规范，眼光需要在规范与事实之间流转，一开始的归入都是大概的、摸索性的尝试，慢慢把考察的范围缩小，将不相关、不适切的规范逐渐排除出去。[1] 在此过程中理性因素和非理性因素都会发挥作用，诸如直觉、前见、法感、顿悟等都属于非理性因素，但找法活动仍应尽力追求科学性和客观性，"法律获取程序的科学性并不在于将所有非理性要素都掩盖起来，而只能在于对非理性要素也坦率地进行理性分析"[2]。既然形式逻辑难以直接服务于找法活动，那么法官有时确实可能会依靠法感等非理性因素的帮助，以找到能够妥当适用于个案的法源。

严格而言，找法逻辑上在先，适用法律推导裁判结论是后续结果。这是一种常规的司法活动思维，依循一种从"法律"到"裁判结论"的顺向推理路径。然而，与此相对，有一种理论主张法官会沿着后果指引的方向找法，再适用该法推导出最初所想达到的那个结论，这是一种典型的后果导向的法律思维，其特点在于坚持逆向推理方法。后果导向的裁判立场用图式来

---

[1] 参见［德］齐佩利乌斯：《法学方法论》，金振豹译，法律出版社2009年版，第126、130页。

[2] ［德］阿图尔·考夫曼：《法律获取的程序——一种理性分析》，雷磊译，中国政法大学出版社2015年版，第16页。

表示就是：

(1) 先设想出一个结果 R，至于如何得出该结果并不重要。

(2) 继而找到一个法律规范 L，且关于 L 的命题陈述是正确的。

(3) 结果 R 能够从 L 中推导出来。

(4) 由此适用规范 L 证成裁判结论 R。[1]

这种后果主义的裁判思维颠倒了"找法"与"裁判证成"之间的逻辑顺序，法律现实主义持有该立场，为避免这种"倒果为因"遭受批评，理论家们不太乐意主张"法律发现"与"裁判证成"之间的区分，[2]认为这两项互动是一体两面、共同进行的，从后果出发逆向推理具有正当性基础。

比如说，法律现实主义的典型代表弗兰克就曾主张，法官的判断开始于一个模糊不清的结论，然后尽可能找到能够证实这一结论的前提，"在大多数情况下，司法判决同其他判断一样，是根据初步拟定的结论倒推而来的"[3]。试探性地先预测一个结果，其实就是我们常说的先有一个预判，这种预判会引导法官找到支持该结果的法律。这与从规范出发的思维是完全不同的，一个是规范决定结果，另一个是结果决定规范。

实践中先有预判，再回溯性地找法的做法很普遍。以刑事司法审判为例，前文提及了"以刑制罪"的有趣现象，法官通过对

---

[1] See Martin P. Golding, "A Note on Discovery and Justification in Science and Law", in J. R. Pennock and J. W. Chapman eds., *Justification*, Nomos XXXVIII (1986), p. 130.

[2] See Bruce Anderson, *"Discovery" in Legal Decision-Making*, Springer, 1996, pp. 3-11.

[3] 参见 [美] 杰罗姆·弗兰克：《法律与现代精神》，刘楠、王竹译，法律出版社 2020 年版，第 85 页。

危害后果的法政策评价，预先确定一个大致的刑罚，再回过头来寻找合适的刑法规范和罪名，最终教义性地证成该结果。与罪刑法定的思路有所背离，它"正是以刑罚作为思考的基点，表明具体犯罪中刑法对于犯罪成立要件的解释具有反制的效果"〔1〕。正如我们在许霆案中所看到的那样，法官一上来先形成了许霆有罪的预判，或许他头脑中会有一个大致的刑期，然后才有了到底应定何种罪的争议，普通盗窃罪、盗窃金融机构罪、侵占罪还是信用卡诈骗罪等。可见，预判后果在很大程度上会影响法官对法源的选择，在民事审判活动中同样也是如此，尤其是当法官面临多个备选的法源时，不同法源蕴含的法律后果不同，在后果驱动之下，法官可能会最终选择那个在其看来比较具有可欲性、能够带来更佳影响的法源。

(二) 后果导向的法律解释

法律适用的过程与解释密不可分。较为极端的观点主张每一次法律适用都离不开对法律的解释，这会导向一种泛解释论或普遍解释论的立场，过分夸大法律的不确定性，不利于维护法的安定性和客观性。较为温和的立场主张在法律清晰、确定的场合下无需解释，唯有在法律的不确定导致案件疑难时法官才需开启解释活动。温和论符合经验和实践，相对较为可取。法律解释的方法是多样化的，包括文义解释、历史解释、体系解释和目的解释。〔2〕文义解释具有适用上的优先性，只有在文

---

〔1〕 劳东燕：《刑事政策与刑法解释中的价值判断——兼论解释论上的"以刑制罪"现象》，载《政法论坛》2012年第4期。

〔2〕 参见〔德〕萨维尼：《当代罗马法体系Ⅰ》，朱虎译，中国法制出版社2010年版，第166~167页。

义解释难以奏效时法官才会交替使用其他几种方法来阐明法律。

不同的解释会导致不同的结果,法官需要在诸种可能的解释方案之间作选择。可以说,法律解释具有鲜明的后果主义导向,"在各项解释可能性之间的选择应以这样的考虑为旨归,即这些不同的解释分别会产生哪些实际的后果,以及这些后果当中哪些应合乎正义地得到优先考虑"[1]。不同的解释方法拥有不同的价值侧重点,比如文义解释旨在追求法律的稳定预期,目的解释强调的是目的性价值,而体系解释致力于维护融贯和一致性价值。在具体的解释活动中,法官的前见、直觉、法感、顿悟、灵感以及其他价值或利益偏好,都可能会或多或少地影响其解释结果。

正如前文所指出的,后果主义需要与其他法律方法结合在一起发挥作用。在诸种法律解释方法中,都能凸显出不同的后果主义导向。法律语词具有一个可能的"语义空间",法官可在文义的射程之内作解释,他想让法律的外延宽泛一点就会选择扩大解释,相反可作限缩解释。目的解释或目的论解释也是后果论推理,目的论解释可能是主观性的,法官根据其辨识为立法目的各种价值,来评价几种不同解释的后果。[2] 法官所探求的目的本身就是一种后果,这个后果可能是规范在当下的客观目的,也可能是立法者的主观目的,不同目的导向不同后果,不同的后果会引导法官选择不同的目的。除此之外,还有学者

---

[1] [德] 齐佩利乌斯:《法学方法论》,金振豹译,法律出版社 2009 年版,第 84 页。

[2] See Péter Cserne, "Consequence-based Arguments in Legal Reasoning: A Jurisprudential Preface to Law and Economics", in Klaus Mathis ed., *Efficiency, Sustainability, and Justice to Future Generations*, Springer, 2011, p. 38.

提出了一种后果主义取向的社会学解释，这种解释着眼于对社会效果的预测和社会目的的衡量，[1]力图追求一种能够带来较好社会影响和效益的解释方案，它在本质上不过是目的解释的一个变种，鲜明地展现了法律解释的后果取向性。

以职业打假人的法律适用争议为例，该类案件的一个共同争议焦点在于"如何理解法律所规定的'消费者'"。我国《消费者权益保护法》所规定的"消费者"专指"为生活消费需要购买、使用商品或者接受服务"的人，对于那些打假为业且以盈利为目的的知假买假者，是不是法律所要保护的消费者，在实务办案过程中是个争议较大的问题，各地法院的判决也大不相同，甚至同一法院在这个问题上的前后态度也有差异。

假设法院正在处理一起职业打假人案，严格依照法律对消费者的限定，那么以牟取暴利为目的的职业打假人购买假冒伪劣产品显然并不是为了生活消费所用，如此一来直接的法律后果就是不支持职业打假人的诉求。但是，假设当下社会中假冒伪劣产品泛滥，严重侵害人们身心健康和扰乱社会公共秩序，国家出台的某些经济和法律政策也意在整顿市场风气，鉴于这种案件的普遍性和典型性，加上其判决结果会从根本上影响未来类似案件的判决，法院会考量案件判决所可能带来的一般性社会后果，即如果支持了职业打假人的诉求，那么在一定程度上会打击制假售假的嚣张气焰，同时又能鼓舞人们打击假冒伪劣产品的志气。这里，法官在解释法律的过程中，显然考虑到了规范背后的目的，同时也兼顾了法律适用所可能产生的社会

---

〔1〕 参见杨知文：《社会学解释方法的司法运用及其限度》，载《法商研究》2017年第3期。

效果，最终在可欲后果的指引下，法官作出了一个与单纯依据法律规定裁判有所不同的判决。

在法律规范之间出现冲突时，尤其是法律规则与法律原则、法律原则与法律原则发生紧张时，法官需要探求冲突规范背后的诸种目的或价值，这些目的或价值各代表一种不同的解释结果。在个案中如果法官一开始就有了预判性的结果，那么他就会下意识地选择与这一结果相符的法律解释方案。

（三）后果导向的裁判说理

说理（giving reasons）对司法裁判而言具有构成性意义，法官对于为何作出此种裁判负有论证职责。大家可以设想，如果法官普遍不说理，这会导致一种怎样的结果？不说理导致的直接结果就是恣意和专断，由于不对外公开决定的理由，决策者可任性地作出自己想要的结果。有学者通过思想实验的方式，刻画出不说理可能造成的问题，至少包括：其一，随心所欲致使决定前后不一致；其二，导致人们认识法律存在困难，稳定预期得不到正当保护；其三，允许人们对决定进行批评和争议的空间变小。[1] 可见，无论是从法官所扮演的制度性角色，还是从当事人和社会公众对司法及法官的期待来看，为司法决定提供理由并且提供充分的理由是一项极为重要的工作。

值得注意的是，沟通法律规范与案件事实的桥梁有很多种，也就是说，为了获得某个可欲的结论，法官的说理的方式和内容可以具有多样化。尤其在疑难案件中，说理方式是否妥当、

---

[1] 参见[美]玛蒂尔德·柯恩：《作为理由之治的法治》，杨贝译，载《中外法学》2010年第3期。

说理内容是否充分,从根本上决定着裁判结果的合理性。但是,在法官说理的过程中,时常表现出浓重的后果取向性。诚如默勒斯所指出的那样,"在各种解决方案中,法律适用者须选择当中最为恰当并易于理解的。这在一定程度上要求法律人能够洞悉各种不同的立场并探寻规范之目的。必要时,还应先予进行'结果取向的思考'"[1]。法律解释和法律说理是一体两面、同步进行的,选择不同的解释方案,那么在说理的内容和方式上也会有很大差异,由此所导出的结果也自然各异。

谈到后果取向的说理,那么与其相对的是"围绕规范的说理",裁判的作出以规范为前提,说理重在交代案件的裁判结果是如何从法规范中推导出来的。当然,有人会说这种说理的立场也具有一种后果主义特征,只不过其所导向的是一种规范后果主义或规范蕴含的后果主义。事实上,"规范后果主义看起来是从后果出发反向推理,但是预测规范的可欲后果的前提不是想象,而是需要先进行法教义学的演绎推理,得出结果之后再从后果往前提展开思考。由此可见,规范后果主义实际上不过是法教义学方式的变体,是一种从前提到结果、再从结果到前提的反复"[2]。教义论证不会一上来就考虑脱离规范的后果,它的整个说理和论证仍然在既有法规范的框架之下进行。故而,法教义学除了人们所熟悉的从规则到后果的推理思维之外,确实会夹杂着从(法规范)后果到规范的思考,顺向还是逆向思维并不构成(法教义学)规范后果主义与(社科法学)社会后

---

[1] [德]托马斯·M.J.默勒斯:《法学方法论》(第4版),杜志浩译,北京大学出版社2022年版,第46页。
[2] 陈辉:《后果主义在司法裁判中的价值和定位》,载《法学家》2018年第4期。

果主义思维的根本区别，二者之间最大区别在于其所考量的后果性质有根本性差异。

裁判说理面向后果的具体方式有很多种，其中比较典型的包括：

首先，原则论证。在既有法规范存在调整空缺，或者诸种法规范之间存在冲突，援引法律原则裁判，这种独特的说理和论证方法成了一种常见的做法。比如，在最高人民法院第15号指导性案例——徐工集团工程机械股份有限公司诉成都川交工贸有限责任公司等买卖合同纠纷案中，法官援引诚信原则进行了一定程度的法律续造，扩展了法体系的内容。而在另一起商品房买卖案件中，开发商为了获取房屋溢价，主动诉至法院以未取得房屋预售许可证为由请求判决合同无效。为了保护诚实守信的购房人，法官援引诚实信用原则，认为相关法规范的目的是保护购房人的利益，从而限制了相关法规范的适用范围。[1] 无论是何种情形的原则裁判，其说理无非是要追求扩展或限制既有法体系内容的效果。

其次，利益衡量。利益衡量在法律实践中应用广泛，裁判者时常需要在相互竞争的多种利益之间作比较和取舍。魏德士指出，"在法律规范的制定和裁判时进行'结果衡量'是富有意义的利益评价的前提"[2]。每一种利益背后所指向都是特定结果，与其说人们衡量的是利益，倒不如说衡量的是利益承载的

---

[1] 陕西省西安市莲湖区人民法院（2018）陕0104民初2071号民事判决书。相关讨论，参见李夏旭：《诚信原则法律修正功能的适用及限度》，载《法学》2021年第2期。

[2] ［德］伯恩·魏德士：《法理学》，丁晓春、吴越译，法律出版社2013年版，第171页。

后果。后果的形式有很多，比较常见的诸如经济后果，通过经济利益结果的衡量，选择成本小、经济收效大的结果，以此方向进行论证和说理，可以看作是经济分析方法在司法裁判中的应用。比如，在一些侵权案件中，判决侵权人停止实施侵权行为会带来更大的经济损失或经济影响，严格依法裁判无法取得一个经济上可欲的结果，所以法院判决"侵权不停止执行"。

最后，道德说理和修辞论辩。道德虽然不是严格意义上的正式法源，但在法律论证开放性的前提下，裁判理由的来源可以多样化，道德能够成为一种法官判决和说理的重要理由。"依法裁判"代表了"合法"或"守法"的维度，而"道德说理"彰显的是一种"实质合理性"或"可接受性"。裁判应以理服人，此处之"理"既包括法律之理，也包括法律之外的常情常理。道德是非感，人皆有之，法官断案之时不可公然背离社会普遍的道德感或一般正义观，以社会公共道德来阐释法律的内在理据，向当事人和社会公众展示裁判据以作出的道德理由，说服人们接受裁判结果。道德说理具有一种修辞性的效果，通过在情感上打动听众，以说服其接受某个特定的说辞。正因如此，人民法院特别注重要求法官在裁判过程中援引诸如社会主义核心价值观之类的道德强化说理。

除此之外，法官还可以诉诸政策分析、政治考量等说理方式来追求裁判后果。可以说，通观司法裁判的整个过程，后果主义弥散于其中的很多方面。有时后果主义以直接、明示的方式发挥作用，有时又采取了一种间接而又隐秘的作用方式。后果取向一直贯穿于法律发现、法律解释和裁判说理论证中，它们共同型构了一种追求后果的裁判理论主张，并在实践之中得到了广泛的应用和支持。

二、后果裁判的滥用及批评

法官们在实践中之所以如此广泛地运用后果导向的裁判方法，与其能灵活地解决问题是密切地联系在一起的。必须承认，这种独特的裁判思维有其自身存在的合理理由。比如，法律规则承载着某些经济性、社会性、政治性目的，适用法律其实就是按照有利于实现这些目的或后果的方式来解释。[1] 又比如，司法的社会功能要求法官扮演社会工程师的角色，法学要对复杂化的社会需求进行回应。[2] 再比如，法律的不确定、法律漏洞的必然存在及其他形式的法律缺陷，需要法官考量法外后果进行填补和矫正，[3] 增强裁判的灵活性，提升判决结果的可接受性。我国司法机关贯彻法律效果与社会效果相统一的司法政策，既是为了分解社会压力和防范化解社会矛盾，也是通过司法进行社会治理的一种手段。

以辩证的眼光审视后果导向的裁判方法，既要看到这种裁判思维在司法实践中发挥的切实功用，同时又要认识到它内在的局限，对此学界已有过不少批评的声音。与此相对，由于该方法在实务界颇受欢迎，以至于导致了诸多不当运用甚至滥用

---

[1] See Eveline Feteris, "The Rational Reconstruction of Argumentation Referring to Consequences and Purposes in the Application of Legal Rules: A Pragma-Dialectical Perspective", *Argumentation*, Vol. 19, No. 4 (Jan., 2005), pp. 460-461.

[2] 参见张青波：《理性实践法律：当代德国的法之适用理论》，法律出版社2012年版，第264页。

[3] 有些学者将后果主义的方法定位为"法律续造活动"。参见［德］托马斯·M. J. 默勒斯：《法学方法论》（第4版），杜志浩译，北京大学出版社2022年版，第290、294页。

的现象，如不重视从源头上解决认识误区，势必会导致该思维方法异化，进而在司法裁判过程中引发各种风险，从根本上威胁法官依法并公正裁判。

(一) 后果导向方法的滥用

这里我们简单讨论一下滥用后果导向裁判思维的问题，整体来看，滥用的方式可能是多样化的，其中比较典型的有两种表现形式，分别是"错误启动使用"和"超越限度使用"，二者的共同点均是不当地运用了后果裁判思维，其不同点在于一个是超越了使用的正当限度，而另一个则是在不具备使用前提的情形下错误地启动了这种方法，因此所导致的潜在危害亦有差异。

就错误地启动该方法而言，问题主要出在它并不具备使用这种方法的基本前提。从后果主义的具体作用来看，它可能实际上发挥执行规则和创造规则的功能。执行规则的后果主义也称适用规则的后果主义，拘束个案系争问题的法律规范是存在的，只不过该规范尚不完备需要作出超越可能文义的解释，此时法官借助于后果导向思维探求规范目的及后果，作出目的性扩张或限缩等解释，经过此等"中间转换"的环节可为司法推理活动准备好大前提。创造规则的后果主义，主要适用于无现成规范可依照的案件中，后果的预测及考量可发挥建构或续造规则的功用。[1] 诚如上文讨论后果取向的法律解释时指出的那样，在依靠文义方法无法妥善阐明法律含义时，法官才有可能选择目的或体系等方法，进而根据现实需要将后果性思维融入进来。

---

[1] 参见孙海波：《通过裁判后果论证裁判——法律推理新论》，载《法律科学（西北政法大学学报）》2015 年第 3 期。

换句话说，法律的含义只是在"可能的文义"界限之内有争议，"子女可以随父姓或母姓"，这条规范中"父姓"或"母姓"该作何解释？依照"父""母"的字面含义，一般是指生育并抚养孩子的父亲或母亲，除了这一核心或典型含义之外，"养父""养母""继父""继母"仍落在该语词的外延之内，即能够被"可能的文义"所覆盖。在应对这种文义不清的问题时，文义解释方法仍可胜任，无需作出超越可能文义的其他解释。也就是说，在法律含义并未超出可能文义的情况下，法官不得任意启动对后果考量方法的运用，否则便构成对这种裁判思维的滥用。

与之相比，建构或创造规则的后果主义，更多地适用于法官超越可能文义作出解释的场合。拉伦茨指出，法律解释与法律续造的界限乃在于是否超越可能的文义，虽然超越了可能的文义，"但仍在立法者原初计划范围内、制定法自身目的范围内，就构成漏洞填补，即制定法内在的法续造；如果法续造逾越了这一边界，但仍在整体法秩序的框架和主导原则范围内，则是超越制定法的法续造"[1]。通过考量相关一般性后果，来填补或续造法律体系的漏洞。既然涉及法律续造，应格外谨慎，避免法官逾越法律的拘束。[2] 类推、目的性扩张、原则裁判等是常规的法律续造方法，而考虑到后果主义具有更强的越法倾向，故而处于法律续造方法体系中最边缘的位置。也就是说，在有法律续造的现实之需时，后果主义往往是一种迫不得已的

---

[1]［德］卡尔·拉伦茨：《法学方法论》（全本·第6版），黄家镇译，商务印书馆2020年版，第461页。

[2]参见张青波：《理性实践法律：当代德国的法之适用理论》，法律出版社2012年版，第266页。

"最后手段"。现有法律体系出现了违反立法圆满性的问题,确实有必要填补漏洞和续造法律,法官未详加考量其他常规的法律续造方法之前,径直选择适用后果主义实现法律续造,也属于错误启动该方法的一种形式。

其实,建构或创造规则的后果主义,与"超越限度"的滥用形式更加直接地关联。其具体又有两种表现形式:其一,法官在诉诸后果进行法律解释足以阐明既有规则内容时,他实质上建构或创造了规则,这种做法错误地混淆了法律解释与续造的界限,超越限度地滥用了后果主义;其二,在仅需制定法内的法续造时,法官一旦运用后果主义思维从事超越制定法的法续造,比如,法官通过经济后果的考量,考察相关成本与收益之大小,从而形成了一项超越规范目的及整体法秩序的规则,该规则事实上已从形式和实质上突破了现有的法律体系。这种评价后果主义续造法律的活动,逾越了规范目的及法秩序,法官不当地摆脱了法律的拘束,很明显超越必要限度滥用了后果主义思维。

(二) 后果导向裁判方法面临的批评

以上滥用以及其他形式不当运用后果主义的做法,值得我们认真对待和检讨。从宏观角度来看,后果主义面临的诘难实属不少。简单归纳,后果导向裁判方法面临以下几个方面的批评:

第一,后果的概念本身含混不清。法律规定至少是摆在那个地方,要么以成文法要么以判例表达出来,至少能够比较容易从语义等多方面加以辨识和确认。后果这个东西从逻辑上看是未来将要发生的结果或产生的事实影响,从发生学视角来说,它在当下并不存在,需要人们去预想,预想的东西自然是不可靠的,甚至难以用经验事实来加以佐证。另外,后果的种类纷繁多样，有法内后果和法外后果、直接后果和间接后果、明显后果和潜在后果、特殊后果和一般后果、个别后果和体系化后果、法律后果与事实后果、个案后果与通案后果、决定后果与调适后果，甚至某些后果还可进一步划分，这些后果之间是什么关系，后果主义要考量哪种后果，这些都是有待澄清的。

第二，未来的后果何以能够准确预测。后果主义裁判的首要前提就是能够找到相关后果，由于后果是未来产生的，按照正常的逻辑，只有判决产生之后才能确定效果如何。那么，在判决作出之前，对后果能够进行科学、准确的预测，就成了不得不面对的难题。对后果的科学预测，需要依靠直觉、法感等具有较强主观色彩的因素，同时也得依靠既有的法规范，预测后果不是漫无边际、凭空进行的，而是要规范目的的射程之外预测可能产生的各种事实后果，就此意义而言，后果主义从一开始也无法完全摒弃规范。除此之外，要注重收集各种经验性素材，运用社会科学的方法来帮助预测可靠的后果。

第三，后果的评价标准不明确。并不是说，预测到后果就完成前期的后果调查工作了。其实，预测后果只是第一步，在此之后，还应对后果的"可适用性"进行更深一步调查。有时预测到的是单一后果，有时预测到的可能是多种或多层次后果，甚至各种后果之间相互冲突，那么应以何种标准来评价这些后果是否适格，如何缓解诸种后果之间的紧张，如何处理后果与其他价值、善或利益之间的关系，[1] 这些都急需后果主义论者

---

[1] See Flavia Carbonell,"Reasoning by Consequences: Applying Different Argumentation Structures to the Analysis of Consequentialist Reasoning in Judicial Decisions", *Cogency*, Vol. 3, No. 2 (Sum., 2011), p. 83.

能够提供清晰明确的判断标准。简单地说，能够进入法官考量视野的后果，至少符合两项基本条件：能够在经验上加以证实，以及能够在一般意义上被普遍化。

第四，后果考量不具有独立的方法论属性。如果将后果考量视为一种独立的方法，以后果考量取代法律论证，那么会极易滑向一种伦理学上的后果主义。此时，基于后果的法律论证，与道德推理、经济推理等便无本质上的不同。后果论证与原则论证较为接近，这是因为原则的适用方式依靠权衡（balancing），二者都会涉及对后果的考量，也有论者认为应区分这二者，它们运作的机理和操作方法有很大不同，[1] 后果论证依靠的是一种从"从后果到法律再到判决"的逆向推理思维，其所考虑的后果更多是事实后果或一般后果，而原则论证本质上仍然是从法律出发的顺向推理思维，其所考量的是法体系内部的后果。实践中，法官不得不将后果主义与其他方法结合在一起，使用多种不同的论证来证成判决结果。[2] 如何在方法论上自足、自洽，将成为未来后果主义论者的重要作业区域。

第五，后果主义论证不具有终局性。这与上一点所要表达的意思接近，法律论证理论认为法律证成可以内部证成（internal justification）和外部证成（external justification），前者从前提推导出结论的过程在逻辑上有效，后者聚焦于作为推理之大前提的法

---

[1] See Jerzy Wróblewski, "Justification through Principles and Justification through Consequences", in Farrali and Pattaro eds., *Reason in Law*, Giuffrè, 1984, p. 156.

[2] See Flavia Carbonell, "Reasoning by Consequences: Applying Different Argumentation Structures to the Analysis of Consequentialist Reasoning in Judicial Decisions", *Cogency*, Vol. 3, No. 2 (Sum., 2011), p. 82.

律本身如何变得完整、有效。[1]后果主义根据所要追求的未来后果,对已有法律进行某种解释、调适甚至修正,这触及的问题是大前提的证立,本质上属于外部证成。阿列克西曾列举外部证成的六种形式和规则,其中"经验论证"与后果主义较为接近,运用经验性的知识对法律进行某种预测或推算。[2]从另外一个角度看,如果将规则的演绎适用看作是"一阶证成",那么后果主义针对规则本身证立可以当成是"二阶证成","后果论证实际上通过对裁判后果的考量来证立个案的裁判规则,并依此作为判决推理的大前提来涵摄案件事实,从而完成一致性的逻辑推论。因此,后果论证是对形式论证的补充和支持而绝非替代,它只是证立推理大前提的'外部证成'"[3]。后果考量的非终局性,向我们进一步表明它如果想获得立足之地,依然不能与规范、规范思考、教义性的演绎推理割裂开来。

以上既有针对后果主义裁判方法本身的内部批评,也有涉及其操作层面的外部批评。除了前述诸种难题之外,该方法还面临的一个严重问题在于裁判者过于倚重非法律性的后果,结果导致有越法或脱法之风险,法律之外形形色色的后果凌驾于法律规范蕴含的后果之上,随之会消解法律的规范性,使得裁判最终建立在法律之外的社会经验事实之上,[4]以至于侵蚀了

---

[1] See Jerzy Wróblewski, "Legal Decision and its Justification", *Logique Et Analyse*, Vol. 14, No. 53 (1971), p. 412.

[2] 参见[德]罗伯特·阿列克西:《法律论证理论——作为法律证立理论的理性论辩理论》,舒国滢译,中国法制出版社2002年版,第287~289页。

[3] 王彬:《司法裁决中的后果论思维》,载《法律科学(西北政法大学学报)》2019年第6期。

[4] 参见孙海波:《司法裁判社会科学化的方法论反省》,载《法制与社会发展》2021年第2期。

依法裁判的根本法律属性。

三、后果导向裁判的方法论调控

鉴于法律自身的不完备性及案件事实的复杂多变，导致形式性逻辑推理方法在发生疑难案件的场合难以奏效，这就为后果主义导向思维的运用创造了空间。裁判中引入后果论思维，确实可能会以灵活的方式补充法律，通过对裁判结果的关注来调适法律的选择、解释和说理，从而具有提升裁判结论可接受性的独特优势。与此同时，我们已清楚地看到这种方法在实务运作中暴露出的各种问题，这突出地表现在运用后果论思维的门槛过低，在具体操作层面缺乏成熟的方法论指导，由此导致法官们具体在运用这种方法时较为随意，在很多时候后果裁判以隐性方式发挥作用，裁判者借助司法修辞手段有意遮蔽对考量后果的环节，使得后果论思维的误用及滥用缺乏有效的监督。为了减少风险的出现，应从方法论上限制后果裁判的运行，确保此种方法在司法领域具有一定的谦抑性。

（一）运用后果裁判的必要性论证

司法实践中，法官运用后果裁判的首要前提，通常首先需要限定在疑难案件领域。简单案件中，法律的适用并不存在实质性分歧，法官依法裁判的同时便自然实现了个案正义的目标。在简单案件中并不存在运用后果裁判思维的必要前提，如果任意启动这种与规范思维相对的方法，既无必要又会无故复杂化裁判过程，这正是我们在前文中所批评的滥用后果论思维的形式。

只有在出现疑难案件时，才有启用后果裁判思维的必要性。

疑难案件的问题颇为复杂，简言之，当法律规范与案件事实无法形成较好的对应时，法官无法直接从规范中推导出公正的结果时，案件就不再是简单案件。[1]多数学者倾向于将这种方法适用的领域限定在法律规范存有缺陷导致个案不正义的场合。比如，杨知文指出，"基于后果评价的法律适用方法主要就运用在司法者为了在个案裁判中弥补严格形式主义的法律适用的局限或不能而追求和实现实质正义上的司法行为过程中"[2]，后果导向的裁判思维能发挥一种衡平和矫正规范的功能。也有一些论者，着眼于案件所可能产生的社会影响，认为"案件的影响已经超出双方当事人，对行业或社会经济生活产生较大影响"[3]，法官就应当考量社会后果，以此在各方利益之间做出平衡。后面这一论点，实际上涉及对疑难案件本身的认识，它将在事实层面具有社会影响的案件也视为疑难案件。

围绕法律规范产生的解释难题中，有的涉及文义问题，有的则需探求规范目的，还有的情形更为复杂，需要超越规范目的进行法律续造。对于这些法律解释场合，并不必然都需要后果论思维出场。

文义争议是实践中最常见的情形。法律语词具有核心意义与边缘意义，落在边缘范围则会产生语义争议，此时案件虽然已具有一定的疑难性，但法官仍可透过文义解释方法来探明法律的含义，在必要之时，亦可参酌规范目的来确定适当的文义，

---

[1] 在事实与规范关系不相适应、事实缺乏规范标准以及事实与规范关系形式相应但实质不相适应时，案件就会呈现出不同程度的疑难和复杂。参见郑永流：《法律判断形成的模式》，载《法学研究》2004年第1期。

[2] 杨知文：《基于后果评价的法律适用方法》，载《现代法学》2014年第4期。

[3] 参见侯猛：《司法中的社会科学判断》，载《中国法学》2015年第6期。

而无需非得引入后果考量的方法。

在超出可能文义的范围内,法官须对规范适用的范围进行必要限制。规范目的是一个重要的考量基点,对规范目的的解释和探寻有时会将后果评价因素带入进来,解释者从不同角度探求的目的有时不尽一致,此时需要协调规范所蕴含的目的与其他法律之外的目的和后果之间的关系,法律目的应优先或支配非法律性目的和后果,使得后果考量仍在规范的支配下运行。

一旦个案问题无法被归入规范目的和整体法秩序之下,便需要作出超越解释的法律续造。此类情形一般是遇到新类型、复杂疑难问题,裁判者不仅着眼于个案正义,同时可能会考虑该裁判在当下及未来产生的影响,后果性因素可能会影响法官的判断。但需要再次强调的是,后果论思维应作为法律续造的边缘性或辅助性方法,是司法迫不得已、最后选择的手段。法官应优先考虑类推适用、目的性扩张、目的性限制、原则裁判等方法来实现法律的续造,只有在穷尽以上常规方法时,方可考虑后果导向的论证思维。

简而言之,在简单案件中应避免启用后果导向方法,同时并不是在所有疑难案件中都有必要运用该方法。在能够运用常规解释方法和教义论证方法足以解决个案法律难题时,便无必要诉诸后果论方法。[1] 我们明确反对那种无视法教义学和传统法律推理方法,过度夸大后果论思维在司法实践中普遍适用的观点。[2]

---

[1] 关于法教义学判断优先于后果考量的讨论,参见 [德] 乌尔弗里德·诺伊曼:《法律论证学》,张青波译,法律出版社 2014 年版,第 14 页。

[2] 该观点试图解构法教义学思维和规范论证方法,主张法律人始终是从后果出发思考问题的。参见苏力:《法律人思维?》,载《北大法律评论》编辑委员会编:《北大法律评论》(第 14 卷·第 2 辑),北京大学出版社 2013 年版。

只有在穷尽各种传统法律方法仍无法达致公正的个案判决时,裁判者方可诉诸后果导向的论证方法。

(二) 严格限定后果的范围

取向于后果的论证方法,其核心之处在于对后果的把握和运用。前文在讨论后果主义遭受的批评时就已经指出,后果是相较于当下而言的,是一种未来可能发生的事情,人的有限理性能力如何可通晓未来之事。即便是我们通过社会科学的手段,比如统计、社会调查等,预测到裁判可能产生的某个或多个结果,在运用这些结果之前须对其做进一步的评价和检讨,目前评价后果的标准并不是特别明确,如果能建构一套妥当的评价标准,将会有力地限制后果的滥用。

很多论者在谈论后果论思维时并未言明后果是什么,譬如,奥斯丁主张,法官通常依赖于对判决理由作为一般性法律或规则可能产生的后果进行考量,在此基础上作出其判决。[1] 后果主义应着眼于直接后果,即判决产生的直接影响,而不考量间接的、潜在的或隐藏性后果,后者泛指裁判可能产生的一种间接性影响,它们都不是裁判要进行后果主义评价的逻辑起点。[2] 严格的后果主义,不只关注裁判在当下社会中产生的具体后果,而且会将更多目光聚焦于一般性后果,该类后果具有一定抽象程度、普遍性和规范性,它对未来类似案件具有普遍适用或指导性意义,在某种程度上具有较高的可普遍化的能力。

我国最高司法机关长期奉行社会效果和法律效果相统一的

---

[1] See John Austin, *Lectures on Jurisprudence, or the Philosophy of Positive Law*, fifth edition, revised and edited by Robert Campbell, John Murray, 1911, p. 621.

[2] 杨知文:《基于后果评价的法律适用方法》,载《现代法学》2014年第4期。

政策，考虑社会效果或社会影响很多时候会成为评价裁判合理性的潜在标准。但是，当法官们追求社会效果时，这里的"社会效果"或"社会后果"是含混不清的。恰如一些学者所指出的，"社会效果的范围有多大？社会效果评价的对象是什么？社会效果由谁来评价？社会效果的判断标准是什么？社会效果的取舍条件是什么？"[1]，这些问题都指向了社会效果或后果本身。有论者认为最高司法机关有意借助这样一个具有弹性的概念来执行公共政策，"有效传递其在不同时期、不同案件和不同社会情境中的政策指示，并在必要时通过这一概念指挥地方法院在个案中加强政策权衡，确保司法裁判兼顾法治与'服务大局'的双重要求"[2]。对负责落实社会效果政策的法官而言，社会效果必须有明确的指向，否则容易被当作一个修辞性的概念加以滥用。

尽管"后果"的概念含混、类别复杂多样，仍应从形式和实质的角度对其加以限制，将某些后果排除出后果主义评价的对象之外。从形式上看，后果应有一定的现实性，能够被人们在经验上把握和预测，它表现为法律之外的诸种后果，并且具有相当程度的一般性或可普遍性。从实质角度论，后果应具有客观性和系统性特征。法官应考虑在未来类似案件中的体系性后果，而不能只看个别性后果，"法官如若仅仅根据个案后果的可欲性来选择裁判理由，则将导致裁判实践的差异化，从而陷

---

[1] 吕忠梅：《论实现法律效果和社会效果的有机统一》，载《人民法院报》2008年11月4日，第5版。

[2] 宋亚辉：《追求裁判的社会效果：1983—2012》，载《法学研究》2017年第5期。

入'行为功利主义'的困境"[1]。同样地,客观性对后果评价来说十分重要,这意味着法官不能随心所欲地想象后果,而应尽可能选择与法体系、法秩序、宪法性原则、一般法律原则、正义、常理等相容的后果。

以上对后果的筛选足以将法律规范蕴含后果、个别后果、主观后果等排除在外,大大缩小了后果列表中候选项的范围。对以上限制要素加以提炼,可初步形成一套后果的评价标准。其中,形式性评价标准包括现实性、直接性以及合乎逻辑性,实质性评价标准有一般性、系统性、客观性、合理或正义。可以说,一个能同时通过形式和实质门槛检验的后果,才能进入后果论评价的视野,避免选择错误或不当的后果影响法官的正确决策。这对中国法官具有重要启发意义,我们不能把社会后果看成是一个无所不包的概念,应坚持谨慎和谦抑的态度尽可能限制该概念的边界,不宜将判决所可能产生的一切影响都视作是社会后果,并反过来以其影响法律的选择和适用,更不能过分夸大社会后果的地位与功能,避免社会后果的不当异化从而吞噬法律效果。

(三)逾越法律承担更严格的论证负担

法官的特定角色决定了其负有依法裁判的义务,对此人们似乎并无太大争议。唯有在既有法律存在不完备缺陷或法律适用结果面临合理性问题时,便会某种程度地挑战法官依法裁判的原则或教义。从规范层面讲,后果论思维通常只有在后面这

---

[1] 王彬:《司法裁决中的后果论思维》,载《法律科学(西北政法大学学报)》2019年第6期。

种情形下才会进入司法裁判过程。然而，上文已反复强调，后果论思维具有挣脱法律拘束的倾向，极易背离既有法律体系，使得法律之外的后果论据凌驾于法律标准之上，最终在实质上放弃依法裁判的基本立场。

后果考量比较贴近于直觉判断，操作起来并不复杂且收效十分明显，因而具有较大的吸引力。虽然我们可以在各类案例数据中检索到大量带有"社会效果"字眼的判决，这主要是有官方的司法政策背书，法官可以公开地在判决书中重述或强调这一政策的内容，但很少会有法官明确地在判决书中坦露自己是在进行社会后果判断，比如在某判决书中实际（私底下）进行了道德判断、政治判断、经济成本收益考量等，更不敢直言某个案件的判决在实质上是建立在非法律性理由之上的。这其实并不难理解，就像波斯纳所说的那样，"事实上，法官们不会宣布真正的理由，这是因为人们普遍认为根据个人偏好作出的决定是错误的，没有法官敢说自己是在这样的基础上判案子的"[1]。在这些大肆运用后果论证思维的案件中，如果法官按照原委揭示出判决据以作出的真正理由，亦即判决从根本上建立在法外后果和因素的基础上，结果会使得判决陷入合法性危机，导致判决在上诉中很有可能被撤销或改判，法官本人也可能因为错判而担责。

可见，后果考量有时采纳了明示的方式，更多时候是以一种隐蔽或隐性的方式运行的，法官虽然在实质上考量了法外后果，并根据此种法外考量形成了预判，最后通过司法修辞的方式来掩饰法外后果考量的举动。为此，当我们审视司法裁判活

---

[1] Richard A. Posner, "The Meaning of Judicial Self-Restraint", *Indiana Law Journal*, Vol. 59, No. 1 (1983), p. 8.

动时，须谨慎、细致地加以辨别，应认识清楚哪些案件法官是在依法裁判的框架秩序内考量了后果，哪些案件法官实质上考量了法外后果但逾越了法律。针对后一种情况，要进一步探求这种后果考量对实现判决而言是不是必要手段，其是否属于正当的法律续造活动。

在运用后果论思维时，应妥善处理好法教义学与后果判断之间的关系。法教义学是经解释或沟通形成的一种法律适用或问题解决方案，它具有一种稳定法律预期的功能，不必在每次适用法律时都重新启动对法律规范意涵的讨论，这在某种程度上减轻了司法论证的负担。相比于后果论据，法教义学论据和论证因其独特的权威而具有优先适用性，以至于阿列克西提出了一个运用法教义学的基本论证规则，"当能够使用教义学论述时，则必须使用之"[1]。换句话说，当裁判者尝试质疑法教义学语句或命题，并尝试背离它时须承担论证责任。这里有两种可能：其一，裁判者转向其他的法教义学语句，但仍在法体系内寻找裁判依据，此时只需证明新的法教义学判断与整体法秩序更融贯；其二，裁判者转向法体系之外的论据，比如一般正义原则、法学通说、司法判例、社会共通道德等，此时裁判活动处于脱法的边缘，很有可能会走向法外裁判，因此应当承担更加严格的论证责任。法官诉诸法外后果的做法，便属于以上第二种情形，对判决的合法性须履行更加严苛的论证义务。

在裁判过程中，"法官将法律之外的后果作为这样或那样判

---

[1] [德] 罗伯特·阿列克西：《法律论证理论——作为法律证立理论的理性论辩理论》，舒国滢译，中国法制出版社 2002 年版，第 337 页。

决的理由，我们对此可以提出合法性的质疑"[1]。当个案有法可依时，裁判者应优先考虑已有的法律标准。原则上，只有在穷尽法体系中的所有可能法律根据仍无法妥善解决问题时，方可考虑法律之外的资源和理由。后果论证涉及实现论证前提完备性的问题，它本质上属于外部证成范畴，在此过程中，"法官必须首先穷尽法律体系内部论据，方能将法律论辩延伸至实践论辩，通过'法外求法'的方式在普遍实践论辩的层次上证立裁判理由"[2]。从反面来说，即便在考虑后果时，亦不能总是想着要超越法律，"超越那个传统的定义狭窄的法律，那个仅仅关注法条、教义而不关心后果的法律"[3]。追求后果考量，并不意味着法官可以任意背弃规则，"并没有授权法官随意按照变化着的关于便利或明智的看法来制作或废除规则"[4]。可以说，后果考量并不是任意的，如果法官可凭自己的主观看法和感受随意地追求后果，那么司法裁判将会丧失基本的合法性、确定性和客观性。

在中国的司法实践中，追求裁判的社会效果已成为一种流行的做法。当人们质疑判决为何这样而非那样作出时，裁判者往往会以考量社会后果为理由甚至借口，似乎这么做完全是理

---

[1] Flavia Carbonell, "Reasoning by Consequences: Applying Different Argumentation Structures to the Analysis of Consequentialist Reasoning in Judicial Decisions", *Cogency*, Vol. 3, No. 2 (Sum., 2011), p. 83.

[2] 王彬：《逻辑涵摄与后果考量：法律论证的二阶构造》，载《南开学报（哲学社会科学版）》2020年第2期。

[3] 苏力：《法律人思维?》，载《北大法律评论》编辑委员会编：《北大法律评论》（第14卷·第2辑），北京大学出版社2013年版，第468页。

[4] [美]本杰明·卡多佐：《司法过程的性质》，苏力译，商务印书馆1998年版，第41页。

所当然的。社会效果成了一种口号或修辞，裹挟于其中的可能是法官的一己偏见、主观私欲、道德直觉、社会福利、经济效益等后果性因素，甚至不乏出现社会效果将法律效果"统一掉"的现象。不能错误地将法律效果与社会效果割裂开来，即便"法官必须通过考量社会效果来设定规则的例外，那么这种例外本身，必须是能够被规则化的"[1]。与此同时，法官在运用后果论的思维时，应尽可能以明确且公开的方式加以展示，清晰地揭示裁判过程中考量了何种后果，这些后果对法源的选择以及裁判的形成具体起到了何种作用，让后果论依循一定的论证规则发挥作用。

四、结论

后果论主要着眼于规则的证立这件事，它在方法论上属于二阶证成。在既有法律存在不完备或实质性缺陷的情况下，通过诉诸后果可补充或矫正规则，灵活地应对复杂疑难案件。正因如此，后果论导向的裁判思维在实践中备受青睐，甚至出现了误用及滥用的现象。后果论思维以法律之外诸种后果作为逻辑思考起点，表现出了一种强烈的脱法或越法倾向，对法教义学的规范思维方式及依法裁判的基本立场提出了严峻挑战。我们应谨记拉伦茨的警告，"法官只有在法律之内或旁边，而不能在法律之外考量社会效果"[2]。后果论证作为补充和续造法律

---

[1] 陈林林、许杨勇：《论法律效果与社会效果的"有机统一"》，载《求是学刊》2012年第2期。

[2] [德]卡尔·拉伦茨：《法学方法论》（全本·第6版），黄家镇译，商务印书馆2020年版，第198页。

的"最后手段",只有在迫不得已的情况下才能启用,同时明确和限制所考量的后果的范围,对试图通过考量后果逾越法律的做法施加更加严格的论证负担。通过方法论的细化或过滤机制,以谦抑性的态度看待后果论的应有功用,确保其在整体法秩序之下运转,最终与依法裁判的立场保持内在一致。

第四章

后果判断的规范化改造

在我国法学理论界中，过去几年以社科法学与法教义学之争为契机，不少学者将眼光投向了司法裁判中的后果主义、后果论证、后果推理或后果考量。如本书前章所述，对此学界已积累了相对丰硕的文献，并在后果考量的某些议题上达成了基本共识，诸如后果主义依循一种逆向的思维方式，后果主义所考量的主要是法律之外的一般后果，后果考量是一种辅助性的法律方法，后果考量主要应用于疑难复杂案件，应采纳多种标准对后果主义进行限制等。尽管如此，如何在当下的法律方法中安置后果主义，使其作用得到应有的发挥，同时又避免对后果主义的滥用，仍然是有待研究的问题，本章尝试给出一些初步性回答。

承袭前文，本书所论及的司法中的后果主义，是指能够将后果作为影响法官选择、解释和适用法源的因素，但并不是裁判的直接、决定性因素。在司法裁判理论中，一般在同一个意义上使用后果主义与后果考量。简而言之，后果主义难以成为一种独立的法律方法，通常要与其他法律方法相结合发挥作用。基于理论与实践的双重视角，审视后果主义考量在司法裁判中应扮演的角色，可以初步形成三点基本判断：

第一，与传统教义性推理更加着重"向后看"相比，后果主义考量坚持"向前看"。它更多地着眼于未来，尤其是判决对未来社会生活产生的一般性影响，展现出了较强的政策导向性，是一种工具主义或实用主义的法律适用观。[1] 后果主义秉持一种怀疑论的法概念立场，即法律好像（as if）是存在的或法律似乎是这么一回事，这种法概念论将直接影响着其裁判理论，法律既然是不确定的甚至可以被还原的，那么这就为法律之外的诸种因素进入裁判创造了空间。后果主义推理，本质上是一种审慎推理（prudential reasoning），决策者通过权衡各种因素作出决策。在后果主义裁判中，人们较为熟悉的就是"法律的经济分析方法"，基于成本和收益的比较，人们更乐意选择回报更大的那种判决方式。总之，后果主义追求结果上最可欲的决策或判决方案。

第二，后果主义是一种次要性或辅助性的法律方法。这意味着在司法裁判中，它并不具有普遍的可适用性。这一点，几乎已经成为论者们的共识。案件有简单和疑难之分，在简单案件中，法律的规定是清晰明确的，案件的裁判结果也是明了的，并不存在任何推理或适用上的困难，人们对案件判决结果亦不会产生实质性分歧，在这种情况下无需进行额外的后果考量，否则会使原本简单的问题变得不必要的复杂。在一些后果论者看来，简单案件中对法律后果与社会后果考量是同时进行的，只不过二者并不存在直接的紧张关系，因此不会展现出法律考量与社会后果考量的冲突。然而，一旦出现疑难案件，问题就

---

[1] See Péter Cserne, "Policy Arguments before Courts: Identifying and Evaluating Consequence-Based Judicial Reasoning", *Humanitas Journal of European Studies*, Vol. 3 (2009), p. 13.

不一样了，它可能需要法官作出一些实质层面的价值考量，"在那些无法根据明确的强制性规则得出判决结论的场合，或者规则本身语焉不详的场所，依靠对后果的考量作出判决实乃必要之举"[1]。可以说，演绎推理是最基础的、常规的法律方法，后果主义只发挥辅助性作用，充其量"只能作为特殊和例外的裁量手段"[2]，它扮演着"二阶证成"的角色。切勿过分夸大其地位和功用，并非所有的疑难案件都需要借力于后果考量。

第三，后果主义考量很难成为一种独立的法律方法，通常依赖与其他方法相结合而发挥作用，不具有方法论上的自足性。雷磊就持有类似观点，认为"无论是在法的发现还是法的证立层面，后果主义都无法一般性成立，而后果论证可以为既有的法学方法所蕴含，至多只能在客观目的论证的框架内具有有限的独立性"[3]。将后果作为评价裁判的唯一决定因素，比如：由于后果 C1 比 C2 更加可欲，因此不论规则 R 的内容如何，都应按照获得 C1 的结果来判决。这种方法论主张在本质上是反法治的，因此我们尚无法建构一种独立的后果主义，也很少有人公开倡导或辩护这种主张。我们所要讨论的后果考量，内嵌于其他法律方法之中，时常会以价值判断的名义出现在法律解释、法律推理与法律论证之中，甚至有时候还会以更加隐秘的方式起作用。

本书并不反对后果考量，考量后果是人类的一种普遍思维倾向，是人类的一种思考本能，法官自然也不例外。本书反对

---

[1] [英] 尼尔·麦考密克：《法律推理与法律理论》，姜峰译，法律出版社 2005 年版，第 147 页。

[2] 陈辉：《后果主义在司法裁判中的价值和定位》，载《法学家》2018 年第 4 期。

[3] 雷磊：《反思司法裁判中的后果考量》，载《法学家》2019 年第 4 期。

的是恣意的、不受限制的后果考量,尤其是那种超越法律、任意诉诸法外因素进行后果考量的论点,它们不仅扭曲司法裁判的本来面目,易于走向依法裁判的对立面,摧毁司法的本质;而且也会危害形式法治,形式法治的核心要义之一便是要求法官受到法律的约束,不得任意超越法律来处断纠纷,应在既有的法律框架内来证成当事人的权利和义务。简而言之,笔者尝试在法教义学的框架之内,辩护一种有限的后果主义考量,使之通过考量相关后果增强裁判灵活性、解决疑难案件和带来实质正义的同时,又能与依法裁判的基本立场相一致。

从理论上研究后果主义的路径多种多样,比如至少有三种不同的研究取向:其一,哲学性的或概念性的;其二,教义性的或制度性的;其三,政治性的或实用性的。[1] 在很多讨论中,这三个层次是交织在一起的。本章的关注重点是如何在教义学的体系之下进行妥当的后果考量,当然在个别地方也会涉及哲学性和政治性的问题。

一、两种后果主义主张

依照后果的来源与性质不同,我们可以将后果主义考量分为规范后果主义和社会事实后果主义。前者将考量的后果限定在法律后果或规范后果之上,而后者考量的则是规范后果之外的一般事实性后果或社会事实后果。这两种不同进路的后果主义,分歧焦点在于所考量的具体后果类型不同,它们的运作机

---

[1] See Péter Cserne, "Consequence-based Arguments in Legal Reasoning: A Jurisprudential Preface to Law and Economics", in Klaus Mathis eds., *Efficiency, Sustainability, and Justice to Future Generations*, Springer, 2011, p. 41.

理和方式也有差异，更为关键的是对它们的采纳很可能会导向不同的裁判立场。

(一) 规范后果主义

在法律理论领域，围绕法官如何作出裁判这个问题，学界一度有过激烈的争辩。一种是基于规则的裁判（rule-based decision），另一种是后果导向的裁判（consequence-based decision），二者的核心争议在于思考问题的逻辑起点不同，一个是从既有的法律规则出发进行解释和推理，另一个则是将对相关后果的考量作为司法推理的起点。与此相对，是我们较为熟悉的法教义学与社科法学之争，[1]前者主张以教义性的方法来解释和适用法律，法官裁判应受法律之拘束，如无特别更强理由不得越法裁判，后者以一种实用主义的态度看待法条，强调社会后果在司法裁判中扮演着重要角色，一些社科法学论者主张"向前看"才是一种负责任的司法态度，向前看就是观察判决后果对未来的影响，通过判决向市场和社会传递激励信号。[2]相比于过去（既往的立法决定），未来才是更重要的，如有必要法官可以自由地考量法外后果和越法裁判。

可以说，关注后果或后果考量是社科法学论者的核心主张之一。为了辩护后果考量的普遍性，在批判其对手法教义学理

---

〔1〕 法官在何时应考虑后果、考虑何种后果、何种情况下法官可以越法裁判，法教义学者与社科法学论者提供了截然不同的答案。参见苏力：《法律人思维?》，载《北大法律评论》编辑委员会编：《北大法律评论》（第14卷·第2辑），北京大学出版社2013年版；孙笑侠：《法律人思维的二元论：兼与苏力商榷》，载《中外法学》2013年第6期。

〔2〕 参见桑本谦、李秀霞：《"向前看"：一种真正负责任的司法态度》，载《中国法律评论》2014年第3期。

论时，也有论者会经常指出，法教义学其实也同样考量后果，只要是法官他就不可能不考虑后果，不考虑后果的裁判是无法想象的。如侯猛所言，"对于常规案件，选择法条和考虑后果其实已经同步进行"〔1〕。既然如此，那么法教义学强调基于规范的思考就不具有独特性，因而可以为社科法学的方法所蕴含。这种论调乍一看上去似乎有点道理，仔细剖析其实不一定站得住脚。

确实，法教义学的思维无论如何强调过去的立法规范，最终都无法绕开后果。对于社科法学论者的如上批判，法教义学者大概有两种回应方式：其一，法教义学的确会考虑后果，不过后果考量的时间节点应安排在规范拘束之后，也就是说，法官仍然会首先考虑规则，继而再去考虑相关裁判后果；其二，即便我们承认法教义学采纳一种"先后果后法律"的思维方式，那么这里所论及的"后果"与社科法学论者主张的"后果"存在本质上的区别。法教义学考量更多的是法律后果或规范后果，这种后果本身蕴含在法律规范之中，是一种从规则中依靠逻辑推演出来的后果。相比之下，社科法学论者所主张的后果考量除了法律后果之外，更多地指向了法外的社会后果。

如果真像社科法学论者所主张的那样，法官如同普通民众一样关注后果，以目的与后果作为思考和决策的方向，那么为什么在实践中，尤其是在那些频繁映入眼帘的热点、疑难案件中，法官的专业判断（判决）与社会公众的反应有时会表现出巨大的反差，以至于最终会形成司法和民意的紧张冲突。因此，我们需要明确，法教义学并不是不考虑后果，只是它所考虑的后果不同于社科法学方法所关心的后果。

---

〔1〕 侯猛：《社科法学的传统与挑战》，载《法商研究》2014年第5期。

由此，我们将法教义学解剖为两种具体进路：①法律规范主义，坚持从规范出发来决策，用公式表达即是"法律规范→规范解释（这个环节在简单案件中基本上可略去）→判决结果"；②规范后果主义，对判决结果的考量适度提前，依循"法律后果→法律规范→规范解释（这个环节在简单案件中基本上可略去）→判决结果"的思路。这里，我们将后一种称为弱的后果主义形式，它明显将对后果的考量安置在法源的选择、确定与解释之前，对这种后果的判断会一定程度地影响法官对相关法律规范的选择与解释。可能会有人质疑，在规范后果主义中，既然要考量法律后果，那必然首先会找到相关法律规范。确实，法官可能会大概对某个或某些规范有初步选用的意向，尤其是在法律竞合的时候更是如此。比如，张三购买了一台家用热水器，热水器在使用过程中爆炸，张三不幸受到严重伤害，此时案件既可以定性为违约，又可以认定为侵权，法官会首先权衡相关判决结果的轻重，探索哪一种方式更有利于保护张三作为消费者的权益，或推敲哪种判决方式更便于定分止争、息事宁人等。即便是在社科法学者的强后果考量那里，法官对后果的预测也不是完全任意的或依靠想象的，它同样离不开规则。

其实，无论是在法律规范主义还是在规范后果主义中，价值判断都有可能出现在"规范解释"的环节。言外之意，法教义学不仅不排斥价值判断，而且能够较好地将价值判断包容进来，以应对和处理较为复杂的问题。在简单案件中，价值判断通常是隐而不显的，这与法教义学减轻论证负担的功能有内在关联，法官可以"暂时采纳已检验过的和业已承认的语句，这种可能性减轻了（论证的）负担，以至于没有特别的理由不需

第四章 后果判断的规范化改造

要一个重新的检验"[1]。价值判断与后果考量交织在一起，教义性推理之下的价值判断主要是基于法律后果的价值判断。

既然讨论后果考量，那么对"后果"的种类及含义便不得不察。对后果的最常见分类就是法律后果与事实后果，前者是指法规范所蕴含的后果或者法律体系内部的后果，时常也被称为"司法裁判后果"，系指司法判决所蕴含的对未来相似情形能够适用的后果。后者指判决结果在事实上产生的影响。比如，麦考密克在讨论后果主义时就将关注重点放在法律所蕴含的后果之上。[2] 除了上文谈到的法条竞合，在面对不确定法律概念、一般条款、概括性规定或原则论证时，也会涉及对相关价值后果的权衡和考量。

在刑事法规定中，我们看到刑法中对许多罪名配之以一定的量刑幅度，这样一来法官可以根据行为的社会危险性大小来选择适度刑罚，重罪重罚、轻罪轻罚、无罪不罚，以达到罪责刑相适用。如前文反复指出的，在刑事法实践中，盛行着一种"以刑制罪"的做法，即根据对犯罪嫌疑人是否适宜适用刑罚、适用何种刑罚实际效果最好等后果因素的考虑，来决定采纳选择何种罪名入罪或出罪，或者认为，以对适度刑罚的关照和考量，反过来制约法官对相关犯罪构成要件的解释甚至突破。[3] 劳东燕教授一方面指出以相关法条规定的刑罚作为解释起点，

---

[1] [德] 罗伯特·阿列克西：《法律论证理论——作为法律证立理论的理性论辩理论》，舒国滢译，中国法制出版社 2002 年版，第 331 页。

[2] See Neil MacCormick, *Rhetoric and the Rule of Law: A Theory of Legal Reasoning*, Oxford University Press, 2010, p.110.

[3] 参见冯亚东：《罪刑关系的反思与重构——兼谈罚金刑在中国现阶段之适用》，载《中国社会科学》2006 年第 5 期；高艳东：《从盗窃到侵占：许霆案的法理与规范分析》，载《中外法学》2008 年第 3 期。

对犯罪构成要件的解释具有反制效果,另一方面又反对那种任意以刑罚后果摆脱现行法教义学拘束的做法。[1] 以刑制罪的理论和实践向我们表明,虽然整个推理和思考仍在法教义学的框架之内,但是价值因素和后果考量已经被完全带进来了。

(二) 社会事实后果主义

与规范后果主义相对的是社会事实后果主义,我们所讨论的后果主义裁判主要指的就是这一种。也有学者称其为"实用后果主义",以实用主义的姿态看待法律,并在法律之外寻求可靠、客观的后果。[2] 社科法学论者所倡导的也正是这样一种进路,规范后果并不是合适的后果选项,裁判所考量的是规范之外的政治、政策、道德、经济、文化等非法律后果,所有这些统称为"社会事实后果",为了区别于以上所讨论的那种规范后果主义,社会事实后果主义因此得名。

与规范后果不同,事实后果(real consequence)是指判决在事实上产生的可能影响。事实后果又可进一步分为个体层次的事实后果与社会层次的事实后果,前者是对案件当事人带来的后果与影响,后者指对整个社会产生的意义。换句话说,事实后果分为直接后果与判决先例效应的后果,前者指适用法律直接给当事人带来的影响,后者指对未来类似案件中的当事人的行为产生的一般性影响。[3] 也有学者提出了个别后果与系统

---

[1] 参见劳东燕:《刑事政策与刑法解释中的价值判断——兼论解释论上的"以刑制罪"现象》,载《政法论坛》2012年第4期。

[2] 参见陈辉:《后果主义在司法裁判中的价值和定位》,载《法学家》2018年第4期。

[3] See Klaus Mathis, "Consequentialism in Law", in Klaus Mathis eds., *Efficiency, Sustainability, and Justice to Future Generations*, Springer, 2011, pp.5-6.

性后果的区分，认为个别后果主要是对案件当事人产生的直接后果，而系统性后果则是一种一般性的影响，因而也叫"一般性后果"，它又可以细分为法律后果与行为后果，前者指对未来类似案情或情形同样也适用的后果，这种后果源自法律的规定，行为后果指预测人们未来会如何根据该结果来调整或改变自己的行为。[1] 在形形色色的诸后果中，后果主义裁判重点考量的是能够对社会或未来案件产生一般性影响的事实后果。

比如，人们对"王海打假"并不陌生，在王海之后出现了大批以打假作为职业的人，通过"知假买假"来谋求利益，这类群体被称为"职业打假人"。我国《消费者权益保护法》所规定的"消费者"专指"为生活消费需要购买、使用商品或者接受服务"的人，对于那些以盈利为目的的知假买假者，是不是法律所要保护的消费者，在实务办案过程中是个争议较大的问题，各地法院的判决也大不相同，甚至同一法院在这个问题上前后的态度也有差异。假如最高人民法院或某高级人民法院要处理一个职业打假人案，严格依照法条对职业打假人的限定，那么以牟取暴利为目的的职业打假人购买假冒伪劣产品显然并不是为了生活消费所用，那么直接的法律后果就是不支持职业打假人的诉求。但是，假设当下社会中假冒伪劣产品泛滥，严重侵害人们身心健康和扰乱社会公共秩序，国家某些经济和法律政策也意在整顿市场风气，鉴于这种案件的普遍性和典型性，加上其判决结果会从根本上影响未来类似案件的判决，法院会

---

[1] Péter Cserne, "Consequence-based Arguments in Legal Reasoning: A Jurisprudential Preface to Law and Economics", in Klaus Mathis ed., *Efficiency, Sustainability, and Justice to Future Generations*, Springer, 2011, pp. 39-40.

考量案件判决所可能带来的一般性社会后果,即如果支持了职业打假人的诉求,那么在一定程度上会打击制假售假的嚣张气焰,同时又能鼓舞人们打击假冒伪劣产品的志气。如此一来,通过考量法律之外的社会后果,在本案中主要是政策后果、经济后果以及狭义的社会后果,法院就会作出与单纯考量法律后果不同的判决。

与规范后果主义考量的法律后果不同,社会事实后果主义考量的后果虽然类别和形式多样,但在本质上它们均属于法律之外的后果(extra-legal consequences)。有人可能会问,为何要考量法体系之外的后果?这是因为直接适用规范所取得法律效果不可欲,可能表现为不符合政治要求、在道德上不合理、在经济上付出的成本较大而收益较小、社会影响不好、不符合国家政策、与通行的习惯或习俗相悖等。在法律论证过程中,这些法外因素的出现和存在,就是不满于依靠教义推理所获得的规范后果,它们在某种程度上是为了拒斥和修正规范而出现的,[1]发挥着一种消极或否定性的功用。

有人可能仍然好奇,法外因素是如何具体进入裁判之中的,这里涉及对司法裁判过程性质的认识。司法裁判过程可以分为"法律的发现"与"裁判的证立",前者指找到某个适格的法源,后者指证明某个判决结论在法律上是可欲的。[2]对于二者先后顺序的排列将会导致不同的法律适用观。如果将法律发现

---

[1] See Flavia Carbonell, "Reasoning by Consequences: Applying Different Argumentation Structures to the Analysis of Consequentialist Reasoning in Judicial Decisions", *Cogency*, Vol. 3, No. 2 (Sum., 2011), pp. 84-85.

[2] See Richard A. Wasserstrom, *The Judicial Decision: Toward a Theory of Legal Justification*, Stanford University Press, 1961, pp. 27-28.

视为因，将裁判的证立作为逻辑之结果，那么此种方法更多的是一种基于规范的教义性推理；相反，倒果为因，将判决的发现和证成作为前因，那么就容易导向一种实用主义的法律适用观，本书所讨论的后果主义考量倾向于持有这种立场。

就像科学过程中新的科学发现经常包括预感、直觉、顿悟（有时可能就是刹那间的灵机一动）等因素，司法过程中判决的发现也依靠直觉、法感、前见、预感。[1]有时候，"一个案件的结果可能会在一瞬间涌现在法官的头脑当中，但是其严密性或可接受性只能通过提供理由来加以证明"[2]。后果主义主张"结论先行、判决在后"，这与法律现实主义的理论立场是一脉相承的，该理论强调先试探性地形成一个预判，再回过头去找法和正当化那个想要的判决结果。一如著名的法律现实主义者弗兰克所直言的，裁判通常起始于"一个或多或少所模糊地形成的结论；人们通常从这样一个结论出发，然后试着去寻找能够证实这一结论的前提。如果他无法发现一个适当的且能令自己满意的论证，……除非他是一个专断者或疯子，否则都会放弃这个结论并转而寻求另一个结论"[3]。一些社科法学论者更是直接地阐明了这种"先定后审"的立场，法官先基于直觉形成预判，再基于"后审"对预判进行完善、修改和重创。[4]这种后果主义的裁判思路，从一开始就是带着强烈且直接的后果展开思考的，后续所谓的找法和论证工作发挥的只是一种修辞性作用。

---

[1] See Joseph C. Hutcheson, "Judgment Intuitive: The Function of the Hunch in Judicial Decision", *Cornell Law Review*, Vol. 14, Iss. 3 (Apr., 1929), pp. 274–288.

[2] Martin P. Golding, *Legal Reasoning*, Broadview Press, 2001, p. 2.

[3] Jerome Frank, *Law and the Modern Mind*, Tudor Publishing Co., 1936, p. 100.

[4] 参见苏力：《法条主义、民意与难办案件》，载《中外法学》2009年第1期。

简而言之，社会事实后果主义将眼光投向法律之外的诸种社会事实后果，以实用主义的态度看待裁判事业。有时候其对于既存法律秉持一种轻视或怀疑的态度，为了追求和规范后果相互竞争的法外后果，他们倾向于支持一种超越法律裁判的立场，这一点在社科法学的诸多论述中能够找到例证。通过将社会事实后果主义解剖为"后果的发现与预测"和"通过后果的裁判证成"，进一步发现它与司法裁判中"法律的发现"和"裁判的证立"二分理论相映成趣，由于坚持割裂"法律的发现"和"裁判的证立"的逻辑关系，并选择"倒果为因"的论辩思路，将其面向未来和后果至上的实用主义色彩表现得淋漓尽致。

二、后果考量易于滑向法外裁判

在法律领域中，谈到"后果主义"，人们明显能够直观地感受到它与规则主义、形式主义、法律主义（legalism）是相对的，故而在很多时候将其当作一个贬义词来使用。如论者所言，"这个词与其说是指结果，无论这个结果多么地令人不快，不如说是指结果是如何获得的。这个词似乎表明，当法院着手做它想做的事情时，它是以结果为导向的；它从一个预期得到的结果回溯性地推理，而不考虑适用于该案件的是非曲直、逻辑、既存之法或者合理政策。这是一个相对来说直截了当的陈述，但经过分析之后发现，它无法经受住众多的限制，并且被证明有些难以捉摸"[1]。相比于传统的教义性推理，无论是从运行方法，还是经由这种方法所获得的裁判结论，都存在着不确定性。

---

[1] John E. Simonett, "The Use of the Term 'Result-oriented' to Characterize Appellate Decisions", *William Mitchell Law Review*, Vol. 10, Iss. 2 (1984), p. 192.

第四章　后果判断的规范化改造

当然，在面临"贬义词"的指责时，也有一些论者奋起辩护，认为如果非得把"后果主义"当成贬义词，那它也是一个有独特意义的贬义词。比如波斯纳就提出了自己的看法，主张"'以结果为导向'不应意味着根据你不喜欢的原则来裁判这个案件；使得这个词成了一种无差别的滥用。它所表达的意思应该是根据个人或党派考虑做出的决定通常被认为是非法的"[1]。在教义学者看来，后果主义如果不是贬义的，那也至多是一个中立性的概念，通常很难把其作为一个褒义词来看待。而在社科法学者那里，他们很青睐这个词，并将其标榜为社科法学理论思潮的重要身份特征。这也是为什么一些论者强烈建议将"后果导向"作为司法的重要面向，并竭力辩护司法的社会治理功能。

后果主义之所以有时让人们感到不安，有一部分原因是那种极端的"后果决定论"思维在作祟。"后果决定论"主张将后果作为证成和评价裁判的唯一标准，由于公然地背离法治，直接否认司法裁判的法律属性，因此难以被接受，故而排除出本书讨论的范围。人们对于后果主义的种种情绪，恐怕都与"后果决定论"产生的负面印象有关。规范后果主义和社会事实后果主义，都要比上述那种极端版本的后果论要温和不少。

规范后果主义虽然考量后果，但这种后果本身就是法律所蕴含的逻辑结果，故而整个法律推理工作仍然既定的法教义学体系内开展的。相对于通常意义上强调从规范到后果的教义学方法，我们可以将其视为一种特殊的教义论证形式，无论是形式还是在实质上，既有的教义规范都对裁判结果起着决定性作

---

[1] Richard A. Posner, "The Meaning of Judicial Self-Restraint", *Indiana Law Journal*, Vol. 59, No. 1 (1983), p. 8.

用。只不过，实践中可能出现的问题是，所要考量的法律后果恰好与事实后果基本重合，或者假借考量法律后果之名将一些边缘性的法外后果带进来，进而导致规范后果主义在实质上异化为社会事实后果主义。正如一些评论者指出的那样，"规范后果主义要么是法教义学的别名，要么就是偷梁换柱，将外在因素（例如功利主义、实用主义或社会效果的考量）掺入其中"[1]。当然，可能还有一种批评，认为规范后果主义根本就不是什么后果主义，它的重心仍然在教义学的方面。笔者接受这种观点，事实上本书也是将规范后果主义安置在法教义学的范畴之内。

既然规范后果主义所引发的争议并不多，那么我们接下来将重心聚焦于社会事实后果主义，这也是后果主义考量的通常表现形式。本章下文所论及的种种批评，如无特别言明，均指向的是社会事实后果主义。为行文便利，在很多地方将社会事实后果主义简称后果主义。需要承认的是，社会事实后果主义首先会面对后果主义的一般性批评。比如，后果的概念含混不清而难以把握，如何能够合理预测未来才会发生的后果，后果的评价标准不明确，后果主义考量不具有独立的方法论属性，后果主义论证不具有终局性等。

除了以上批评之外，后果主义的推广和盛行其实还潜藏着一个更严重的问题，稍不留神就很容易滑向法外裁判的深渊。为什么会这样？理由其实很简单，因为后果主义所考量的是法体系外部的后果，这些后果在很多时候又是以和规范后果相对抗的方式出现，故而其存在的目的就是吞并或侵蚀规范后果。

---

[1] 陈辉：《后果主义在司法裁判中的价值和定位》，载《法学家》2018 年第 4 期。

第四章　后果判断的规范化改造

后果主义者为了获得他们想要的结果，而不管法律规定的内容如何或被解释成什么，[1] 法外后果的选择和判断从根本上决定着案件的结果。

在处理疑难案件的问题上，社科法学者主张法官首先一定会先考虑后果，并且，"这个后果并不只是对于案件当事人的影响，而是案件对社会经济生活的影响"[2]。一般来说，在采纳某种理论（方法论）主张方面，法官要比学者保守一些。比如，在倡导后果主义裁判方面，社科法学论者从小处入手、坚持在具体语境中剖析问题，提醒人们除了法律事实，还应更多地关心社会事实，运用心理学、社会学、伦理学等社会科学知识发现这些"看不见的事实"，并用这些社会事实及其后果来影响司法判决。[3] 由于学者并不处于特定的制度和职业角色约束之下，所以他们更可能公开地倡导裁判者应追随后果考量而不惜作出偏离法律的判决。

作为处理具体问题的法官，他对各种疑难问题有最真切、直接的感受，尤其是在面临既有法律存在缺陷时，也迫切需要一些新的方法能够用来应对疑难案件。后果考量比较贴近于直觉判断，操作起来并不复杂且收效十分明显，因而具有较大的吸引力。虽然我们能够检索到了出现大量"社会效果"字眼的判决，这主要是有正式的司法政策背书，法官可以公开在判决书中重述或强调这一政策的内容和精神，但是很少会有法官公

---

[1] SCM Corp. *v.* United States, 230 Ct. Cl. 199, 675 F. 2d 280, 1982 U. S. Ct. Cl. LEXIS 154, 29 Cont. Cas. Fed. (CCH) P82, 334.

[2] 侯猛：《社科法学的传统与挑战》，载《法商研究》2014年第5期。

[3] 参见张剑源：《发现看不见的事实：社会科学知识在司法实践中的运用》，载《法学家》2020年第4期。

开地在判决书中坦露自己是在进行社会后果判断,比如在某判决书中实际(私底下)进行了道德判断、政治判断、经济成本收益考量等,更不敢直言这个案件的判决在实质上是建立非法律的理由上。这其实一点也不难理解,如波斯纳所说,"事实上,法官们不会宣布真正的理由,这是因为人们普遍认为根据个人偏好作出的决定是错误的,没有法官敢说自己是在这样的基础上判案子的"[1]。如果按照原委揭示出判决据以作出的真正理由,亦即判决从根本上建立在法外后果和因素的基础上,会使得判决陷入合法性的危机,导致判决在上诉中被撤销或改判,法官本人也可能因为错判案件而遭到处罚或处分。

学者和法官这两个不同群体对待后果主义的态度,也从另一个侧面展现了后果主义在司法实践中的局限。当然,这不排除在司法实践中,一些法官会公开且直截了当地考量社会后果,并选择有利于达成那种后果的方式来适用法律,比如在美国侵权法的法律实践中,法律经济分析就是一种常规的论证工具,通过成本和收益的比较,选择那个能够最大化社会整体福利的方案,即便那个方案可能并不是那么的合法,也不惜超越法律进行裁判。当然,这可能是由财产法领域的特殊性所决定的。即便是持有自由主义立场或有革新精神的法官,也很谨慎地表达自己的判决理由。

这里还有一个问题有待进一步讨论,仅仅因为法官所考量的是法律之外的因素,就一定会滑向法外裁判吗?显然,就像这个问题自身很极端一样,笔者也不可能给出一个一样极端的

---

[1] Richard A. Posner, "The Meaning of Judicial Self-Restraint", *Indiana Law Journal*, Vol. 59, No. 1 (1983), p. 7.

答案。实际上，并不必然如此。

如果单纯地保持着一种实用工具主义的态度，轻视甚至无视既存的法律，一旦出现疑难案件，就认为现有的法律已经无能为力、无法施展空间，此时急于引入社会科学的诸种后果来支配司法决断，[1]由此导致的结果是，法律判断被法外后果判断所取代，"裁判不再被认为是法律裁决，而被视作某种政治的、道德的、经济的或者其他非法律的自由裁量"[2]。实践中，我们能找到一些案例，比如，在一些涉及"是否违背公序良俗"的问题上，我国法官极易以感性的道德判断来取代基于法律的价值判断，由于某个行为不道德、某个行为会产生不良道德影响，故而应判定为违背公序良俗因此无效。又比如，在一些侵权案件中，判决侵权人停止实施侵权行为会带来更大的经济损失或经济影响，严格依法裁判无法取得一个经济上可欲的结果，所以法院判决"侵权不停止执行"。

另外，还有两种特殊情形。第一种情形，前面其实已经谈到了，法官在实质上考量了社会后果，并根据这些后果判断形成裁判结论，但出于保障判决的形式合法性，他们并不敢公开坦称自己依据法外因素裁判，只能找到有助于推导出该结论的法律，通过教义学的方法证成该结论。这种做法在理论上通常被称为"司法虚饰"，即出于安全起见掩盖判决据以作出的真正

---

[1] 对于将社会科学引入司法裁判的批评，参见孙海波：《司法裁判社会科学化的方法论反省》，载《法制与社会发展》2021年第2期。

[2] [德] Ralf Poscher：《裁判理论的普遍谬误：为法教义学辩护》，隋愿译，载《清华法学》2012年第4期。

理由。[1]法官其实扮演了一个"说谎者"的角色,此时尽管判决表面上好像仍然是依法裁判的逻辑结果,但实质上却是在法外因素的作用下形成的。这是一种实质上的法外裁判,其隐藏得越深就会产生越大的危害。

第二种情形,当既有的法律存在某种缺陷,比如法律可能出现了模糊或漏洞,又或者调整某一特定问题的规则与原则之间发生冲突,需要引入一些法外标准来澄清法律或者进行价值填补。原本依照既有法律无法做出判决或者只能做出一个形式上合法但实质上不合理的判决,通过引入并考量某些法律后果,法官在个案中寻得了一个"妥当的"判决。一些学者将此称为"司法的个别化","在社会效果具有更大的价值时,对法律规范进行适当的变通或者悖离,而不刻板地执行法律。这种特殊情况下的变通适用,乃是不同价值的权衡和取舍的结果"[2]。这是一种特殊的法律论证形式,如果法官所考量的后果虽然超出直接的规范后果,但仍能落在规范目的的射程之内,或者通过解释的方式将法外后果转化为法律性标准,再以此为基础作出判决,这种情况下可以认为法外后果仍能被既有的法体系或法秩序所包裹,并不会必然沦为法外裁判。反过来说,哪怕是为了补充或矫正法律,法官直接诉诸法外后果,而缺少一个解释和转化为法律的过程,以法外后果直接形成判决结果,等于是绕开了法律本身,这种情况下司法裁判已经沦为了法外裁判。

---

〔1〕 参见杨贝:《论判决理由与判决原因的分离——对司法虚饰论的批判》,载《清华法学》2016年第2期。

〔2〕 孔祥俊:《论法律效果与社会效果的统一:一项基本司法政策的法理分析》,载《法律适用》2005年第1期。

第四章　后果判断的规范化改造

举个例子，在民事法律中，对于房屋这种不动产的产权归属必须以过户登记为要件，仅仅占有并不会发生所有权权属的变动。实践中，房屋买受人通过支付全款或贷款的方式向开发商购买房屋，开发商向买受人移转了房屋的占有，但买受人由于各种原因一直未办理过户登记手续。后因开发商拖欠工程款被起诉，要求法院强制执行登记在开发商名下的该房屋。此时法官面临的难题是，严格依照物权相关法律规定，买受人自始未获得房屋所有权，他享有的只是一种普通债权。由于考虑到，善意的房屋买受人已经支付了对价，并事实上长期占有了该房屋，如果不保护其所有权于情于理都说不过去，并且不利于社会的稳定，基于这种社会事实后果的考虑，法官可能会认定买受人享有一种"准物权"或"物权期待权"，该特殊物权可以对抗第三人的强制执行要求。[1] 法院对法外效果的考量，与公正的法律原则融贯一致，且这种效果的安排亦符合物权法体系的精神。由此得到的结果在形式上合法、实质上合理，因此它虽然考量了相关事实后果，但却并未走向法外裁判。

　　再举一个例子，就是被誉为"中国冷冻胚胎第一案"的无锡冷冻胚胎继承案。对于受精后的冷冻胚胎能不能像普通财产一样分割，立法在当时并无明确的规定。在法律阙如的情况下，主审法官诉诸了三个方面的考量："伦理"（受精胚胎包含家族的 DNA 遗传信息）、"情感"（受精胚胎成为双方失独老人唯一的亲情和哀思寄托）以及"特殊利益保护"（具有孕育生命的

---

〔1〕　参见最高人民法院（2016）最高法民申 254 号民事裁定书；最高人民法院（2016）最高法民申 2736 号民事裁定书。

潜能、比非生命体具有更高的道德地位）。[1] 伦理和情感显然都是法外因素的考量，基于伦理和情感的判断首先是一种道德判断。与此同时，法官又注意到胚胎是一种介于生命体和财产之间的过渡存在，对于这种特殊利益应给予特殊的保护。法律文件禁止利用胚胎代孕或买卖、赠送胚胎，却并未否定权利人对胚胎享有的相关权利。从民事法律的公平与正义原则出发，将单纯的"伦理"解释为"法伦理"，只要这种继承行为并未违反权利滥用、公序良俗，就应设法证立这一权利。在"无法"可依之下，法官却庄严地宣告作出了一个"依法裁判"，其中的道理就在于法官的解释和价值判断，经过一个转化的中间环节，一般道德伦理被加工为法伦理原则，进而充当了裁判的根据。

法外的后果是多种多样的，考量这些类型的后果进行裁判，各自所面临的问题或批判也不完全相同。比如，政策论证更关注集体目标，基于政策的论证"说明某项政治决定促进或保障整体社群的某项集体目标以证立这项决定"[2]，以政策为论据的判决是"关于整体福利如何才能得到最佳提升的判决"[3]。它与原则论证所要保护的个体权利进路正好相反，政策的非法律性会导致以集体福利为名压制个体的法律权利。考量经济后果其实也面临这个问题，在诸社科方法中，法律经济分析在方法上相对较为成熟，但它"无论是基于现行法还是将来法都站不住脚。很明显，并不是所有的法律规则都基于经济（市场经

---

[1] 参见江苏省无锡市中级人民法院（2014）锡民终字第 01235 号民事判决书。
[2] [美] 朗诺·德沃金：《认真对待权利》，孙健智译，五南图书出版股份有限公司 2013 年版，第 145 页。
[3] [美] 罗纳德·德沃金：《原则问题》，张国清译，江苏人民出版社 2012 年版，第 83 页。

济的)效率的考虑,并且也不应该仅以此为目标"[1]。考量道德后果的风险在于,很容易被道德直觉判断带偏,以感性的道德判断取代反思性的法伦理学思考,最终会以道德判断直接取代法律判断。其他法外后果也总是存在这样或那样的问题,这里不再一一赘述。

上文揭示的后果主义面临的一般问题或批评,有些能够克服,有些尚难以得到完满的解决,但无论怎样那些问题都不会从根本上摧毁这一方法论主张。出于这种考虑,本书对于那些细枝末节的问题暂时存而不论。正如我们所看到的那样,考量法外后果有较大的法外裁判风险,使得本应适用的法律被实质上搁置或架空,以规则之治为基础的法治理想也相应会受到侵损。无论选择的是何种法外后果,"诉诸法外后果进行司法论证的问题在于,它们的可取性和正当性是一个难题。此外,在许多情况下,这种论点被装扮成一种常识或权威,最终掩盖了对后果论证的根本分歧以及证成该判决的真正理由"[2]。有鉴于此,接下来将投入一定的精力思考在支持一种有限后果主义的同时,如何能够警惕任意考量法外后果所可能带来的随意化和去法治的风险。

三、在法律之内寻求后果考量

法外后果的多样性、复杂性和不确定性,有时候会赋予法

---

[1] [奥]恩斯特·A. 克莱默:《法律方法论》,周万里译,法律出版社2019年版,第238页。

[2] Flavia Carbonell, "Reasoning by Consequences: Applying Different Argumentation Structures to the Analysis of Consequentialist Reasoning in Judicial Decisions", *Cogency*, Vol. 3, No. 2 (Sum., 2011), p. 87.

官很大的自由裁量空间。法官本应考虑客观且具有一般性意义的后果，实践中可能会将一些个人的价值偏好、对于法律的任意解释乃至主观想象夹带到裁判之中。同时，也给一些强势集团或主体干涉法院的审判提供了有乘之机。[1] 这样一来，使得本来合法性根基就不稳固的后果主义论证，变得更加岌岌可危。对于社会事实后果主义必须进行法教义学改造，使得法官在考量社会后果的同时，又能兼顾和尊重既有的法律教义，以尽可能避免社会事实后果主义在法教义学体系之外盲目运转。倡导在"法律之内考量后果"，其实想说的就是，"一方面坚持法治主义的立场，另一方面思忖法外因素在法律适用中的定位，并尝试以有效的制度和程序吸纳它们在既有的法律标准之内发生作用"[2]，让后果考量能够真正飞驰在法治的快轨上，以服务于我们的司法审判事业。

（一）后果考量的前提论证

既然不能放任后果考量的随意使用，就必须设法从多个方面加以限制。首要的一点，即是划定后果考量使用的前提，换句话说，在哪些情形下允许法官启用后果考量方法，在哪些情形下避免事先考量后果。

德国学者德歇特（Deckert）提出了后果考量的五个步骤：可适用性、后果调查、后果预测、后果评价以及决定行为。其中"可适用性"要解决就是后果导向思维所适用的领域，之所以设置这一步骤，其目的乃在于确保法律适用过程中法官能够

---

[1] 参见江必新：《在法律之内寻求社会效果》，载《中国法学》2009年第3期。

[2] 杨知文：《基于后果评价的法律适用方法》，载《现代法学》2014年第4期。

受到法律的拘束,[1] 防止考量后果导致裁判对法律的偏离。

很显然,在一目了然的简单案件中,案件事实清晰,法律适用并不存在疑难,人们对于案件的裁判结果一般也不会产生分歧,这类案件主要是法教义学发挥功用的重要场合,裁判方法由教义推理和形式论证所主导。对此,如果非得考量后果,也只能是在教义学的体系下考量规范后果,而不太允许法官考量规范后果(法律后果)之外的社会事实后果。故而,可以断言,社会事实后果主义在简单案件领域中无适用之可能,那种主张后果主义可以普遍化的立场难以站得住脚。

如此一来,答案就已经很清楚了,对于后果考量的使用应严格限定在疑难案件领域。疑难案件集中体现于法律适用的疑难,其产生的原因也是多方面的,案件可能因为法律模糊、规范之间相冲突、合法但不合理、法律漏洞等变得疑难。理论上应对疑难案件的法律方法有很多,法律解释(历史、体系、目的和社会学解释)、类比推理、目的性扩张或目的性限缩、轻重推理(举轻明重、举重明轻)、反面推理、价值填补等。其中有些方法与后果考量密切相关,比如目的解释、社会学解释、价值填补等,有些方法则与目的考量没有关联或关联不大。也就是说,并不是在所有疑难案件的裁判中,都迫切需要法官使用后果主义的方法。

可以说,疑难案件只是法官能够启用后果主义的基本前提,在运用常规的法律方法仍不能解决问题时,可考虑使用后果考量来帮助拓展裁判思路。或者,还有一种情形,在法官运用常

---

[1] Martina Renate Deckert, Folgenorientierung in der Rechtsanwendung, München, 1995, S. 124 ff.

规法律方法解决疑难案件过程中，附带性地吸纳后果考量，比如在进行目的解释时，法官会考量主观目的和客观目的，如果选择客观目的的立场，它要思考在当下变迁的社会环境中法律应具有哪些客观目的，对于客观目的的探寻便可将相关的社会后果纳入考量的范畴之中。

大体上看，在疑难案件的诸种类型中，法律漏洞为后果考量创造了较大空间。当立法出现了违反计划的完整性时，就会出现所谓漏洞，根据违反计划不完整性的强度，又可细分为法律内漏洞和法律外漏洞。法律内漏洞其实就是法律文义内的漏洞，比如一般条款所开放的不确定空间，但仍有法律规定，故而不得任意启用后果主义。比较而言，法律外漏洞已经超出了规范的文义射程，可以依靠法外的经济学、社会学、政治学等方法进行论证。[1]在法律漏洞中，还有一种"评价漏洞"，"在评价性的意义上，某个规则从表面上来看可以得到适用，但是出于一些评价性的理由（比如它的适用太不公平或太过荒唐等）导致该规则的适用存在争议"，[2]此时便可以通过引入法外的一些实质价值和理由来废止（defeasibility）该规则。通过对法律后果的考量，来填补法律体系的空缺。

除了法律漏洞之外，规范冲突也是导致案件发生疑难的重要因素。不同的规范为法官提供了不同的指引，多种裁判规则之间彼此冲突，法官必须权衡某些因素在诸规范之间做出选择。这里也可以引入后果考量，正如麦考密克将后果主义作为"二

---

[1] 参见［奥］恩斯特·A.克莱默:《法律方法论》，周万里译，法律出版社2019年版，第157~162页。

[2] Fernando Atria, *On Law and Legal Reasoning*, Hart Publishing, 2001, p.75.

阶证成"安排的那样,"所要解决的问题是如何在若干这样的裁判规则之间作出选择"[1]。不同的规范指向的后果不同,对未来法律实践和社会发展产生的事实影响亦不同,相关后果的考量、评价和比较会成为制约法官选择裁判规则的重要因素。

在上述几类允许启用后果考量的疑难案件中,有一些是需要创设裁判规则,比如在填补法外漏洞的情形下就是如此,这种情形下的后果主义可以视为前文所称的"创设规则的后果主义",而另一些情形下法官通过考量后果选择既有的法律规则,这可以归属为"适用规则的后果主义"或"执行规则的后果主义",[2] 不难看出二者仍然存在着微妙的差异,后果考量在其中起到的作用并不完全相同。

总而言之,将后果主义限定在疑难案件的某些具体类型上具有重要意义,划分领域越细,对后果主义所施加的限制和强度就越大。

(二) 后果考量的评价标准

在展开后果主义论证的过程中,其中的许多环节都容易出现"脱法危险",为加强法律拘束的要求,保障裁判不至于滑向法外裁判,须探寻一些评价后果考量的标准,这些标准本身发挥的实际上是限制性的作用。结合学界的已有探讨,此处尝试从形式和实质两个层面寻找一些评价标尺。

---

[1] [英] 尼尔·麦考密克:《法律推理与法律理论》,姜峰译,法律出版社2005年版,第95页。
[2] 参见孙海波:《通过裁判后果论证裁判——法律推理新论》,载《法律科学(西北政法大学学报)》2015年第3期。

1. 形式评价标准

刚刚所论及的后果考量的前提论证,其实也属于形式方面的标准和限制。它涉及在何时何处可以引入一个后果考量。该使用前提论证工作其实隐含着一个"优先规则",即通常情况下权威论述(法律、法教义学)优先于后果论证,唯有从权威论述中得不到清晰、确定的裁判结论时才允许后果主义考量,"不仅相对于法律的权威,而且相对于法教义学的权威,后果取向应退后,只要不能证立,法教义学所标记的裁判选项不再有据"[1]。可见,法体系以及法教义学规则本身就能构成对后果主义的强有力限制。

(1)可普遍性和客观性。

形式限制是一种外部和初步限制,其评价效果更明显、直观。后果主义所依赖的后果并不是已经发生的、现实的后果,而是尚未发生的、可能的后果。在裁判作出之前,提前预测和选择这些后果,势必会有较大的主观随意性。经过考量的后果实际上在裁判中扮演着一种裁判理由的角色,而能够成为裁判理由的必须满足两项基本条件:一是可普遍性,一是客观性。

江必新指出了后果客观性的重要意义,如果不重视后果的客观性,"社会效果就会被庸俗化,'注重社会效果'就会被某些人用来作为枉法裁判或者寻求非法利益的目的";而客观性的判断表现为,"我们讲什么是社会效果,并不是某一个法官或其他人士的个人偏见或私利,而应是所有有良知和理性的人都能

---

[1] [德]乌尔弗里德·诺伊曼:《法律论证学》,张青波译,法律出版社2014年版,第14页。

得出同样的结论"[1]。客观性意味着能够被认识,可以在经验上利用素材加以证实。借助于社会科学的统计和分析工具,来判断后果发生概率的大小、后果重要或优先性的排序。单纯依靠主观想象的后果或任意发现的后果,无法为判决的可靠性奠定基础。

可普遍性意味着后果可以产生一般性的影响,尤其是对未来类似的案件或情形能够发挥普遍性的指导。这是为什么我们始终强调,一种合理的后果主义理论要超越于眼前个案后果,能够放眼一般性后果、体系后果或系统性后果。设想,如果以个别后果和眼前直接后果当作考量因素,必然导致裁判理由难以具有普遍化的能力,使得类似的情况得不到类似的处理。唯有所考量的后果得到普遍化的检验,"通过考察判决对类似案件的系统性影响,使裁判所形成的规则具有可预测性"[2]。此外,为了评价后果,学者们还提出了效率、真实等辅助标准,[3]它们都从不同侧面对后果提出了要求,但这些评价标准也都有各自的问题,比如效率更多地关注整体效应但会忽视个体正义。实践中,很多时候裁判者会综合使用这些标准来检验后果。

(2)一致性。

法官的推理和言行不仅要前后逻辑一致,而且其判决理由和根据也应与既有的法体系保持一致。讨论"一致性"时,我们会自然地想到"体系性",强调规范与规范之间相互协调、不

---

[1] 江必新:《在法律之内寻求社会效果》,载《中国法学》2009年第3期。

[2] 王彬:《司法裁决中的后果论思维》,载《法律科学(西北政法大学学报)》2019年第6期。

[3] 参见张青波:《理性实践法律:当代德国的法之适用理论》,法律出版社2012年版,第267~268页。

存在冲突，法律判断与规范要求之间亦能在形式上消除矛盾。在后果主义推理中，因应实际需要，法官考量规范之外的社会后果，这些后果在多数时候与规范后果是存在紧张关系的，如若不然就没有必要在规范后果之外再考量什么社会后果了。社会后果的出现，多半是为了矫正甚至侵吞规范后果。正是这个原因，我们对社会后果的引入和考量才须谨慎而为。

但我们也须认识到，考虑社会后果并不是放弃法律规范的理由，"社会效果不是简单地顺从政治人的愿望，用政治人的眼光去理解法律，也不是法官对法律价值采用的政治优先的选择，即使政治上有理的判断，也必须经过法律方法的过滤"[1]。即便在后果主义推理中法官仍然有义务在考量后果的基础上适用法律。在考量后果的过程中，要运用法律解释等方法，对后果进行过滤和解释，将其解释为与规范目的、整体的法体系要求在形式或内容上尽可能一致。体系化或形式拘束是法教义学的核心要义，这也是我们为什么将后果考量安置在法教义学框架内的重要理由。

（3）忠诚性。

对后果考量进行限制的第三个形式标准是忠诚（loyalty）。谈到忠诚，首先意味着法官要通过公开的方式展示论证过程，将判决据以作出的真实理由展现给当事人和社会公众。阿列克西将"忠诚性"作为实践论辩的一个基本规则，在论辩过程中任何人都只能主张其真正相信的东西。假如离开了忠诚性这个

---

[1] 陈金钊：《被社会效果所异化的法律效果及其克服——对两个效果统一论的反思》，载《东方法学》2012年第6期。

规则作为前提，欺骗和谎言将不可避免会出现。[1] 实践中，出于审慎考虑，很多法官不敢将形成判决的真实理由加以披露，导致存在利用司法修辞掩饰造法、滥用自由裁量或法外裁判的做法。为此，理论界学者提出了法官负有"司法忠诚"的义务，应进行诚信裁判，[2] 以示对法官行为的约束。

由于我们看到后果考量具有随意化和反法治主义的风险，导致实践中法官在考量后果的同时不太愿意将这一过程直观地展现出来。如考夫曼所指出的，法官在有些时候并未将真的裁判理由载入判决书中，然而，"隐藏的裁判理由对科学及研究而言，是一件惹人恼怒的事。将使人难以分析到这种裁判"[3]。法官既然决定要使用后果主义，就应该拥有最起码的坦率的美德，以公开、明确的方式向人们展示了考量了哪些后果、后果考量与案件相关法律的关系以及后果考量对案件裁判结论形成所起的实际作用，以便于接受社会和法律共同体的监督。

忠诚对后果主义的运用提出了三点基本要求：其一，理由先行、结论后成；[4] 其二，给出理由，不能掩藏判决理由；其三，给出真实理由，不得以虚假理由替代真实理由。如学者所揭示的那样，"如果法官个人的评价所依据的灵感来源与表面上

---

〔1〕 参见［德］罗伯特·阿列克西：《法律论证理论——作为法律证立理论的理性论辩理论》，舒国滢译，中国法制出版社2002年版，第236页。

〔2〕 伯顿在"诚信裁判"方面用力颇深，主要聚焦于法官的裁判说理方面，并用以限制法官的自由裁量权。See Steven J. Burton, *Judging in Good Faith*, Cambridge University Press, 1992, pp. 35-68.

〔3〕 ［德］考夫曼：《法律哲学》，刘幸义等译，法律出版社2004年版，第77~78页。

〔4〕 See John W. McCormac, "Reason Comes Before Decision", *Ohio State Law Journal*, Vol. 55, No. 1 (1994), p. 166.

提到的法律原则完全不同，不能援用法律原则掩饰该评价"[1]。需要注意的是，无论是"忠诚"还是"诚信"本身也都需要判断标准。对此主要有主观说和客观说两种观点，主观说强调窥探法官内心的真实态度或主观意图，然而一个人内心的真实想法是难以从外部把握的；客观说强调外在的形式，法官的论辩和决策要符合经验、逻辑、事理。[2] 在实践中，判断法官是否尽到了忠诚的义务，应坚持主客观相统一，从内在和外在两个方面共同判断。

2. 实质评价标准

如果说形式标准强调的是外在逻辑、规则、程序、方式和步骤，且操作起来相对不那么困难，那么实质评价标准更侧重从内容、合理性、公正性、合目的性等方面，由于这些实质理由或价值标准本身就不是很明确，甚至有的时候存在严重分歧和争议，所以在运用它们评价后果主义的时候难免会出现困难。归纳起来，能够用来限制后果主义的实质标准大致有一般法律原则及规范目的、融贯性、正义、法理及事理。

（1）一般法律原则及规范目的。

宪法及一般法律原则，是整个法律体系的基石，也是立法者架构具体规则和司法者解释具体规则的基础。宪法中所蕴含的原则更具有基本性，具体法律部门中的一般法律原则是从宪法原则中推衍出来的，是宪法具体原则在个别法中的具体化。

---

[1] [奥] 恩斯特·A. 克莱默：《法律方法论》，周万里译，法律出版社 2019 年版，第 230~231 页。

[2] See Scott C. Idleman, "A Prudential Theory of Judicial Candor", *Texas Law Review*, Vol. 73, No. 6 (1995), p. 1317.

司法实践中后果主义的运用强调效率和整体福利导向，易于压制个人的法律权利，尤其是想要通过法外后果考量剥夺当事人的法律权利时，不得与宪法的客观价值要求相悖。即便是考量的法外后果与直接针对的法律的规范后果相冲突，仍应尽可能协调与一般法律原则的关系，使得法外后果能够通过诠释，转变为原则所能够涵盖的后果。甚至必要时，可以根据宪法和一般法律原则的内容来相应选择和调整后果。

自耶林提出"目的是一切法的创造者"这一著名断言之后，人们在法律领域越来越青睐"规范目的"这个术语。规范目的是规范背后所承载的价值或想要通过规范实现的本旨（point）。有时一条规范想要表达多个目的，有时候多个规范共同表达一个目的。除了文义造成的理解困难之外，很多时候我们对法规范的争议乃源自在规范目的深层次上的价值分歧。在后果主义考量中，很多时候对后果的选择就是对规范目的或价值的权衡，"我们生活在一个价值判断的王国里，在这一王国中，价值是后果主义推理和法律原则论辩中无法摆脱的要素"[1]。价值的自身可争辩性意味着某种不确定，法官应面向宪法和一般法律原则进行后果考量。

（2）融贯性。

第二个实质标准是，坚持后果论证的融贯性。融贯性（coherence）有时候也被翻译为"协调性"，和"一致性"概念很接近，也有个别论者认为融贯性和一致性是一回事。其实不然，融贯性是一个比一致性内涵更丰富的概念，一致性更多的是强

---

[1] [英]尼尔·麦考密克：《法律推理与法律理论》，姜峰译，法律出版社2005年版，第95页。

调规范之间在形式上相互一致、不存在明显的冲突；而融贯性，更多指向的是内容上的相互协调，以及在价值上的统一和相互支持。可以说，一致性侧重形式，而融贯性强调价值和实质。在学者们看来，一个融贯性的体系必须是"相互一致的、全面的并且各价值要素之间能够彼此支持"[1]。融贯性在法律推理中发挥着重要的作用，包括帮助法官排除不融贯以及不一致的判决，或者用以比较和权衡诸种相互对立的后果。尤其是当两个裁决互相对立时，要想证明选择的正当性，比较好的做法是将融贯性和后果主义结合在一起，[2] 以融贯性制约法官对后果的考量，实现二者的良性互动与协作。

在后果主义裁判的问题上，融贯性的要求也贯穿于论证的整个过程之中。首先，在后果的预测和评价方面，除了客观性和可普遍性标准之外，还应考虑到融贯性的要求，"后果论证中对后果的可欲性判断，必须与法律体系内的价值保持一致"[3]。从法律体系的整体价值来评价，该法外后果是值得追求的。其次，在运用选定的后果进行判断时，有时参考法外价值是为了强化某个规范后果，但更多时候它是以反面的角色试图侵吞规范后果，如果别无他法，非得要通过诉诸法外后果判断来形成某个裁判，那么通过后果论证所追求价值的过程，"必须表明一种合理的一致性，亦即一个特定判决的后果应当与相关的法律原

---

[1] Jaap Hage, "Law and Coherence", *Ratio Juris*, Vol. 17, No. 1 (Mar., 2004), p. 90.

[2] 参见 [英] 马克西米利安·德奥·马尔：《融贯性在法律推理理论中的作用与价值》，邢焱鹏译，载《苏州大学学报（法学版）》2020 年第 3 期。

[3] 王彬：《司法裁决中的后果论思维》，载《法律科学（西北政法大学学报）》2019 年第 6 期。

则的目的相协调一致"[1]。也就是说，对法外后果的援引和依靠虽然在形式上未必能够合乎法律的规定，但在实质层面上不至于要背离既有的法秩序和整体性的法价值。融贯性的这一要求，与一般法律原则和规范目的想要达到的效果其实是一样的，都致力于调和法外后果判断（价值）和法律体系内部价值之间的紧张。

(3) 正义、法理及事理。

在讨论后果主义评价标准的问题上，不少学者都会讨论正义，通常也是将其作为一种内部或实质评价标准。正义不仅是一项重要的一般伦理价值，同时也是法律中的至高价值。司法裁判的难题就在于既要坚持依法裁判又要兼顾个案正义，在疑难案件中这二者又很难兼得。基于规则的教义推理关注形式正义，而后果主义侧重于追求实质正义，在机械适用形式规则导致判决明显不公正时，考量后果灵活裁判可以发挥矫正正义的功能。但也应认识到，后果主义作为一种法外后果，很多时候追求的是整体福利、经济效益、社会便利、政策目标，这些东西多是以工具性价值的形式存在，比如单纯追求财富最大化的判决后果，可能会公然剥夺当事人依法享有的权利，这是一种"真正公正"的判决吗？显然并不是。在进行后果主义判断时，法官应以正义作为标准，慎用法外后果取代法律理由来形成判决，当如此决断时须扪心自问这样是否能满足法律正义价值的要求。

正义具有极强的修辞力量，有时候只要某个东西被标榜为正义的，那么人们就倾向于认为它是好的、正当的、可接受的。尤其是在创设规则型的后果主义中，法官通过考量后果重塑了

---

[1] [英] 尼尔·麦考密克：《法律推理与法律理论》，姜峰译，法律出版社2005年版，第146页。

裁判规则，也就是说，通过后果考量进行法官造法，此时正义无非是给后果主义进行合法性加持的最有力手段了，既然倾向于认为后果主义能够带来正义，而正义又是法律的至高价值，那么如此一来，后果主义推理的合法性和正当性难题都得到了某种缓解。看到正义对辩护后果主义所拥有的独特作用，但又要警惕滥用正义的修辞力量为各种极端后果裁判进行背书的做法。

"法理"是在法律实践中被频繁引用的一个概念，由于很抽象且包含的内容较为广泛，常常被当作一种兜底性的法律渊源，这在一些国家和地区的法典中已经得到确认。比如，《瑞士民法典》第1条第2款规定，"无法从本法得出相应规定时，法官应依据习惯法裁判；如无习惯法时，依据自己如作为立法者应提出的规则裁判"。该法第1条第3款规定，"在前一款的情况下，法官应依据公认的学理和惯例"。[1] 这里的学理和惯例其实就可以看作是基本法理。我国台湾地区有关规定中明确了"法理"，"民事，法律所未规定者，依习惯，无习惯者，依法理"。在法学理论界，近年来"法理"成为一个热门的话题，其内涵包含多个层次：法之道理和"是"理、法之原理、法之条理、法之公理、法之原则、法之美德、法之价值等。[2] 不难看出，常情常理或事理，在德国学术界经常被称为"事物本质"，[3] 也可以涵

---

[1] 《瑞士民法典》，殷生根、王燕译，中国政法大学出版社1999年版，第3页。

[2] 参见张文显：《法理：法理学的中心主题和法学的共同关注》，载《清华法学》2017年第4期。

[3] 事物的本质意味着意义关系的同一性，其中存在与当为相遇、价值与事实互相联系。用考夫曼的话来说："它是事物正义与规范正义之间的中间点，而且本身是在所有法律认识中均会关系到的、客观法律意义的固有负载者。"参见[德]亚图·考夫曼：《类推与"事物本质"——兼论类型理论》，吴从周译，新学林出版股份有限公司1999年版，第101页。

盖至广义的法理范畴。在后果主义论辩的法实践中，法官对于法外后果的考量，不能和基本的法理、常理及事理矛盾。否则的话，就与后果考量追求合乎情理和实质价值的初衷背道而驰。

以上标准虽然具体内容和要求各不相同，但其共同点在于基本上都是来自法律内部的评价根据。除了这些标准外，我们注意到，个别学者为后果主义还提出了一些法外根据，比如麦考密克提出了"权宜""便利"或"不便"，认为这种标准比"公正"或"不公正"更清晰和具有可操作性。[1]杨知文也明确列举了"既定法秩序外的根据"，清单中包括"道德与善良风俗、自然的（矫正）正义、政治正确、法律外的公共利益、社会稳定与需求、'常识'、公众意见和人们的可接受性"[2]。应当指出，个别法外标准确实能够为评价后果和后果考量施加一定限制，但是比较危险的是，以法外理由来评价法外后果考量，这很可能会制造一种为法外后果及考量背书的现实危险。因此，为了将后果考量安置在法律之内，应慎重各种法外的评价标准或根据。

四、结论

法律实践的日益复杂化，给传统法律方法提出了全新的挑战。疑难案件的频发，社会公众和新闻媒介的关注，导致很多时候单纯依靠教义推理，难以获得一个让当事人和社会满意的裁判。裁判的实际需要，为后果主义进入司法敞开了大门。加

---

[1] 参见[英]尼尔·麦考密克：《法律推理与法律理论》，姜峰译，法律出版社2005年版，第109页。

[2] 杨知文：《基于后果评价的法律适用方法》，载《现代法学》2014年第4期。

上后果主义的思维方式在道德直觉上的诱惑力,使得这一理论近年来颇为流行,获得了理论界和实务界不少法律同仁的赞许。考虑到,后果主义考量方法自身的不成熟和方法论局限所可能带来的风险,有必要从理论上重新认识和界定后果主义,警惕这一方法的不当使用乃至滥用。通过上文讨论,这里得出一些初步的想法,在此重申两点基本立场:

第一,反对"泛后果主义"的主张。这种立场放任后果主义,放弃既有法律标准对裁判的拘束,这必然会消解法律的规范性和法治,走向依法裁判的对立面。不应过度放大后果主义的功用,应将其严格限定在疑难案件的裁判领域。纵然如此,由于社会事实后果主义依靠和考量的是法外后果,也极易造成法官偏离法律的现象。对此,须再次强调,即便"在疑难案件中,以法律论据正当化裁决也是必要的"[1]。后果考量并不是漫无目的地追寻后果,司法裁判应沿着规范所铺下的轨道前行。在考量后果的同时,应尽可能将后果论证的过程予以公开,以便于接受外界的监督。

第二,"依法"改造后果主义。笔者并不绝对地反对社会事实后果主义,和其他法律方法一样,后果主义也是一种法律思维方式,尽管很多时候并不能独立地运作以主导裁判过程。依法裁判是法官的首要职责,正如学者所言,"即便是公众或社会中的某些人并不喜欢某个法律结果,但法院的职责仍然在于怎么解决纠纷"[2]。法教义学并不绝对排斥后果考量,它能包容

---

[1] [德] Ralf Poscher:《裁判理论的普遍谬误:为法教义学辩护》,隋愿译,载《清华法学》2012 年第 4 期。

[2] Aharon Barak, "A Judge on Judging: The Role of a Supreme Court in a Democracy", 116 *Harv. L. Rev.* 19, 104 (2002).

复杂的价值判断和后果主义。为此在方法论上须做出一些努力，尤其是要构建出一套限制后果主义的标准，这些标准本身就是法律体系所蕴含的。唯有以尊重法教义学体系为前提，才能真正辨识与辩护一种有益于法律实践和法治的后果主义论证方法。

一言以蔽之，我们既要认真对待基于规则的教义性思维方法，又要充分认识到后果考量在司法裁判中的正确角色。可谓，没有教义学的后果主义是盲目的，而没有后果主义的教义学注定是空洞乏力的。

第五章

后果主义裁判的限制标准

本书前文已反复指出，后果主义裁判颠倒了"法的发现"与"裁判的证立"，以预测的可能后果作为思维的逻辑起点，通过后果的预测和评价来选择法律并形成裁判结论。前文对后果主义的基本概念、运行方式及面临的困境等问题进行了梳理。在司法裁判中，价值判断尽管并不总是后果导向的，但必须承认的是，在许多场合价值判断和后果导向思维密切相关。法律适用者对法律的解释和评价，通常和后果考量杂糅在一起。考虑到后果主义自身的复杂性，本章进一步区分几种不同版本的后果主义，并将讨论对象限定于温和的后果主义裁判思维。通过指出后果论思维背后暴露出的表面证立与虚假证立的问题，将目光转向如何对后果主义进行规范化改造，建构一套限制法官后果判断的标准，目前学界对于限制标准这一问题的讨论相对薄弱和欠缺，本章尝试从形式与实质两个层面构建限制的标准。

一、摆正后果主义在司法裁判中的位置

司法审判过程一般可解剖为事实认定和法律适用两个方面，法官在裁判事实的基础上形成争议案件的法律适用方案。这一

思维过程看似清晰、简单，事实上很多时候比我们想象的要复杂得多。当然，离开了案件事实，司法裁判不可能凭空进行，确定案件事实是司法审判的逻辑起点。所以，正常的司法活动通常依循的逻辑是：锁定并确定案件事实、寻找与案件事实相关的法律、运用法律方法实现案件事实与法律规范的对应、得出案件的裁判结论。这是一种常规的着眼于法律规范的思维方式，与学界所倡导的法教义学思维模式是基本一致的。

实践中，还可能存在一种与之相对的思维模式，其基本图景是这样的：通过对案件事实的初步把握，考虑到判决在事实上可能产生的影响，法官内心先有一个预判结果（pre-judgement），继而寻找能够推导出该结果的法律，如有必要会对案件事实做进一步的解释，最后运用教义推理的方式再次证成该结论（果）。这种做法倒果为因，实际上将常规法律的发现与裁判的证成二者的顺序颠倒了一下。[1] 这以所想要达到的可能后果作为思维起点，之后所进行的法律发现、法律解释乃至法律适用均是围绕该结果展开的。

实践中后果主义导向的法律思维纷繁复杂，在不同的场合和语境下有不同的表现形式。这里只关注法官适用法律的后果导向思维，基本上与后果导向的司法推理、后果导向的法律论证以及后果导向的法律解释同义。按照观点的强弱程度，前文曾提出过强弱二元的划分，此处笔者将后果主义进一步区分出三种不同的类别：

---

[1] 有学者将这两部分活动分别称为"发现的过程"（process of discovery）与"证明的过程"（process of justification）。具体讨论，参见［美］理查德·瓦瑟斯特罗姆：《法官如何裁判》，孙海波译，中国法制出版社2016年版，第38~39页。

类型一：极强版本的后果主义思维。

这种观点，奉行"后果至上"，后果可决定一切。在司法裁判过程中，后果能够压倒任何其他因素，在根本上决定和支配司法过程，法律并不是司法裁判的构成要素，法官可任意超越法律。这种观点过于极端，否定法律对司法裁判的拘束，歪曲了司法活动的真实面目，不足为取。

类型二：极弱版本的后果主义思维。

与极强版本的立场相对应，法官仍然将适用法律作为自己活动的主要内容。在个案裁判中，法官会考虑法律规范所蕴含的后果，尤其是法律存在一定弹性空间的情况下，在裁量空间内选择一种法律适用方案。[1] 这一类型的后果主义，是一种规范后果主义，完全能够被法教义学所容纳，因而不是重点检讨的对象。

类型三：较强版本的后果主义思维。

在上述两个极端之间有一种较强的立场，主张法官固然不能直接放弃适用法律，但在有必要之时，通常出现于复杂、疑难案件场合，应当以追求社会效果作为导向，把法律适用在事实上可能产生的一般性后果影响作为评价、解释、选择和适用法律的重要诱因，寻求一种在结果上得到最佳证立的判决。

第三种版本在实务和理论上均能找到较多的对应。整体上看，社会科学取向的法律理论，在裁判立场上趋于支持较强版本的后果主义。美国的法律现实主义、法律实用主义以及时至今日依然活跃的法律经济分析，特别热衷于以后果调控法律适

---

[1] See Aharon Barak, *Judicial Discretion*, translated from the Hebrew by Yadin Kaufmann, Yale University Press, 1989, p. 7.

用。波斯纳曾质疑过遵循先例及类比推理，认为法官使用它们更多是个幌子或修辞，背后实质是在作"政策分析"（policy analysis）。[1] 我国社科法学阵营的学者，更是在不同场合表达了这种想法。比如，苏力指出，"不要过多关心语词的逻辑结论或推理（当代中国法律人所谓的'法律后果'），而是要关心语词在社会实践中的实在后果（当下中国人称其为'社会后果'和'政治后果'）"[2]。侯猛表达了类似的观点，法律适用时法官遵循先找后果再找法条解释的逻辑，"司法裁判不仅需要后果判断，而且需要社会科学上的后果判断，以更好回应社会变化"[3]。如无特别说明，本章所检讨的较强版本的后果主义，主要是指社科法学进路的后果考量理论。必须指出的是，这里的分类与本书第三、四章的分类虽有关联，但并不是对应的关系，分类的标准有所不同。

反观实践层面，我国长期奉行"法律效果与社会效果相统一"的司法政策，人民法院重视办案效果，司法走群众路线，让人民群众在每一个案件中都能感受到公平正义。在复杂疑难案件或有重大社会影响的案件中，社会效果的考量会变得更加迫切、重要，甚至出现以社会效果统一法律效果的现象。曾有论者将后果主义当作是能动司法的一种表现形式，[4] 新近我们也看到最高人民法院重新倡导能动司法（能动履职），要求法官

---

[1] See Richard A. Posner, "Reasoning by Analogy", *Cornell Law Review*, Vol. 91, No. 3 (Mar., 2006), pp. 764-768.

[2] 苏力：《法律人思维?》，载《北大法律评论》编辑委员会编：《北大法律评论》（第14卷·第2辑），北京大学出版社2013年版，第432页。

[3] 侯猛：《司法中的社会科学判断》，载《中国法学》2015年第6期。

[4] See Keenan D. Kmiec, "The Origin and Current Meanings of 'Judicial Activism'", *California Law Review*, Vol. 92, No. 5 (Oct., 2004), pp. 1475-1476.

积极主动回应社会需求。这无疑为后果主义裁判思维在审判实践中开辟了广阔的空间,法官动辄高举能动司法大旗,较为肆无忌惮地追求裁判的社会效果。

在法学方法论体系,或者法律人思维体系中,我们应该如何安置后果主义裁判思维?这涉及对后果主义裁判自身属性的认识。它与传统的法律方法是什么关系?后果主义推理思维是不是一种全新的推理方式?换言之,这种裁判思维是否可以独立运作,不依赖其他方法就足以帮助法官解决问题?

本书前文对这一问题做出过回答,答案是消极的。后果主义常常与其他法律方法交织在一起。至少在我国的司法理论中,较少有学者公开为一种独立的后果主义论证方法进行辩护。在德国法理论中,确实有后果取向的法律论证理论,但仍然是受到法教义学框架的束缚,很难说是一种独立的论证方法。学界时常将后果主义的讨论纳入到法律解释或法律推理之下进行讨论,[1]也有论者认为后果主义裁判思维与原则论证有交集,比如,由于原则的适用方式依靠权衡,二者都会涉及对后果的考量,[2]还有论者认为应区分这二者,它们运作的机理和方法有很大不同。[3]这些观点都倾向于否认后果主义能够自成一体,

---

[1] 杨知文教授的不少讨论聚焦于后果主义的法律解释,参见杨知文:《后果取向法律解释的运用及其方法》,载《法制与社会发展》2016年第3期。王彬教授则是将后果主义思维与法律推理结合在一起讨论,参见王彬:《司法裁决中的"顺推法"与"逆推法"》,载《法制与社会发展》2014年第1期。

[2] See Flavia Carbonell, "Reasoning by Consequences: Applying Different Argumentation Structures to the Analysis of Consequentialist Reasoning in Judicial Decisions", *Cogency*, Vol.3, No.2 (Sum., 2011), pp.90-91.

[3] See Jerzy Wróblewski, "Justification through Principles and Justification through Consequences", in Farrali and Pattaro eds., *Reason in Law*, Giuffrè, 1984, p.156.

其作用的发挥仍然依赖于既有的法律方法。在与不同的法律方法捆绑在一起时,后果主义的作用是共通的,都旨在以后果考量影响法律的选择、解释与适用。

为此,本章也是在这一脉络背景下理解和讨论后果主义思维。既不否认后果主义的功能,同时又不过分夸大其实践用途。审视法官在运用后果主义思维时,可能存在的问题或带来的各种风险。在反思批判的基础上,为了规范地发挥后果主义的应有功能,需要限制后果主义思维的滥用,这就需要我们建构出若干形式或实质的标准,共同约束法官在运用后果论思维时的恣意。

二、后果论思维的表面证立与虚假证立

与常规的正向适用法规范的裁判思维不同,后果论思维虽然并不会直接否定对法规范的适用,但它的关注焦点主要是裁判的社会后果或事实影响,而不是法律规范本身,在这一点上他们多少有点怀疑论的立场,"采取怀疑主义的科学态度,对一切可能存在问题的法律条文保持警惕"[1]。这里潜藏着一个有意思的现象,后果论者可能"口是心非",他们不太可能公开否定法律对案件的决定作用,这在形式上关乎司法裁判的合法性。但同时,他们内心又持有一种或强或弱的法律怀疑论,想从实质上以后果而非法规范本身主导裁判过程。如此一来,司法裁判过程就会出现"表里不一"的现象。

后果论者形式上仍然会支持法教义学及从法规范出发的形

---

[1] 侯猛:《社科法学的传统与挑战》,载《法商研究》2014年第5期。

式推理,这样可以确保裁判避免遭受合法性质疑。这也是为什么,很多运用了后果论思维的法官并不言明自己是从后果出发推导判决的,相反而是尽可能通过法律来伪装或掩饰自己从事了后果判断的活动。可以说,很少有法官会公开坦诚自己从事了后果判断。所以,运用了后果论裁判思维的法官,会借助于一定的司法修辞手段来尽量掩盖这一事实,让外人以为判决结果就是从法律中推导出来的。

从苏力的论断中,我们大概可以看到这种观点的影子,他强调这个社会更加注重后果和后果判断,传统的教义学及法律文本主义所起到的实际上是一种包装作用,通过暗度陈仓的方式将一些法律背后的判断或超越法律的后果判断隐藏起来。[1]后果论的这种实践操作技法,同它在某种程度上会侵蚀依法裁判相关。依法裁判是对法官所施加的一种原则性要求,除非法官通过论证证明坚持依法裁判会导致个案正义落空,并且为了实现正义迫不得已必须对现有法律作出变通或矫正,否则要严守受法律拘束的基本教义。单纯地考量后果,甚至过度地推崇后果考量,结果容易导致法官实质上放弃法律规范对个案裁判的决定作用,以对后果的考量来支配案件的裁判过程,虽然形式上仍然会用教义推理来掩饰,但实质上法律规范被架空或搁置。陈金钊教授用了"规范隐退",来表达追求社会效果对依法裁判造成的冲击,认为"作为规范和程序的'法律'被隐身,法律效果被社会效果所取代,法制统一原则成为泡影"[2]。因此,

---

〔1〕 参见苏力:《法律人思维?》,载《北大法律评论》编辑委员会编:《北大法律评论》(第14卷·第2辑),北京大学出版社2013年版,第431页。

〔2〕 陈金钊:《法律人思维中的规范隐退》,载《中国法学》2012年第1期。

第五章 后果主义裁判的限制标准

我们应学会辨识，哪些是真正的依法裁判，哪些是为了掩饰后果考量包装修饰之后的依法裁判。

从裁判证成角度来看，后果论思维运行的独特行动逻辑背后折射出了两种不规范的做法：表面证立与虚假证立。很显然，正常的裁判证立，它要求法官将深层次、重要的裁判理由和根据展示出来，而并非只做表面工作，仅将一些浅层次、无关紧要的理由在裁判中表现出来。同样地，司法裁判或法律论证还应坚持"真诚性"标准，哪些因素或理由决定了案件的最终结果，裁判者就应如实将这些决定性因素或理由客观地揭示出来，以保障当事人或社会公众的知情权。

首先来看表面证立。

法律论证按照证立的程度，区分为表面证立与深度证立。表面证立仅揭示一些浅层次的理由，并没有将裁判的完整思维和论证过程呈现出来。在我国，长期以来裁判不说理一直被理论界所诟病。从我们经常接触的裁判文书中看到，裁判要么几乎不说理，只展示事实、相关法律规定，直接运用演绎推理推导出裁判结论。裁判要么简单说理，并不具体展开裁判理由是如何决定裁判结论的，也就是说并不深挖判决理由。如此一来，让人感觉到裁判理由与裁判结论并未充分衔接起来。

表面证立背后的成因是复杂的，或许裁判者不知道如何将深层次理由挖掘出来，担心自己在表述时会出现错误。或许裁判者出于各种目的，有意将深层次理由遮盖起来，避免被外界所察知。就本章所关注的后果主义裁判思维而言，案件结果从一开始就有了预判，法官通过对各种未来后果的考量，有选择性地检索和适用法律，这个过程中后果性因素是实质上决定案件的真正、深层次理由，裁判文书中所直观反映的依据法律的推理，通常仅起到在形式上证成最终裁判结论的作用。

后果导向裁判思维在很多场合，将思维的触角伸展到了法外领地，诉诸了政治、政策、经济等后果性因素，为了打消人们对判决合法性的质疑，它必然会迎合一种表面证立工作。为此，从一种规范的立场来看，法律论证应尽可能追求深度证立，无论案件论证的复杂程度有多高，裁判者都有义务提高论证的梯度和强度。一般而言，简单案件中，法官对规则的直接涵摄或演绎适用，本身就完成了深度证立。然而，在疑难案件中，法律论证形式是复杂的，这里时常涉及对法律本身的二次证成，亦即需要解释在个案中法律是什么，甚至在必要之时借助法律方法续造法规范。所以，疑难案件的法律论证可以归纳为"解释+演绎"的形式，这里的"解释"可看作是深度证立的核心所在。

紧接着来看"虚假证立"。

司法推理或法律论证，在法伦理层面有一个重要的要求，体现为"忠诚性"。直观来看，就是要坦率、真诚或讲究诚信，不得弄虚作假。如果法官在判决书中表面说的是一回事，而私底下在形成及证成裁判结果时做的是另一回事，这就出现了"表里不一"的现象。也就是说，真正决定案件结论的理由（真实理由）与裁判者展示给人们的理由（显现理由）并不一致。

虚假证立从根本上违背了司法忠诚的要求。在法律论证理论中，真诚性或忠诚性是裁判得以理性化证立的基本要求。德国法学家阿列克西将真诚性看作是普遍实践论辩的重要规则之一，其内容体现为"任何一个言谈者只许主张其本人所相信的东西"[1]。在论证过程中，如果论证者使用了虚假的证据、论述或其他材料，使得所要证立的结论建立在非真实性材料的基础上，最终难以站得住脚。

前文介绍了不同版本的后果主义，极强版本的后果主义奉行后果至上、后果决定一切，为了追求特定的后果，甚至可以完全摆脱法规范的拘束，这种极端的立场不符合现代法治理念，会走向依法裁判的对立面。哪怕现实生活中真的存在秉持这种立场的法官，他也不太可能宣称法规范对待决个案无足轻重，只需要依靠对相关后果的把握和预测，便足以证成裁判结论。这么做，无疑是玩火自焚，他首先会遭到违背依法裁判的攻击，将裁判完全建立在后果论据上，也与法治（尤其是形式法治）背道而驰。

对于温和版本的后果主义，也是如此。以想要追求的后果作为诱因或驱动，制约法律的选择和适用。如果某个法律不足以推导出他们想要的结论，便会果断放弃对该法律的诉诸，转而寻找其他能够支撑该结论的法律。同样地，如果可供选择适用的法律是固定的或者单一的，那么他们就会更加倾向于在规范之下的多个解释方案之间作出选择，能够推导出最初预设后果的解释方案最终胜出。对于后果的过分倚重，有时难免会影响法律规范性效力的正当发挥。

无论是哪种形式的后果主义，它们虽然实质上是以后果作为思考或推理的逻辑起点，后果在根本上决定法律适用方案和方向，但在形式上仍然要将思维活动装扮成"基于法律规范的

---

[1] [德]罗伯特·阿列克西：《法律论证理论——作为法律证立理论的理性论辩理论》，舒国滢译，中国法制出版社2002年版，第234页。

教义推理"。换句话说,他们虽然是基于后果考量作出的裁判,但出于对"法官应依法裁判"这一原则性要求的尊重,借助于司法修辞或修饰的手段,将后果考量的过程遮蔽起来,而只向当事人或社会公众展示该判决结论如何基于既有法律规范得到证立。这种"表里不一",就是典型的虚假证立。

除了后果主义的论证之外,法官有时候会基于自己的主观判断、预感、直觉甚至偏见作出裁判,在法律现实主义那里我们可以了解到更多。为了避免给自己带来麻烦,他们必须把判决装饰为"依法推理"或"依法裁判"。司法诚信反对虚假证立,就后果主义而言,它要求法官要尽可能客观地揭示后果预测、后果评价、后果选择、法律适用以及后果证立的整个活动内容。后果取向的思维不能架空法律,"方法诚实的要求,不可误解为放弃取向于法律的论证。即使在法官主要追求的不是符合法律,而是符合实际之裁判的时候,他的裁判和论证都受法律之规范性指示的拘束"[1]。从这个角度看,后果主义即便抛弃虚假证立,遵循诚信裁判或司法忠诚的要求,将影响甚至决定判决的重要性后果要素揭示出来,并不会必然遭受背离依法裁判的诘难。

三、后果导向思维的形式限制标准

以后果为导向的裁判思维,尚无较为成熟的方法论体系,在实践中的运用较为混乱。而且,针对这一裁判思维,也缺乏相应的、严格的限制标准,实践主体对这一思维的运用较为随

---

[1] [德]乌尔弗里德·诺伊曼:《法律论证学》,张青波译,法律出版社2014年版,第6页。

第五章 后果主义裁判的限制标准

意，展现出了较为严重的越法倾向。放任这种裁判思维，最终结果必然会背离依法裁判，走向依法裁判对立面，严重危及以规则之治为基础的形式法治。正是考虑到这一点，本章尝试勾勒出后果导向思维的限制体系。

本书第四章简要讨论过后果的评价标准，提到过一般法律原则、融贯性、正义等标准。本章延续前文思路，对这些标准做更进一步的展开和阐释。具体来说，本章将从形式与实质两个层面建构标准，使之成为一个完整的限制体系。二者虽然侧重不同，但最终目的均是要约束后果裁判思维的误用和滥用。

温和版本的后果主义，仍然可以进一步作细致划分。按照其对既有规范的尊重或偏离程度，可分为执行规则的后果主义与续造规则的后果主义。一个是适用法律，另一个是续造法律，二者的界限在于突破何种边界就进入法律续造。这里仍然可以回归到一个经典的方法论问题，即法律解释与法律续造的界限。按照拉伦茨的说法，狭义的法律解释以"可能的文义"为边界，在法律语词"可能的文义"范围内所进行的活动均为解释。超出"可能的文义"但仍在规范的目的射程之内，是制定法内在的法续造，这仍属于广义的法律解释的范畴。然而，一旦越出了规范目的，但仍在整体法秩序的框架和主导原则范围内，则属于超越制定法的法续造。[1] 由此可见，如果后果的考量并未突破规范目的，则是执行规则的后果主义；反之，一旦后果考量在实质上逾越了规范目的，并且在实质上仍符合整体法秩序的框架和主要性原则的要求，则属于超越制定法的法续造。还

---

[1] 参见［德］卡尔·拉伦茨：《法学方法论》（全本·第6版），黄家镇译，商务印书馆2020年版，第460~461页。

有一种情况，如果逾越规范目的的后果考量，根本上背离整体法秩序及主导性原则，则是一种地地道道的法外裁判形式。

在讨论对后果主义的限制时，我们并不是绝对排斥后果主义在司法裁判过程中的运用，只是尽可能限制后果主义的越法倾向，使其在既有的法律框架内规范地发挥其应有的作用。在讨论基于经济学的司法论证时，克莱默指出，"只要经济学论证与现行法的基本价值判断相容，法外的考量也应该被纳入"，"相对于传统上想象的法基本评价的宣言、大部分是模糊不清的'事物本质'或法律适用者很难理解的公正考量，在裁判论证中引入经济学观点，在很多案件中经常会促进理性的进步"[1]。从形式的角度来思考，对后果主义的限制的根据主要是形式法治。

与实质法治不同，形式法治重点强调对形式性规则的遵守与服从，比如法律具有一般性、法律要清晰明确、法律不能溯及既往、官方的行为要与法律保持一致等，富勒、菲尼斯、拉兹关于法治原则要义的陈述，就代表了典型的形式法治观。[2] 形式法治对后果主义的限制，主要表现为形式程序与法教义学两个层面，以下围绕这两点适度展开分析，窥视后果主义在形式上的约束标准。

首先，是形式性程序。

程序意味着事先设定一套行为的方式、手段和步骤，约束

---

[1] [奥] 恩斯特·A. 克莱默：《法律方法论》，周万里译，法律出版社 2019 年版，第 236 页、第 239~240 页。

[2] 参见 [美] 富勒：《法律的道德性》，郑戈译，商务印书馆 2005 年版，第 55~96 页；[美] 约翰·菲尼斯：《自然法与自然权利》，董娇娇、杨奕、梁晓晖译，中国政法大学出版社 2005 年版，第 84~103 页；See Joseph Raz, "The Law's Own Virtue", *Oxford Journal of Legal Studies*, Vol. 39, No. 1 (2019), pp. 1-15.

第五章　后果主义裁判的限制标准

行动者行为的恣意,将其限定在特定程序框架内。在现代法治社会,实体或结果正义固然重要,但是程序正义也越来越重要。因而,一般来说,只要司法决策者依照既定的程序来解决问题,那么这个裁决方案在一定程度上就具有客观性,当然是一种相对较弱的客观,我们称之为"程序客观性"。

就后果主义论证而言,同样需要依循特定程序。按照一些学者的介绍,后果主义要遵守若干程序或步骤,包括:其一,确定后果裁判方法适用的领域,防止逾越法律拘束;其二,通过效果和成本两种范畴,探明裁判的效果,调查可能发生的重要后果;其三,预测这些重要后果发生的概率或可能性;其四,选择合适的评价标准,对预测到的可能后果进行评价;其五,选择最符合评价标准的判决选项。[1] 以上这些程序,也完整地描述了后果主义裁判思维运作的整体过程。

除了这种全景性的程序步骤限制外,应特别注意一些细节性的程序性限制。比如,法官所考虑的后果是法律之外的社会事实后果,这种后果的一个重要属性在于具有一般性,能够超越个案对未来类似案件产生影响,如果法官预测到的后果仅仅是一种个别后果、眼前后果或局部后果,显然不是合格的后果备选项。所以,"一般性"构成了检验后果的一个重要的形式或程序标准。

又比如,法官如欲使用后果主义方法,需要遵循前提论证程序。一如前文所强调的,后果主义方法的启用并不是任意的,裁判者需要作前提性论证。具体论证负担随后果主义的类型而

---

〔1〕 参见张青波:《理性实践法律:当代德国的法之适用理论》,法律出版社2012年版,第266页。

有所不同。适用或执行规则的后果主义，需在常规的法律方法，比如一般的法律解释方法，不足以解决法律适用难题时，可考虑转而诉诸后果主义方法。相比之下，续造规则的后果主义，则要求裁判者承担更严格的论证责任。续造规则的后果主义已进入造法领域，需特别的谨慎，"类推、目的性扩张、目的性限缩、原则裁判等是常规的法律续造方法，而考虑到后果主义具有更强的越法倾向，故而处于法律续造方法体系中最边缘的位置。也就是说，在有法律续造的现实之需时，后果主义往往是一种迫不得已的'最后手段'"[1]。一旦裁判者漠视前提论证程序，就很有可能会滥用这种方法。

其次，是法教义学之"依法裁判"的拘束。

法教义学强调从规范本身出发思考法律问题，它特别重视法律对裁判者的拘束，其"教义性"体现为法律适用者要尊重而不能直接否定法律的有效性，在此前提下通过解释或体系化方法，为疑难个案寻求正当的解决方案。可见，从裁判立场的视角看，法教义学要求法官尽可能依法裁判。如前所述，法教义学与后果主义裁判思维的区别不在于是否考虑后果，而在于它们所考虑的后果本身不同，后果在司法裁判中出场的时间及其扮演的角色也有很大差异。

从规范的立场审视，无论任何性质的裁判理论，最终都要接受一个根本性的限制，那就是依法裁判。可以说，司法裁判的根本属性是"合乎法律性"（legality），判决结论要从既定的法体系中寻找根据。至于裁判为何要受法律的拘束，原因是多

---

[1] 孙海波：《后果导向裁判思维的方法论反思》，载《学术界》2023年第8期。

方面的。[1]比如，这是法律安定性的要求。又比如，这是形式法治原则在司法领域中的投射，法官要尽可能遵守先在的规则，哪怕为了追求个案正义要背离法体系，也要承担十分严苛的论证责任。再比如，法官独特的制度性角色，内在地要求它要在法体系内部开展工作。故而，对于后果主义裁判立场而言，也同样应接受依法裁判的拘束。

我们看到，在实践中后果主义遭到了很多批评，其中也突显了后果主义自身存在的局限。但我们并不能因此否认这种思维方法的重要意义，它在解决特定复杂疑难案件方面发挥着举足轻重的作用。因此，我们不能简单地反对或抨击后果主义裁判思维，而是设法让其在规范框架体系内运作，让规范思考与后果考量能够有机地兼容起来。换句话说，对后果主义进行法教义学的改造，即便在既有的法律框架体系内考量法律之外的社会事实后果，并不必然与法教义学产生冲突。

除了极端的后果主义对法律规范采取一种根本或彻底的怀疑主义态度，温和的后果论仍然承认既有法律是司法裁判的基础或根据，至少不会公开、直接地挑战依法裁判的基本原则。有了这一基础，法教义学与后果主义思维展开合作便具备了前提和可能。我国司法长期以来有重视社会效果的传统，最高司法机关奉行"政治效果、社会效果与法律效果相统一"的司法政策，其要求法官兼顾政治和社会效果、避免机械裁判的初衷是好的，但实践中这一政策被异化了，结果导致政治和社会效果肆意地凌驾于法律效果之上，"法律规范被正义、政治、社会

---

[1] 对于"依法裁判"的系统性讨论，参见 Charles L. Black Jr., *Decision Accordingto Law*, W. W. Norton & Company, 1981.

情势、社会本质、政党政策等代替,法律成了随时可以被超越的规范,成了没有权威的文本;规范性的法律失去了规范作用,成了在主体自主选择下被瓦解、解构的对象"[1]。当法官过度超越法律的边界寻找裁判根据时,很有可能会背离依法裁判的立场,最终使得裁判沦为"非法律性裁判"。

在麦考密克关于后果主义推理的理论中,有两点和我们此处的讨论有关:一方面,后果论证实际上是一种二阶证成,演绎推理是一阶证成,唯有当后者出问题或不充分时,后果论证发挥补充作用。如一些学者所言,"后果论证实际上通过对裁判后果的考量来证立个案的裁判规则,并依此作为判决推理的大前提来涵摄案件事实,从而完成一致性的逻辑推论。因此,后果证论是对形式论证的补充和支持而绝非替代,它只是证立推理大前提的'外部证成'"[2]。这其实也隐含了后果主义思维并不具有独立的方法论属性,它最终仍然需要某种程度地依赖演绎推理,如此一来就能够确保裁判的"合乎法律性"。另一方面,即便对后果的考量会影响法律规范的内涵阐释,仍应遵守和符合一般性宪法原则。[3]即便当既有规范存在缺陷或不足,需要法官借助于后果论思维加以填补或矫正时,仍应以一般性法律原则尤其是宪法原则,对后果论论据以及这种思维活动本身加以限制,从而防止其向法体系之外逃逸。可以说,从法律原则或宪法原则构筑限制标准,能够确保后果论思维在既有规

---

[1] 陈金钊:《法律人思维中的规范隐退》,载《中国法学》2012年第1期。
[2] 王彬:《司法裁决中的后果论思维》,载《法律科学(西北政法大学学报)》2019年第6期。
[3] 参见[英]尼尔·麦考密克:《法律推理与法律理论》,姜峰译,法律出版社2005年版,第203页。

范框架体系内运作。

因此,就形式限制标准而言,无论是形式性程序,还是形式法治的"依法拘束",都对后果主义越法的冲动加以牵制。依法裁判与法外裁判是根本对立的,我们要警惕法官打着追求社会效果或个案正义的名义,实质上通过考量后果无视法律的规定,这种做法是不可取的。法官应当在法律之内考量后果,"在司法过程中寻求社会效果应该主要通过法律来实现,只有在特殊的情况下,在一定的范围之内,在规则和程序的导向下才可以变通适用法律"[1]。在现代民主法治国家,法官的活动很大程度上受到规则的约束。[2] 背离法律规则,一味地考量所谓社会效果,司法裁判将会变得不确定,人们对于法律的稳定预期必将被打破,与之伴随的是法律适用的不统一和混乱。

四、后果导向思维的实质限制标准

形式与实质标准共同构成了一个完整的限制体系。形式标准,侧重于法律形式体系的拘束,考量后果所进行的法律思考(包括法律解释、法律推理以及法律论证),应当将裁判结论建立在法律性的根据之上。它解决了后果主义思维应遵循法律的问题,即满足规范拘束的要求。实质标准聚焦于个案正义,后果考量的思维过程及其结果应当具有合理性(reasonableness)。合理性是一个极为重要的实质性标准,但它有一定的模糊性。

---

[1] 江必新:《在法律之内寻求社会效果》,载《中国法学》2009 年第 3 期。
[2] See Péter Cserne, "Policy Arguments before Courts: Identifying and Evaluating Consequence-Based Judicial Reasoning", *Humanitas Journal of European Studies*, Vol. 3 (2009), p. 13.

整体来看，它指向了后果主义裁判应客观、公正，符合法律的基本价值、原则以及精神，后果主义思维能够比较好地证立法律判决。

在某种意义上，形式与实质标准，与德沃金整全法理论下司法裁判的两个维度较为接近，即"符合"（fit）与"证立"（justification）。符合讲的是对法律的解释应当尽可能与过去的政治决定（立法）保持一致，而证立强调的是透过价值论证和解释，最佳地在实践中呈现法律自身的目标。[1] 裁判者在实践中应规范地运用后果主义思维，既要确保裁判结论有合法性的根据，同时又要落实个案正义的要求。在疑难案件的裁判中，较好地兼顾这二者并非易事。

合理性在中文语境中最直白的含义是"合情合理"，情理显然是一种一般性的道德判断，是社会中普通大众的道德判断，符合公众的常识、常情常理、同理心、正义感、公正直觉和基本法理。齐佩利乌斯使用了"多数人公认的正义观念"，[2] 这种正义观念可能既有制度性支撑，比如很多一般性的正义观念已被实在化为法律（伦理）原则或法律规范，又有可能停留在一般道德价值的层面或形态。

近年来学界热议"法理"，甚至一些国家或地区的成文立法中也使用了这一术语。其内涵包含多个层次：法之道理和"是"理、法之原理、法之条理、法之公理、法之原则、法之美德、法

---

[1] 参见［美］罗纳德·德沃金：《法律帝国》，李冠宜译，时英出版社2002年版，第55页。

[2] 参见［德］齐佩利乌斯：《法学方法论》，金振豹译，法律出版社2009年版，第82~84页。

第五章　后果主义裁判的限制标准

之价值等。[1]可见，法理所包含的内容十分丰富。如果说，裁判者运用后果主义思维所追求的裁判结果，明显违背了法理，即便合乎法律，也仍然在实质层面上是站不住脚的。

上文已多次强调，后果主义裁判思维的运用一定与疑难案件的出现有关。在简单案件中，后果主义裁判思维无任何用武之地。疑难案件中法官有裁量的余地，可供法官选择的方案并不是唯一的。后果主义可以看作是司法裁量的一种形式，后果通常并不是单一的，法官在多种可能后果之间的预判与选择，这本身就是一种裁量形式。无论是限制司法裁量，还是规制后果主义，合理性都是一个十分重要的实质性限制标准。

在我们的法律实践中，合理性在很多时候被用来意指"道德可接受性"，即一个法律判断或司法判断在道德上是否能够得到证立。当人们质疑一些热点案件的裁判结论不符合情理或不合理时，想表达的大概就是道德上不合理的意思。相应地，在遵循法律整体框架的前提下，一个裁判结论越是在道德上能够被人们接受，我们就倾向于认为这个裁判越具有合理性。在讨论什么是好的法律解释标准时，佩策尼克指出，"道德可接受性的程度越高，解释就越好"[2]。值得注意的是，在法律上，衡量一个裁判结果是否具有道德可接受性，时常会诉诸公正或正义的标准。公正则意味着具有合理性，反之，不公正就代表某个裁判结果不具有合理性。

借鉴合理性的上述日常含义，本书对合理性的界定是，一

---

[1]　参见张文显：《法理：法理学的中心主题和法学的共同关注》，载《清华法学》2017年第4期。
[2]　[瑞典]亚历山大·佩策尼克：《论法律与理性》，陈曦译，中国政法大学出版社2015年版，第27页。

个行为或判断在道德上能够被接受,或者得到一个社会中绝大多数人的正义观的认可。也可以说,符合社会公众正义直觉的事物,具有基本的合理性。设想,一个基于后果主义裁判思维所最终达至的结果,无论在结果上多么具有吸引力,比如,能够带来巨大的社会经济效益,或者产生十分重要的社会影响,如果它在道德上被认为不可接受,或者与社会公众的基本正义观直接冲突,那么这个后果主义的裁判思维及其结论便是有问题的。

有人可能会提出疑问,对后果主义的限制,到底限制的是后果本身,还是后果主义思维的结果?笔者认为,这里的限制应当是一个整体的、全面的限制。由于法官最初通过比较、权衡而选定的后果,与后果主义思维推导出的结果,其实基本上是一致的,只不过后者经过司法修辞、教义化之后,披上一层法律后果的外衣。对后果的限制,实际上也是对裁判结果的限制,这二者是一体两面的关系。依此角度而论,本章不具体区分对后果的限制与对后果主义裁判(结论)的限制。

在日常法律实践中,在评价某个裁判结论是否合理时,在很多时候正义是合理性的代名词。麦考密克在论及后果主义的限制时指出,"对于相关后果的评价,则依赖于'正义'和'常识'等标准进行"[1]。与其他一般性道德价值不同的是,正义虽然是道德价值,但它也是法律的基本价值,甚至是法律的最高价值。正义是法律的内在价值或目的性价值,具有相当的客观性,在一定时期、特定的环境或背景下,社会公众对何谓正

---

[1] [英]尼尔·麦考密克:《法律推理与法律理论》,姜峰译,法律出版社2005年版,第203页。

义能够达成基本的共识。在需要把正义作为价值评价标准时，我们首先应当将正义限定为"法律（之内）的正义"而非一般道德层面的抽象正义。比如，在法律解释和法律适用过程中，对于正义的考虑或援引，"仍应在'可能之语义'的界限内进行。此外，对正义问题的考虑还应与可认识到的法律目标相兼容，并且使待解释之规范不致与相同或更高位阶的规范发生逻辑上的冲突"〔1〕。对于正义标准的考量，优先以制度化的法伦理原则或法律规则为依据，只有当制度化的实在法规范阙如时，法官可退而求其次依赖抽象的法律正义价值，价值和原则毕竟是不同的事物，价值可以转化为原则，但价值本身不是原则。如有可能，法官不得随意以法律之外的伦理正义作为评价标准。

无论是形式标准，还是实质标准，本书都特别强调，限制标准应当是一种法律（性）标准，而不是一种法律之外的标准或非法律性标准。比如，在一些论者给出的限制清单中，很多标准都是法律之外的，并将这些标准概括为"既定法秩序外的根据"，清单中包括"道德与善良风俗、自然的（矫正）正义、政治正确、法律外的公共利益、社会稳定与需求、'常识'、公众意见和人们的可接受性"〔2〕。如果以法外要素作为评价标准，会带来什么问题呢？与法教义学不同，后果主义所考虑的是法律之外的社会事实后果，这种后果本身就溢出了法体系的范围，法外评价标准带来的直接问题就是没有办法对后果本身及后果主义思维过程进行合法性的调控。法外评价标准的另一个问题，

---

〔1〕 ［德］齐佩利乌斯：《法学方法论》，金振豹译，法律出版社2009年版，第82页。

〔2〕 杨知文：《基于后果评价的法律适用方法》，载《现代法学》2014年第4期。

在于许多标准取向于效率、效益,然而并非所有的法律问题都可以通过外在的效率、效益、福利来衡量,如克莱默指出的那样,"并不是所有的法律规则都基于经济(市场经济的)效率的考虑,并且也不应该仅以此为目标"[1]。退一步讲,即便非得诉诸法律之外的标准,也应对这些标准严加限制,充其量挑选其中与法律价值最接近的要素作为评价标准。

基于上述考量,笔者主张实质性限制标准不宜太过宽泛,否则就很难达到理想的限制效果。故而,实质限制标准应主要限定在作为整体的法秩序框架内。相应地,合理性不再单单停留在一般道德层面。从法律立场来看,对后果主义施加限制的合理性,体现为在法律上能够得到充分的证立,或者在法律上能够给出充分的根据或理由。接下来,我们主要谈两个方面:

一方面,后果主义论证要具有合乎法律正义的融贯性。融贯性与一致性的接近之处,在于它也强调形式的一致性,比如,裁判结论要符合法律规定,与法律规定保持一致。融贯性还包含比一致性更深层的含义,它体现为各种价值与理由之间的相互支撑状态,支撑性理由越多、支持链条越长、支持链条之间的关系越紧密,融贯性的程度就越高。[2] 融贯本身是个实质性的概念,以上两个层面均具有不同程度的实质意义。

麦考密克主要在第一层次的含义上使用融贯性,并将其作为后果主义裁判的限制标准,"对于判决中的正义原则——对同样的情形同样对待来说,前瞻性是一个必要的考虑因素,通过

---

[1] [奥] 恩斯特·A. 克莱默:《法律方法论》,周万里译,法律出版社 2019 年版,第 238 页。

[2] 参见 [瑞典] 亚历山大·佩策尼克:《论法律与理性》,陈曦译,中国政法大学出版社 2015 年版,第 149~153 页。

引用案例，我们已有足够的理由来重申，后果主义论辩对这一因素来说实属必要，因为对待当下案件的方式，也会成为将来对待同样案件的理由"[1]。这个意义上的融贯性，实际上指向了"类似案件应类似处理"的正义原则。这种原则虽然时常被人们尊奉为形式正义，但它仍然具有实质性的内容和规范性的力量，无论是"案件的类似性"还是"处理结果的类似性"，都不只涉及形式判断，还涉及实质性的判断。基于此考虑，笔者将这一要素放在实质性标准范畴里加以讨论。

后果主义裁判思维中，法官所考量的后果或者判决的社会事实影响，要具有超越个案的视野。换言之，要考虑到当下个案判决在未来类似案件中产生的影响。如前文所述，所考量的社会后果应具有一般性。如果只关心判决在当下个案中的结果或影响，这种合理性只是一种短视的或眼前的合理性。经由这种后果主义裁判思维所形成的结论，因不具有法律上的客观合理性，而难以得到充分的证立。相反，只有法官以整全性视角（"瞻前顾后"），把后果考量置于"类似案件应类似处理"的正义要求之下，对后果的选择、评价与考量，对后果主义裁判结论的检视，均要考虑这种判断能否在未来类似案件中得到连贯一致的贯彻。

另一方面，后果主义论证应与法律原则、法律价值、法秩序保持融贯。一个后果主义的裁判结果想要在法律上站得住脚，重点在于该结论能够获得实质理由的辩护和证立。并且，这些实质理由应尽可能从法律内部寻找，不宜过度依赖法律之外的

---

[1] [英] 尼尔·麦考密克：《法律推理与法律理论》，姜峰译，法律出版社2005年版，第147页。

福利性、效益等标准。经济后果也是一种价值,[1]但并不是法律性价值。既然裁判结果不能依靠法律外部的实质标准证立,那就要使后果主义裁判接受法律价值、法律原则以及作为整体的法秩序的评价。

在执行规则或适用规则的后果主义裁判场合下,由于法官突破法规范作出判决的概率很小。不同的可能性后果,可能代表不同的规范目的导向。法官在预测后果并以此为基础选择法律、形成裁判结论时,通常不会直接超越规范的目的,此时只要裁判结论在规范目的的层面上能够得到证立,这种后果主义裁判便具备了司法所追求的合理性。当然,这并不妨碍通过法律价值、法律原则以及整体法秩序对裁判后果作二次检验。如有必要,也可对裁判结论进行相应的调适或修正。

一旦踏入续造规则的后果主义裁判领域,融贯性检验的要求便会大大提高。因为续造规则已经触及司法造法,法官要承担严格的论证责任。此时,对后果的考量以及选择,不仅突破了"可能的文义",而且突破了规范的目的。在这种情形下,法官形式上比较容易背离法规范,会对既有法体系产生一定的损害。在选择对法体系损害最小的方案的前提下,同时让这种后果的选择及裁判结论的证立,不得抵触基本的法律价值和法律原则,也不得超出整体的法秩序框架。

最后,当我们再次回到合理性的标准时,仍应指出的是,

---

[1] See Fabrizio Esposito and Giovanni Tuzet, "Economic Consequences as Legal Values: A Legal Inferentialist Approach", in Péter Cserne, Magdalena Małecka eds., *Law and Economics as Interdisciplinary Exchange: Philosophical, Methodological and Historical Perspectives*, Routledge, 2019, pp.135-157.

合理性不是一个单一的概念实体,在基本合理与十分合理之间有很多空间。巴拉克提出了"合理性的区域"(zone of reasonableness)的概念,在此范围内,法官有很多合理的选择,其中每一个选择都是合理的。[1]这样一来,会导致一个难题,不同的后果选择,可能都是符合合理性的,或者说都具有不同程度的合理性,此时哪一种后果导向的裁判思维更具有可欲性,需要法官做通盘的价值考量和判断。

五、结论

后果主义导向的裁判方法在实践中具有重要的功用,能够协助法官解决疑难案件,甚至在个别场合还有续造法律之功效。这种方法的背后潜藏着表面证立与虚假证立的现象,将后果主义裁判的运作及论证过程人为遮蔽,不利于这种思维接受公开的监督和检验。为避免实践中人们对于它的滥用及误用,本章尝试建构一种融合形式评价标准与实质评价标准的限制体系。从形式上看,后果主义应尽可能与教义论证走向合作,坚持和维护司法的依法裁判立场。从实质上讲,后果主义则应以合理性为根本判别标准,既要考虑当下个案对未来类似案件产生的影响,又要使得后果主义的判断与法律原则、法律价值以及整体的法秩序保持一致。唯有受此限制,才能将后果主义置于一种规范性的框架之内,使法官能够游刃有余地穿梭于规范拘束与个案正义之间。

---

[1] See Aharon Barak, *Judicial Discretion*, translated from the Hebrew by Yadin Kaufmann, Yale University Press, 1987, pp. 115-117.

第六章

司法裁判中的道德判断

司法在解决纠纷的同时,往往还承载着一些诸如公共政策制定、道德风尚引导以及社会管理等职能。人类社会在某种意义上是一个道德共同体,司法推理不可能在道德真空之下进行,法官作为人而非神在适用法律的过程中势必会掺杂进某种道德考量。中国司法面临着更大的道德压力,这是因为司法在追求专业性和职业化的同时也强调人民性,需要不断对群众的道德关切进行回应,让群众在每一个案件中都能感受到公平正义,另外社会公众对司法的道德期许很高,这也变相地加大了人民法院的道德压力。[1] 如此一来,这导致判决结果稍有争议,就很容易触动公众早已紧绷的道德神经,进而引发全社会对于每个热点和影响性案件的激烈争辩。

司法与道德之间的紧张关系,在频繁映入公众眼帘的焦点案件中表现得十分明显。从早些年的南京彭宇案、天津许云鹤案、许霆案,到近些年的于欢辱母杀人案、内蒙古王力军收购玉米案、江歌案等,都已向我们充分表明如果法院不尊重社会公众的道德关切,那么所作出的判决将很难被公众接受,会丧

---

〔1〕 参见杜健荣:《司法的道德困境及其应对》,载《理论探索》2013年第2期。

失公众认同的道德基础。一个有意思的现象是，有时候我们高歌赞颂道德考量填补了价值空缺或增强了裁判的合理性，有时候我们又极力批判道德考量逾越了界限，由于根本上主导裁判而最终侵蚀了依法裁判的立场。这两种不同态度背后的法理是什么？司法推理可能是道德无涉的吗？如果不是，那么它在多大程度、以何种方式发挥作用？本章将尝试回答这些问题。

一、法律推理可以免于道德考量吗？

道德（哲学）对于法律推理而言是必要的吗？或者换句话说，我们的法官是否应当成为道德（哲学）家，将法律问题化约为道德问题，并运用道德推理和哲学思辨的方式来解决争议？在法律思想发展历程中，法律形式主义与法律现实主义也对该问题给出过互相对立的答案。法律形式主义主张法律推理的自足性，认为法官裁判是一个道德无涉的事业，非道德性（amorality of adjudication）因此成为其基本主张之一；[1] 相比之下，法律现实主义坚持一种法律与裁判之间的非决定论，内部又分野为"心理特性派"和"社会学派"两个阵营，其核心主张在于，法官行使着不受限制的自由裁量权，目的是要获得符合个人道德品质和价值的裁判结果，转而运用适当的法律规则和理由对结论进行事后的合理化。[2] 不得不说，这两种裁判观分别走了两个极端，一个完全排除道德考量，而另一个将道德考量推向极致，都因此不足为取。

---

[1] See Scott J. Shapiro, *Legality*, Harvard University Press, 2011, p. 242.
[2] See Brain Leiter, "Rethinking Legal Realism: Toward a Naturalized Jurisprudence", *Texas Law Review*, Vol. 76, No. 2 (Dec., 1997), p. 268.

该问题在一些有影响力的学者中也产生过激烈争辩,典型的比如德沃金与波斯纳之争。德沃金主张在司法裁判过程中,尤其是应对疑难案件的问题时,法官必然要回溯到政治道德原则,以寻求对裁判结果的最佳道德证立。他通过将道德哲学安置到司法裁判理论之中,从而达到辩护道德哲学有益于法官裁判实践的目的。[1] 波斯纳则持有相反立场,认为道德(哲学)丝毫无助于法律推理,并不是所有法律问题最终都可还原为道德问题,事实上很多时候人们争议的恰恰是事实问题,将本来就不确定和具体的道德概念和理论带入裁判过程,会加剧人们对于法律问题的分歧,最终使得判决变得更加的不确定和有争议。[2] 波斯纳坚持一种法律实用主义的立场,强调裁判对经验、社会后果、未来影响以及整体福利的考量,本质上是一种"去理论"或"消解理论"的倾向,如果非得将法律之外的理论带进来,那么道德理论可能是最糟糕、最无用的备选项,经济学、政治学、社会学等社会科学是相对更好的候选者。

法官到底要不要道德推理呢?有人可能会认为"法官根本不应进行道德推理。他们主张应以一种独立于自己价值和原则的方式发现法律,并将其适用到眼前案件中",[3] 但在理论上我们又有很多理由不能放弃道德考量,而且法官作为人无法彻底抹掉其道德品格和思维,大量的经验证据表明法官在裁判过

---

[1] See Ronald Dworkin, *Law's Empire*, Harvard University Press, 1986; Ronald Dworkin, "In Praise of Theory", *Arizona State Law Journal*, Vol. 29, No. 2 (Sum., 1997), pp. 353–376.

[2] 参见[美]理查德·A. 波斯纳:《道德和法律理论的疑问》,苏力译,中国政法大学出版社 2001 年版,第 106~214 页。

[3] Jeremy Waldron, "Judges as Moral Reasoners", *International Journal of Constitutional Law*, Vol. 7, No. 1 (Jan., 2009), p. 9.

程中会不可避免地进行道德推理。以上争论从深层次来看，所指向的其实是司法推理与道德推理的关系。如果说司法推理是道德推理的一个子类型，或者司法推理与道德推理之间存在交叉，那么道德推理在一定程度上会影响法律推理的性质及运作。反过来说，如果说司法推理与道德推理存在逻辑差异，二者无共同交集且互不影响，便可认为法律推理具有自主性。

这就将我们带向了如何理解法律推理的性质这个问题。一般而言，人们认为法律推理是运用法律理由正当化裁判结论的活动。在这一过程中，法官会如何看待和理解自身的角色。除了严格适用法律之外，是否还有其他更广阔的活动空间。有一种比较流行的观点认为，法官有义务严格执行法律，除了适用法律得出判决之外他似乎不能够再做更多。这种强义务论的立场，将法官的审判活动严格限定在适用法律的范围内，其理由来自多方面，比如立法机关拥有至上权威、法官通过宣誓负有守法的特殊义务、司法对立法具有从属性等，总之认为"法律就是法律"（It is the law!），这种刚性裁判观与实证主义在法概念中排斥道德因素是一脉相承的。[1]一旦坚持这种立场，法律渊源的范围就严格限定在既存法体系内，而不太可能允许法官搁置法律去考虑之外的其他理由。这势必会得出一个更进一步的结论，法律推理具有自主性或自足性，没能给法官从事任何形式的道德推理留下空间。

另外一种观点是温和的道德义务论，认为法官在道德上有义务从既有法律中推导结论，但当既有法律存在道德缺陷或无

---

[1] See Frederick Schauer, *The Force of Law*, Harvard University Press, 2015, pp. 14-15.

法可依时，法官严格执行法律的义务可被废止或凌驾，于此情形道德考量进入法律推理成为可能。这里应注意法律义务与道德义务的关系，法律义务会产生法律上的强制力，所施加的是一种不能随意摆脱的义务；道德义务产生的是一种弱意义上的约束力，所施加的义务容易被更强理由击败。可以说，维护法律的法律义务与道德义务是相互独立同时又有一定的关联，一如伯顿所指出的，"这两种义务拥有相同的内容，但却有不同的背景理由以及不同的道德强制力。它们也有不同的功能。如果法律要产生真正的行动理由，道德义务是至关重要的。法律通过提供道德义务的内容来做到这一点，赋予所有法官以惯例法衍生的道德力量"。[1] 严格贯彻法律义务论，在某些疑难或极端案件中容易滑向机械裁判，案件裁判结果虽然合法但却不合理，而道德义务论立场给法官灵活适用法律提供了宽松的空间。

流行观点主张法律推理的独特性在于它是以法律理由为基础的推理。拉兹对此提出质问："如果法律推理依赖于法律理由，那么道德理由还有用武之地吗？"[2] 为了回答这个问题，他将法律推理分为"关于法律的推理"（reasoning about law）与"根据法律的推理"（reasoning according to law）。前者是指有关法律是什么的推理，后者指的是有关法律争议应如何按照法律来解决的推理。[3] 迪克森认为上述两种关于法律推理的划分不

---

[1] Steven J. Burton, *Judging in Good Faith*, revised edition, Cambridge University Press, 1994, pp. 220-221.

[2] Joseph Raz, *Ethics in the Public Domain: Essays in the Morality of Law and Politics*, Oxford University Press, 1994, p. 326.

[3] See Joseph Raz, "On the Autonomy of Legal Reasoning", *Ratio Juris*, Vol. 6, Issue1 (Mar., 1993), p. 2.

甚清晰：关于法律的推理，要确认在个案中法律的正确内容是什么，法官拥有宽泛裁量权修改甚至填补法律不确定所带来的问题，如此一来势必可以考量非法律性的道德因素。根据法律的推理涉及的内容是法官应如何裁判案件，在一个不公正的法律体系中，法官除了考虑有问题的法律之外，还应考量其他方面的因素，以至能获得一个道德上可欲的公正判决。[1]无论以上何种推理形式，都不能完全将道德从法律推理中彻底排除。

其实完整的法律推理，应该是"关于法律的推理"与"根据法律的推理"的统一。法官首先要确定在个案中法律是什么，其次他要探求对个案来说何种判决结果是合理的或可欲的，法官应如何得出这样一个结论，需要提供哪些理由来加以证成。在这两个环节中，都有可能出现道德考量或道德推理的身影。

拉兹整体上认为法律推理并不具有完全的自主性，这种自主性的范围是有限的，只是一种局部自主性。法律推理在本质上不可避免会卷入道德因素，具体而言："①法律推理不仅仅是运用专业知识和专业技能；②通常情况下，法院有修正法律规则的自由裁量权，或者在适用中采取例外对待，在法院享有这种自由裁量权的地方，他们应当诉诸道德推理来决定是否以及如何用它。因此，法律专业知识、道德理解以及敏感性在法律推理中是完全交织在一起的。"[2]即便在其他一些辩护法律推理具有独特性的论者那里，也并未完全拒绝道德对司法裁判的进入。

---

[1] See Julie Dickson, "Interpretation and Coherence in Legal Reasoning", in E. N. Zalta eds., *The Stanford Encyclopedia of Philosophy*, (Jul., 2005), available at http://seop.illc.uva.nl/archives/win2007/entries/legal-reas-interpret/.

[2] Joseph Raz, "On the Autonomy of Legal Reasoning", *Ratio Juris*, Vol.6, Issue 1 (Mar., 1993), p.10.

比如，陈坤指出法律推理的独特性体现为长久司法实践经验中形塑的规则取向、概念取向与自治取向。这三种思维倾向看似虽然都与法律自身的特性密切相关，但并不意味着在法律推理中能完全将道德理由排除在外。假设在一些推理中，裁判的依据来源于法律之外的道德原则或理由，这并未从根本上改变法律推理的性质，仍然算得上是法律推理，因为法律推理的客观性与中立性并不要求一定排除诸如道德这种外在标准，而只是限制裁判者任意地援用非法律标准。[1]可见，一旦在理论上瓦解了法律推理的自主性命题，那么道德因素进入司法裁判的主张便能立得住了。

道德权衡必然会影响法律推理，只不过其作用方式不同于规则。法律规则是一种断然性或排他性理由，能够直接作为法源适用，直接在推理前提与裁判结论之间建立联系。而道德性因素是一种一阶理由，从法律推理形式合法性的角度来看，道德权衡无法直接作为裁判的根据。从法律推理的理由性质来看，陈景辉区分了"作为法律推理依据的理由"和"作为法律推理结果导向的理由"两类：前者充当裁判的依据，从根本上决定着法律推理的性质；后者并不直接影响裁判结果的性质，而只是对裁判结果的幅度或大小发挥引导性作用。[2]可以说，法律推理应同时兼顾形式与实质两个面向，形式面向聚焦形式合法性，着眼于以规则适用为基础的形式推理，而实质面向强调裁判结果的妥当性或可接受性，这就涉及对规则本身的正当性考察和对裁判结果的合理性考察。因此一个完整的法律推理过程，难免会涉

---

[1] 参见陈坤：《法律推理中的独特思维倾向及其可能的误区》，载《现代法学》2020年第1期。

[2] 参见陈景辉：《规则、道德衡量与法律推理》，载《法学研究》2008年第5期。

及道德权衡的内容,它是规则推理与道德权衡的统一体。

二、解决道德难题的两种进路比较

司法推理难免会依赖道德考量,这并不意味着法官在任何案件中都可以或应该进行道德推理。可以说,在绝大多数简单案件中,法律适用并不存在困难,依靠形式逻辑所推导出的结论能够同时满足依法裁判与个案正义两项要求。一般只有面对疑难案件时,尤其是在具有高度伦理争议的案件中,道德层面的考量才成为必要。张某计划将老母亲的房子骗到手,法官在处理这起母女间房屋买卖争议时,在判决书中引用儒家经典《孝经》——古语说"百善孝为先",本案中女儿张某的行为违背了孝道,且严重侵犯了母亲的合法权益。[1] 在某些特定情形下诉诸道德理由或道德考量,被证明是一种有效解决疑难案件的方式。

(一)解决道德议题的立法方案

考虑到实践中道德难题的纷繁复杂,那么化解这些难题的方式注定也是多样化的。除了司法方式之外,立法途径也不容忽视。我们知道虽然法理论家,尤其是法律实证主义者,可以在概念或逻辑上将法律与道德分开,主张法律就是法律、道德是道德,对于某个事物是否属于法律无需以任何方式援引道德。但是在实践中,从法律运转的经验来看,二者是"剪不断、理还乱"的关系,无法将它们非此即彼地切割开来。立法者需要处理的问题是,哪些道德权利和义务可以法律化,哪些仍然只

---

[1] 案件详情参见北京市东城区人民法院(2010)东民初字第 00948 号民事判决书。

能停留在道德的范畴。道德法律化指向的是立法的道德界限问题，这属于立法法理学的内容。[1] 比如，新兴权利讨论中哪些道德权利足够重要以至于能够被法律化从而转化为法律权利。又比如，立法者为了拯救社会道德风尚是否可将见危救助设定为一项普遍的法律义务？诸如此类的问题首先是道德问题，然后才可能成为立法争议的法律难题。

立法是否适宜于调整道德议题？在理论上有过不少争论，先来听听反对者的声音，这主要来自自由主义阵营，认为政府应该谨慎对待道德立法，如有可能尽量不插足道德争议问题，以免让自己陷入舆论旋涡，其观点和理由有多个方面：①在一个自由主义社会中，价值是多元的，且不存在一个贯通性的标准能够衡量诸价值，价值的内在异质性决定了立法者难以对诸种价值进行统一式的排序；[2] ②在涉及一些诸如宗教的问题上，不能强行道德立法，这可能会违背人们的良心或信仰自由；[3] ③引导公民向善首先不是立法追求的主要目标，道德是一种反思性的善（reflective good），唯有通过内在化的自省才能真正成为有德之人，片面通过立法强制公民践行某些道德要求，可能会滋生道德法律强制的风险。[4] 总体来看立法介入道德问

---

[1] 摩尔认为一种合理的立法理论包含三部分内容，立法追求的正当目标、道德上错误行为的法律意义及法律调整、立法的道德界限。See Michael Moore, *Placing Blame: A General Theory of the Criminal Law*, Oxford University Press, 1997, p. 639.

[2] 参见[美]威廉·A. 盖尔斯敦：《自由多元主义：政治理论与实践中的价值多元主义》，佟德志、庞金友译，江苏人民出版社 2005 年版，第 5~8 页。

[3] See Norman Geisler, Frank Turek, *Legislating Morality: Is It Wise? Is It Legal? Is It Possible?* Wipf and Stock Publishers, 2003, p. 8.

[4] See Robert P. George, *Making Men Moral: Civil Liberties and Public Morality*, Oxford University Press, 1995, pp. 25-26.

题须特别谨慎,唯有当某些不道德行为已明显伤害或冒犯了他人时,道德性立法才有必要。

道德立法的辩护者多来自至善主义的核心传统,它倡导人们向善、最大限度完善自己的德性,国家和政府有义务通过法律的手段惩恶扬善,以不同程度地提升人们的道德水平。依照立场的强度,又有强主张和弱主张之别,前者坚持一种不受限制的道德立法论,某个行为的不道德性本身是通过法律强制执行该道德的充要条件,比如斯蒂芬主张为维护良好的道德体系,政府可以对一切不道德行为进行立法干预,无论付出多大的代价都在所不惜。[1]后者主张当不道德行为达到一种常人难以忍受的程度时,政府方可出手使用法律手段加以打压。[2]显而易见,问题的关键在于该如何把握这个界限问题。以上两种道德立法理论都遭到了自由主义者的批评,新近以来为了克服理论缺陷和回应批评,新道德立法理论吸纳了自由主义的某些主张,尝试在价值多元的现实情境下尽可能地尊重个体的道德自主,[3]其可贵之处在于承认道德立法的界限和局限。

在客观法律实践中,很多时候法律问题与道德问题是彼此交叉在一起的,立法者无法回避对某些道德议题发表看法,比如近些年社会公众热议的徐州丰县被拐铁链女事件,有论者提议立法机关应适当提高拐卖妇女儿童罪的刑罚,刑罚轻重的背

---

[1] 参见 [英] 詹姆斯·斯蒂芬:《自由·平等·博爱——一位法学家对约翰·密尔的批判》,冯克利、杨日鹏译,广西师范大学出版社 2007 年版,第 124、131~136 页。

[2] See Patrick Devlin, *The Enforcement of Morals*, Oxford University Press, 1965, pp. 7-9.

[3] See Thomas Søbirk Petersen, "New Legal Moralism: Some Strengths and Challenges", *Crim Law and Philos*, Vol. 4, No. 2 (Mar., 2010), pp. 221-226.

后必须考量的是人之尊严这一根本道德问题。相比于司法机关，立法机关是一次性且一般性地解决道德问题，其所提供的方案具有普遍适用的效力。

通过立法机关解决道德难题有不少优势。这至少体现在以下几个方面：其一，立法机关具有民主优势，通过民主讨论来发挥集体的力量和智慧，经过慎思和讨论就某些道德争议问题达成相对一致的意见，尽管多数决的结果并不可能让每一个人都同意，但这种集体决策程序具有较强的正当性基础。其二，立法可以运用社会科学的方法，对某些道德问题进行实证调研、问卷和访谈，以搜集大量的经验性证据和材料，这需要耗费大量的时间、人力、物力和财力，而立法在这方面是可以保证的，如此一来作出的决策方案经历了跨主体间性的检验，往往具有更强的可接受性。其三，立法机关通过将道德问题化约为法律问题，其向社会提供的是一种一般性的法律指引，换言之它施加给相关主体一种排他性理由，后者无需再行权衡而应直接参照该指示行动，"制定规则是立法者的首要工作，他们比法官更有可能也更有优势考虑规则在未来产生的后果"[1]。因此，从后果主义的角度来看，立法的这种普遍性安排更高效和便捷。

当然，立法路径也存在自身的问题，此处简要列举几点：首先，立法机关既然要提供一种普遍的解决方案，它所经受的压力是非常大的，德沃金在对比立法者和法官的职业角色时指出了这一点，"立法者在这种情况下确实会受到法官没有的压力，这必须被视为支持如下假设的理由，即至少在这种情况下，

---

[1] Larry Alexander, Emily Sherwin, *Advanced Introduction to Legal Reasoning*, Edwad Elgar Publisjing, 2021, p.150.

法官更有可能就权利问题得出合理的结论。我现在只是说，立法者在制度上并不如法官能够更好地决定有关权利的问题"[1]。其次，个别道德问题争议较大，现阶段通过立法尚不能有效解决，比如同性婚姻、代孕、安乐死等问题，立法难以给予制度上的妥善安排。最后，道德并不是静止不变的，它是随着社会的发展不断变化的，道德有时往好的方向发展，有时可能会朝着坏的方向变化，这意味着立法给出的方案并非一劳永逸的，立法决定自作出的那一刻起就已经滞后了，难以因应变化发展的道德客观实践需要。

(二) 应对道德难题的司法路径

通过以上分析，我们能够看到立法确实能够在一定程度和范围内解决道德难题，但同时又面临着一些自身难以克服的缺陷。那么，就需要司法进路加以配合和辅助。相对于立法者而言，法官是否更擅长处理道德问题？事实上，法官所扮演的角色比任何角色都更需要道德反思，主要是因为：其一，法官不断面临着规范性缝隙和冲突，而我们其他人只是偶尔才会遇到这种情况，法官的特殊职业角色要求他们比一般人更能会运用道德理性；其二，法官的职责要求其竭尽所能保护法律所表达的社会生活形式，这就要求他们更加深思熟虑地理解法律背后的道德目的和意义；其三，法官通过道德性反思来形构原则，并发挥其引导价值的重要功能。[2] 但很显然，法官所进行的道德反思无论在形式还是内容上都无法与道德哲学家的沉思活动

---

[1] Ronald Dworkin, *A Matter of Principle*, Harvard University Press, 1985, p. 25.

[2] See Anthony T. Kronman, "The Vaule of Moral Philosophy", *Harvard Law Review*, Vol. 111 (1998), pp. 1762-1763.

相媲美。

  法官在某些方面具备立法者所不具有的优势，在处理道德议题方面表现得更加灵活，"法官显然比立法者更擅长道德推理，因此在道德推理很重要的那些案件中，有充分的理由允许法官而非立法者作出最终决定"[1]。这理由具体包括：①法官长期处理某个领域的问题，对业务领域内的议题更加熟悉、专业和敏感，当出现法律与道德交叉难题时，他有更强的专业处理能力。②对于前述某些争议较大的道德问题，暂不适宜交由立法者设定一般法律规则，可通过司法个案的方式先解决纠纷，待司法实践中判例规则积累和客观条件成熟之后，可再由立法者针对此类问题专门立法。司法解决方式虽是权宜之计，但却具有立法无可替代的灵活性。③法官除了具备常人的那种道德品性之外，还具有其他一些专业的司法德性，比如有论者指出为了使审判拥有道德品质，法官必须充分拥有五种司法美德：司法洞察力、司法勇气、司法节制、司法公正和司法独立。[2] 通常有德性的法官可能做出道德上可欲的判决，而很难期待道德败坏的法官作出真诚的、道德上值得赞许的判决。[3] 可以说，除了专业的法律思维之外，法官潜移默化地也在自修一种

---

[1] Jeremy Waldron, "Judges as Moral Reasoners", *International Journal of Constitutional Law*, Vol. 7, No. 1 (Jan., 2009), p. 4.

[2] See Iris van Domselaar, "Moral Quality in Adjudication: On Judicial Virtues and Civic Friendship", *Netherlands Journal of Legal Philosophy*, Vol. 44, No. 1 (2015), p. 27.

[3] 什么样的法官是一个道德的法官呢？当法官秉持着公正之心适用法律时，比如能对类似案件作到类似处理，这其实就实现了形式正义，此时便可认为他是一个有德性的法官。换言之，在进行法律推理之时，他考量了公正或正义这个重要的道德因素。See Raymond Wacks, *Law, Morality, and the Private Domain*, Hong Kong University Press, 2000, pp. 97-98.

道德推理思维，以至于在个别复杂疑难案件中二者会通力合作。

谈及法官的道德品格或德性，近年来学界出现了一种名为"美德法理学"的新理论，它在司法领域也构建了一套司法美德理论，它所施加给法官的美德要求有些规格较高，并不是每个法官实际上都有能力客观履行，难以对司法实践提供一种一般性的指引，只有道德情操过高的法官会自觉践行之。[1] 法官能够做到美德裁判更好，即便做不到也无妨，相比之下笔者更认同一种"良心裁判",[2] 良心是中国传统文化中的一种根本道德或底线道德伦理，它意指一种向善的义务，诸如恻隐、仁爱、诚信、忠恕、敬义、明理、生生、为为均是良心的具体形式和要求。[3] 良心是一种底线性或义务性要求，每位法官都能客观努力达到这一要求，如若真是这样，那么法官也就能妥善处置道德问题了。

法官毕竟不是立法者，他所提出的解决方案不具有普遍适用性，通常只对当下个案有拘束力。当然各国情况不同，美国联邦最高法院的法官可以通过司法造法（judicial legislation）来创设判例规则，在美国宪政史上，种族隔离、堕胎、同性婚姻、言论自由等重大道德议题多是通过司法解决的，而中国法官的个案判决难以产生这么强的普遍拘束力。在个别时候，比如同性婚姻的议题上，由于该问题本身具有极强的伦理争议性，法官

---

[1] 关于美德法理学以及司法美德的讨论，参见 Amalia Amaya, Ho Hock Lai eds., *Law, Virtue and Justice*, Hart Publishing, 2013, pp. 29-66.

[2] See Alexander Nikolaevich Shytov, *Conscience and Love in Making Judicial Decisions*, Spring, 2013.

[3] 参见何怀宏：《良心论：传统良知的社会转化》，北京大学出版社 2017 年版，第 14~24 页。

有时候会特意回避道德层面的讨论,将伦理问题转化为法律问题在教义学的层面上加以探讨。与此同时,法官毕竟不是道德哲学家,很多时候他们没有心思、精力和能力思考道德问题,[1]司法程序留给他们解决问题的时间十分有限,难以像立法者那样去开展广泛的民意调查,无法通过数据和经验说话,这些都是通过司法解决道德议题面临的障碍。除此之外,法官过多地考量道德因素,甚至以其作为裁判结果形成的根据,人们担心法官这样会不当地放弃依法裁判的立场,而使得司法裁判变为道德裁判。

沃尔德伦对法官擅长道德推理这个主张也提出了若干疑问:①法官适用法律的责任如何影响其从事负责任的和高层次道德推理的能力?②作为一个负责任的个体所为的道德推理与以整个社会名义进行的道德推理之间有什么重要的区别吗?③以道德方式而非其他方式推理意味着什么?④法官和立法者经常以群体而不是以个体决策者的身份进行推理,这有什么不同吗?[2]这些问题有的涉及法律推理的性质及其与道德推理的关系,有的涉及立法者和法官从事道德推理的比较。这些质疑并不是说立法者擅长而法官不擅长道德推理,沃尔德伦想说的其实是立法者在这方面比法官略胜一筹,[3]法官的特定制度性角

---

[1] 波斯纳怀疑法官是否有能力从事复杂的道德哲学分析,在涉及道德争议问题的案件中,法官并不比哲学家更有能力权衡各种"道德代价",认为道德理论能够贡献给法官或司法的东西不多,不能过分地将法律的东西还原为道德。参见[美]理查德·A. 波斯纳:《道德和法律理论的疑问》,苏力译,中国政法大学出版社2001年版,第154、158页。

[2] See Jeremy Waldron, "Judges as Moral Reasoners", *International Journal of Constitutional Law*, Vol. 7, No. 1 (Jan., 2009), pp. 5-8.

[3] See Wojciech Sadurski, "Rights and Moral Reasoning: An Unstated Assumption—A comment on Jeremy Waldron's 'Judges as Moral Reasoners'", *International Journal of Constitutional Law*, Vol. 7, No. 1 (Jan., 2009), p. 26.

第六章　司法裁判中的道德判断

色要求他在道德推理方面尽可能克制。

上述这种批评或质疑声,仍然主要聚焦于法官依法裁判的义务问题。法官的义务是在法源列表中找到合适的候选者,然后将其与待决案件事实关联起来,从而推导出裁判结论。在批评者看来,如果法官除了单纯适用法律之外,还通过道德考量将道德因素带入法律推理中,这不但会扭曲或改变法律推理的性质,而且会放弃依法裁判的基本立场。由此得出结论认为,严格适用既存法的角色义务与从事道德推理的活动会发生冲突。相比之下,立法者无此种角色限制,他可以综合使用各种方法来从事立法活动,比如社会调查、历史考察、比较研究、经济分析、道德推理等。只要能够妥善解决问题、取得良好的立法效果,法官可以自由地决定是否进行道德推理。

仔细分析,以上批评理由看似合理,但并不能完全站得住脚。依法裁判对法官来说至关重要,无特殊理由不得任意摆脱这一义务的拘束。但也应注意,依法裁判立场并不完全排斥法官考量法律之外的因素。在所有法外因素中,道德因素与法律的亲密关系更高,法律中本身就包含大量的道德要求,甚至不少法律规范是从道德规范中转化而来的。疑难案件需要道德推理,这些案件的"争议性来自它们的道德特征,即使当法律决定在法律制度秩序的框架内解决问题时,这些案件仍然保持着同样的道德特征"[1]。可以说,某种形式的道德考量有助于法官更好地依法裁判。

笔者想调合立法与司法这两种进路,它们在解决道德争议

---

[1] [英]尼尔·麦考密克:《法律制度:对法律理论的一种解说》,陈锐、王琳译,法律出版社2019年版,第365页。

难题上各具特色。从一般层面上判断何者更优，实在难以给出定论，在不同性质的道德议题上，它们很难决出胜负。在中国语境下，立法机关的开会频次少、活动周期短、每次开会讨论内容繁重，及时启动立法程序解决社会公众急切关注的道德问题，这不太现实，它遵循严格的程序性。法院作为化解社会压力的重要关口，它的工作方式更为随机和灵活，能够通过个案裁判较好地抑制道德风险和回应公众的道德关切。

三、道德在司法推理中的作用方式

道德进入司法裁判过程有时是以明示且直接的方式，法官在裁判文书中明确记载考量的道德内容和公开道德权衡的过程，这么做很多时候是为了发挥道德因素的修辞性功能，增强裁判文书的情感说理，进而提高裁判结果的可接受性。然而，在另一些场合，法官会以隐性的方式引入道德考量，虽然判决文本中不直接言明道德因素的作用，但裁判结果很大程度上受到了道德因素的支配。[1] 从类型化的角度来看，道德在法律推理中主要发挥三方面的作用，即通过考量道德因素来主导裁判结果（后果性功能）、基于法伦理原则的裁判（法源性功能）以及以道德理由强化释法说理（修辞性功能），接下来围绕法律推理中的三种道德作用方式具体展开。

---

[1] 隐性的实质权衡在外观上体现得不够明显，很多时候需要深入到判决理由和结果中细致分析才能探明。对于疑难案件中法官所进行的隐性实质权衡的讨论，参见陈坤：《疑难案件、司法判决与实质权衡》，载《法律科学（西北政法大学学报）》2012年第1期。

第六章　司法裁判中的道德判断

（一）以后果为导向的道德权衡

第一种将道德安置到司法过程中的方式，就是将道德视为一种法外的后果性因素，法官通过道德直觉先形成一个预判，然后回过头去在法律上寻找能够证成这一结论的依据，利用教义学的解释或推理方法逻辑演绎出裁判结论。这种裁判方式由于并不是首先以既有法律作为逻辑思考起点，而是以结果为诱因、倒果为因，从后果倒推法律、再以法律武装后果，我们在前文中将其称为后果主义的法律推理或法律论证。除了道德之外，常见的后果性因素还有经济后果、政治后果、社会后果、政策后果等。在后果主义论证中，这些后果对裁判结果的形成及法源的选择起着根本性决定作用。

司法过程通常可以分为法律的发现与裁判的证立，前者系指为个案寻找合适的法源，后者是将所选法源运用到个案中正当化裁判结论。[1] 常规的司法推理沿着法律的发现到裁判的证立进行顺推，而后果主义则从裁判结果到法律发现再到结论证立进行逆推理。从内容结构上看，后果主义裁判包含预测性阶段与评价性阶段两部分：第一阶段是预测裁判的各种可能后果，并在诸种后果中选择最可欲的那种形成裁判结果；第二阶段则选择、调适法律并以此正当化该结论。[2] 回到基于道德的后果裁判中，道德性因素在以上两阶段均会发挥作用。在多种后果

---

[1] 关于"法律的发现"与"裁判的证立"二分的讨论，参见 Richard Wasserstrom, *The Judicial Decision: Toward a Theory of Legal Justification*, Stanford University Press, 1961, pp. 27-28; Marting P. Golding, *Legal Reasoning*, Broadview Press, 2011, pp. 2-3.

[2] See Wilson Huhn, *The Five Types of legal Argument*, second edition, Carolina Academic Press, 2008, p. 63.

中，尤其是法律规范所蕴含的后果与道德后果并存时，一个道德后果主义取向的法官会优先选择道德后果，并由该道德后果直接转变为裁判后果或结论。接下来，法官会在既有法源库中选择能够证成该后果的法律，既然判决不能凭空推断结论、要讲道理，那么他会利用常规的法律推理方法在形式上为判决提供证成，但明眼人都知道法律推理在这里发挥的仅仅是一种伪装性或修饰性的功能，真正对判决结果起着根本决定性作用的恰恰是道德因素。

从道德所起作用的性质来说，以后果为导向的道德权衡会有两种不同的工作形式。在两种类型中，法律判断与道德判断存在或多或少的不一致，个案中的行为可能符合法律但不符合道德的要求，也就是我们常说的合法但不合理，法官考量道德后果得出了一个"合法"同时又"合乎道德"裁判结果。另外一种情形，相对不是那么常见，个案中有待评价的行为合乎道德要求，但却违背了法律的规定，法官为了让判决获得公众认同，以道德后果为驱动作出了一个"合乎道德"且"合法"的判决。为讨论方便，我们将前者称为"正向道德驱动的后果裁判"与"反向道德驱动的后果裁判"。

首先，在正向道德驱动的后果裁判中，基于道德后果的评价起到了一个"道德矫正"的作用，道德评价最终凌驾于法律评价之上，并直接主导裁判的结果。

在一些伦理性较强的争议中，"法官比较容易根据道德直觉而形成伦理层面的判断和结论"[1]。举一个前文反复提及的案例，曾轰动一时的四川泸州遗赠案，当事人在病危之前以遗赠

---

[1] 姚辉：《民法学方法论研究》，中国人民大学出版社2020年版，第483页。

协议的形式将财产遗赠给自己的情妇，争议问题的核心在于这种遗赠协议在法律上是否具有效力？本案中遗赠系当事人真实意思表示且形式上进行公证，其行为符合《继承法》中关于遗赠的规定，主审法官从一开始认为将遗产遗赠给情妇的行为严重不道德，基于这种感性的道德直觉他内心已形成遗赠协议无效的预判，〔1〕接下来的工作只是能找到支持该结果的法律，由于《继承法》的规定推导出的结果与基于道德后果的预判相悖，而《民法通则》中的公序良俗原则似乎能够支撑这一结论。〔2〕故而，法官径直选择适用公序良俗原则来追求那个在道德上早已形成的预判结果。

其次，反向道德驱动的后果裁判则有所不同，合法与合理的紧张在这里表现为"合理"但不"合法"，此时道德后果考量会尝试缓解二者之间的紧张关系，使得基于道德预判结果能够部分或全部地朝着"合法化"转变。

我国虽不承认安乐死，但实践中存在协助自杀的现象。近日，26 岁的女子小芳因协助长期遭受病痛折磨的母亲自杀，被法院以故意杀人罪判处有期徒刑 3 年。〔3〕类似的协助自杀案例有很多，协助自杀虽有一定的法益侵害性，但较之于一般的人身伤害犯罪其社会危害性较小，在客观方面多是基于受害人的苦

---

〔1〕 主审法官在接受记者采访时直言，"我们直接引用《民法通则》的《基本原则》，而没有机械地引用《继承法》的规定，是合情合理的。如果我们按照《继承法》的规定，支持了原告张学英的诉讼主张，那么也就滋长了'第三者''包二奶'等不良社会风气"。参见《"社会公德"首成判案依据 "第三者"为何不能继承遗产》，载《南方周末》2001 年 11 月 2 日。

〔2〕 参见四川省泸州市纳溪区人民法院（2001）纳溪民初字第 561 号民事判决书，以及四川省泸州市中级人民法院（2001）泸民一终字第 621 号民事判决书。

〔3〕 参见北京市高级人民法院（2021）京刑终字第 92 号刑事裁定书。

苦哀求、为减轻其痛苦不得已而为之，协助行为在道德上具有一定的合理基础，但在法律上却是非法的评价，但道德评价会部分地抵消非法评价，使得该类犯罪行为在定罪量刑上能够得到从轻处理，从根本上是道德后果考量在发挥一种反向驱动作用。

又比如聊城于欢辱母杀人案，在于欢目睹母亲被杜某等催债人员辱骂、殴打、以极端方式性羞辱的情形下，于欢从桌上摸起一把水果刀将杜某捅死，并致使另外两人重伤、一人轻伤。该案审理过程中对于欢的行为是否构成正当防卫或防卫过当争议较大，面对汹涌的民意以及最高司法机关的关注，社会中有一种声音强烈认为于欢基于孝道，在目睹母亲被极端侮辱的情况下刺死滋事者的行为构成正当防卫，考虑到反击手段的特殊性，可以再具体争执是否构成防卫过当来定罪量刑。[1] 在母亲遭受极端侮辱的情况下，保护母亲的人身安全和人格尊严是子女应尽的孝德。社会民意的呼声如此，法官考虑到了这种来自道德的声音，尽可能将该行为往"非罪化"和"轻罪化"的方向使劲拖拽。可见，道德对裁判最终结果的形成起着无可替代的重要作用。

(二) 基于法伦理原则的裁判

在法体系中，法律规则和法律原则都是表征道德价值的重要载体。一些法律规则会直接蕴含某些道德要求，比如《民法典》第184条规定"因自愿实施紧急救助行为造成受助人损害的，救助人不承担民事责任"，该条是要激励人们见危救助、同

---

[1] 参见山东省聊城市中级人民法院（2016）鲁15初33号刑事附带民事判决书；以及山东省高级人民法院（2017）鲁刑终151号刑事附带民事判决书。

时打消人们救助可能承担责任的后顾之忧。当法官演绎适用这一规则时，也便实现了"互助、友爱"的道德价值。除了明确的规则之外，还存在着包含评价性或不确定法律概念的规则，比如，"显失公平""明显超过必要限度""严重损害""情节轻微""社会危害重大"等，在涉及适用出现评价性术语的法律规则时，法官会不可避免地进行道德评价。[1] 无论是直接演绎适用确定的包含道德内容的规则，还是通过道德推理先将评价性术语或不确定法律概念具体化再继而适用该规则，都能将道德因素的作用发挥出来。

从体系论的角度来看，对法律中一般性原则的解释与建构尤其需要参考道德因素。[2] 与规则相比，法律原则是以内容为取向的，它所提供的是一种实质性理由，在原则背后往往都会直接或间接地表达某种政治道德价值。法律原则作为一种概括性条款，其适用通常需要借助价值判断加以具体化，此种价值判断的过程在很多时候其实是法律判断与道德判断的交融、统一。借助于法律原则的适用来实现其所承载的道德性价值，其具体功能作用方式可分为法律冲突协调、直接充当法源依据以及进行价值填补三类。

第一，以原则协调法律冲突。

法律冲突包括规则与规则、规则与原则、原则与原则的冲突。其中，规则与规则的冲突主要依赖一些形式性的规范冲突

---

[1] See Larry Alexander, Emily Sherwin, *Demystifying Legal Reasoning*, Cambridge University Press, 2008, p. 23.

[2] See Jerzy Wróblewski, "Moral Values and Legal Reasoning: Some Aspects of Their Mutual Relations", in Wojciech Sadurski eds., *Ethical Dimensions of Legal Theory*, Rodopi, 1991, pp. 25-26.

解决规则，比如上位法优于下位法、新法优于旧法、特别法优于一般法等。规则作为一种排他性理由，其适用具有明显的断然性，准确来说它是以"全有或全无"（all or nothing）的方式适用的。一旦规则之间发生冲突，那么根据冲突解决规则，胜出的规则得到适用，被击败的规则在个案中失去效力。比较复杂的一点是，如果两个道德性色彩较浓的规则出现冲突，它们都包含一些不确定的评价性概念，此时该怎么办呢？笔者认为，对于规则之间的冲突应优先运用形式性冲突协调规则，只有在形式性冲突协调规则沉默之时，可辅以实质性的道德权衡和价值判断。

在规则与原则、原则与原则的冲突中，会更明显和直观地展现出形式理由与实质道德理由之间的碰撞。原则与规则的冲突实质上体现为合法与合理之间的紧张，对此主要有两种解决方案：其一，理论上规则优先使用，除非规则的适用带来较为严重的问题或不可欲的后果，[1] 否则不得直接适用原则，这也是穷尽规则方可适用原则的基本要求，因此并不是在任何时候规则与原则冲突时都优先适用原则。其二，放在一个更深层次上进行比较。原则与规则的冲突，其实可以转化为原则与作为规则背后深层次理由的另一个原则之间的冲突，如此一来就变成了协调原则与原则的冲突，这依赖于权衡和通盘考量之后赋予哪一个原则更大的分量。[2] 但这同原则与原则的直接冲突不同的是，被赋予分量更重的一方会排除另一方的适用，不太可

---

[1] 参见庞凌：《法律原则的识别和适用》，载《法学》2004年第10期。
[2] 参见陈运生：《法律冲突解决的进路与方法》，中国政法大学出版社2017年版，第248~250页。

能出现在个案中最终同时适用原则和规则的情形。至于原则与原则的冲突，体现为道德理由之间的竞争，典型的解决思路就是权衡（weighing and balancing），原则可以被不同程度（分量）地适用，这一点有别于规则。

第二，法伦理原则直接充当法源依据。

法律原则可以看作是被实在法加以制度化的原则，它与道德原则的区别在于本质上已属于法律范畴。法律原则主要但不必定来自道德原则，二者虽有交叉，但并不意味着道德原则包含法律原则。[1]法律原则中大部分来自道德原则的转化，施塔姆勒给了它们一个"正义法原则"的身份，有时简称"正法原则"。正义法原则在内容上具有客观的性质，能够将法律和道德捆绑在一起，这种法可以说兼具法律性和道德性。[2]实在法原则中还有个别原则源自实在法规则的一般化，多是纯概念性或技术性的原则。拉伦茨意识到了这一点，他主张并非所有的实证法原则都是正法原则，有些原则在正义法的视角下是不正确的或在一定程度上是中立的。[3]法伦理原则的力量源自两个方面：一是其内容具有妥当性，二是它在实在法体系中获得相应的制度性支撑。

法伦理原则虽具有高度的道德色彩，但由于已具备法律的身份，因而可充当适格的法源。法律原则相较于规则更为一般和抽象，但法律原则本身也有抽象程度之分，有些原则过于抽

---

[1] See Larry Alexander, Ken Kress, "Against Legal Principles", *Iowa Law Review*, Vol. 82, No. 3 (Mar., 1997), pp. 743-745.

[2] 参见[德]施塔姆勒：《正义法的理论》，夏彦才译，商务印书馆2012年版，第32~34页。

[3] Vgl. Larenz, Richtiges Recht: Grundzüge einer Rechtsethik, 1979, S. 28.

象，虽能当作法源使用，但须借助价值判断具体化，再落实到个案中得出具体的法律判断。另外一些原则相对具体，甚至接近普通规则或法条的形式，这些原则"已经被凝练成可以直接适用的规则，其不仅仅是法律的理由，毋宁已经是法律本身"，这些法条式的原则通常无需做太多的具体化工作就能加以适用。[1] 原则裁判是实现道德的一种途径，原则裁判从方法论上而言涉及如何适用原则的问题，对此学界有过不少讨论和争论。整体而言，一方面承认原则的重要作用，充分发挥其规则所不具备的特殊功能；另一方面原则具有扩张性和裁量性，从方法论上谨慎限制对原则的滥用和误用。

一般来说，法官只有在特定情形下选择适用原则裁判：①法律规则与原则冲突，法律原则最终胜出，法官避开规则而适用原则裁判；②法律原则与法律原则冲突，法官经过权衡最终赋予各原则以不同分量，无论怎样选择，最终都是以法律原则作为裁判依据；③对某个待决议题，只有相应的法律原则而立法者未设定具体的规则，也就是说法体系中只有原则可以使用，法官可具体化该原则并以此为基础作出裁判。

第三，通过法律原则进行价值填补。

法律漏洞一般被认为是法体系出现了违反立法计划圆满性的状况，有些问题立法本应调整却实际上未作任何规定，开放出了相应的空白地带或漏洞。法律漏洞的划分颇为复杂，整体上分为法律内的漏洞与法律外的漏洞，法律内的漏洞又包括授权漏洞（在法律文义内）、公开的漏洞（超出法律文义）以及

---

[1] 参见［德］卡尔·拉伦茨：《法学方法论》（全本·第6版），黄家镇译，商务印书馆2020年版，第600页。

第六章 司法裁判中的道德判断

除外漏洞（违背法律文义），法律外的漏洞涉及法律政策的缺陷，属于按照将来法的漏洞或法律政策漏洞。[1] 除此之外，当制定法的适用将导致道德上无法接受的结论，此时法律出现了价值论漏洞。而解决这类性质的漏洞，须依赖道德价值判断。[2] 法律体系由内部体系和外部体系构成，外部体系更多是形式性规则，而内部体系则主要是价值和秩序，当内部体系出现规范空缺时，相对而言具有一定弹性空间的内部体系价值要素能够发挥一种填补或兜底性功能。

当法官超越制定法进行某些造法活动时，往往会凭借某种道德要求来裁判案件。[3] 基于政治和道德判断，法官在适用法律的同时也是在发展法律。原则在填补法律漏洞和发展法律方面起着重要作用，它主要通过两种方式来实现这一目的。

第一种，借助于整体类推填补漏洞。类推被认为是填补法律漏洞的一种主要方式，根据类似案件应类似处理的一般正义原则，法官可以将新类型或特殊情形统摄到原则范围之下，使得原则潜在包含此种情形，将该原则具体化为可直接适用的规则，再借助于类推将其适用到眼前新事实之下即可完成法律判断。

第二种，通过解释将伦理原则转化为法伦理原则，再以新造的法伦理原则处断案件。这种方式较为特殊，我们知道法体系中以实在法形式展现出来的法律原则数量极其有限，针对某

---

[1] 参见[奥]恩斯特·A. 克莱默：《法律方法论》，周万里译，法律出版社2019年版，第159~160页。

[2] See Aleksander Peczenik, *On Law and Reason*, Springer, 2008, p. 20.

[3] See Joseph Raz, *Ethics in the Public Domain: Essays in the Morality of Law and Politics*, Oxford University Press, 1994, p. 250.

些实践中的新问题，不仅无直接的规则可用，就连既有的法律原则也被用尽了，此时法官需要从伦理原则中寻找资源，他首先将伦理原则诠释和转化为能够被法秩序所包含和承认的法伦理原则，[1] 然后再把该原则具体化到可以适用的程度，最终以此为基础来为新问题谋求答案。

总之，法律体系必然具有开放性，法官穿梭于"既定之法"（settled law）与"未决之法"（unsettled law）中间，当个案面临未决之法的情境时，"法官可以通过使用道德、社会以及其他非法律性的论据来发展法律"[2]，法律原则在协调规范冲突、提供妥适法源以及填补法律空缺方面发挥着至关重要的作用。

(三) 以道德理由释法说理

道德在法律推理中的第三种工作方式，集中表现它虽不能直接作为裁判的根据或依据，但可以作为一种裁判理由，发挥着一种说理性或修辞性的功能。法律推理虽然主要运用法律理由来证成结论，但是在推理过程中并不完全排斥法律之外的其他理由。一般来说，只要法律理由在根本上决定裁判结果，那么其他理由所起到的是一种强化该结论的支撑性或说服性理由。佩雷尔曼将法律推理看作是实践推理的一种复杂形式，"在实践

---

[1] 克莱默指出法律原则多数时候有明确的表达形式，有时候也是一种隐含的方式存在的。参见 [奥] 恩斯特·A. 克莱默：《法律方法论》，周万里译，法律出版社 2019 年版，第 228~229 页。法律原则或法伦理原则的一般发现路径是，人们首先意识到对它的需要、从可能的伦理领域中找到相应存在、通过解释技术澄清内容并使得获得法定化的形式。更为细致的讨论，参见 [德] 卡尔·拉伦茨：《法学方法论》（全本·第 6 版），黄家镇译，商务印书馆 2020 年版，第 529~530 页。

[2] Joseph Raz, *The Authority of Law: Essays on Law and Morality*, Oxford University Press, 1979, p. 49.

论证中给出的理由，根据决定要做出的领域来看，'好的'理由可以是道德的、政治的、社会的、经济的或宗教性理由。对法官来说，这些理由本质上必须是法律的，原因在于他的推理必须表明，裁判结论与他有义务适用的法律是相一致的"[1]。显而易见的一点是，除了法伦理原则作为法源之外，法官应摆正道德在司法裁判中的位置，尤其是要处理好依法裁判与考量道德因素之间的关系。

某个裁判结果是否合乎道德，成为当下人们判断裁判合理与否的重要标准。面对实践中频繁出现的各种机械性司法，同时为了缓解民意与专业性法律判断之间的紧张关系，最高人民法院以裁判文书释法说理作为改革方向，要求各级法院的法官在审理案件时应注重将社会主义核心价值观融入司法裁判中，以其作为裁判文书释法说理的重要依据，将法律判断与道德判断结合起来，通过个案裁判充分展现出法律规定背后所承载的道德价值和法律目的。当法官的专业性法律判断与社会公共道德判断内在一致时，司法裁判得到了社会公共道德襄助，会更有助于推动裁判合法性与合理性的高度统一，让当事人以及社会公众从内心信服和接受判决。

以道德理由释法说理的第一种方式，是直接诉诸社会公共道德。社会公共道德是贯行于社会公众之间的一种基本道德，它更多的是一种义务性的道德，每一个社会成员都应将其作为根本行动准则，比如平等、公正、互助等。这些道德要求同时也为法律所包含，当法官在个案中援引公共道德时，实际上通

---

[1] Ch. Perelman, *Justice, Law, and Argument: Essays on Moral and Legal Reasoning*, Springer Netherlands, 1980, p. 129.

过揭示和阐释法律背后的深层次道德理由,来巩固、强化和支撑专业性的法律判断。全国首例"斑马线之罚"案件中,法官认为机动车礼让行人,是现代文明社会的基本要求,这背后关系到行人的生命安全问题。[1] 该案以社会公共道德释法析理,最终依法作出了有道德温度和人文关怀的判决。又比如最近公众热议的江歌案,一审法院认为刘某与江歌双方形成一定的救助关系,刘某在对侵害危险有更为清晰的认知情况下未对江歌尽到注意义务和安全保障义务,据此从法律上已能充分对刘某进行侵权归责。但法官并未就此止步,认为扶危济困和诚信友善是社会主义核心价值观的重要内容,江歌无私帮助刘某的行为体现了中华民族传统美德,与社会主义核心价值观和公序良俗相契合,其所受之不法侵害理应得到相应法律救济。[2] 非常明显,法官援引社会主义核心价值观的目的是强化说理,使公共道德发挥一种积极修辞的作用。

在裁判文书中"引经据典"也是以道德加强释法说理的重要途径。中国传统文化中的经典书籍和典故虽不是正式性的法源,甚至连非正式的法源都算不上,但在裁判中时常被援引当作一种判决说理的理由。传统经典中,比如《道德经》《论语》《礼记》《孝经》等包含着大量的道德准则,其中有不少经过传承和反复转化已经具有当代新的表达形式。有论者通过检索裁判文书,梳理出法官主要通过三种方式引经据典:其一,在一些知识产权纠纷中,引经据典能作为法官认定案件事实的理由;其二,在个别案件中,法官找不到现成的法源时,偶尔也会通

---

[1] 参见浙江省嘉兴市中级人民法院(2015)浙嘉行终字第52号行政判决书。
[2] 参见山东省青岛市城阳区人民法院(2019)鲁0214民初9592号民事判决书。

过引经据典来裁判，此种情况下引经据典发挥着一种类似于正式法源的"准裁判根据"的功能；其三，更为常见的引经据典是在判决理由部分以其作为一种修辞手段，借此来强化或削弱某个法律性判断。[1] 引经据典尝试将某些道德文化要求作为某种"权威"，通过阐明文理、事理与法理，来说服人们在情感上接受某个法律判断。

实践中，法官有时还会吸纳民意来影响自己的裁判。民意严格来说只是一种公共舆论，很多时候是非理性的，其产生缺乏相应的检验机制，难以确保合理性和正确性。尽管在个别场合下民意确实反映和代表了某种道德要求，但仍不能在民意与公共道德之间简单地直接画等号。在中国传统文化中"情理"与道德的关联更为紧密，国法、天理、人情是相互交融在一起的。情理是一种普遍存在的道德规范，人们知晓并承认它的存在，但却很难讲清楚它的确切内容。如滋贺秀三所指出的，"情理不过是一种修辞，并非具有明确定义的术语。法官并非只是根据某种特殊的意图，在某些场合使用这一术语，而在其他场合避免使用。无论口头上说与不说，情理经常在法官心中起作用"[2]。苏亦工也有几乎完全相同的判断，"情理不是具体的、有形的法律、规范、原则或制度，也不是习惯等任何可以实证的东西，甚至连概念都不是，只是汉语中的一种修辞表达而已。但是，在中国的传统法制和司法实践中，情理却是制

---

[1] 参见谢晶：《裁判文书"引经据典"的法理：方式、价值与限度》，载《法制与社会发展》2020年第6期。

[2] [日]滋贺秀三：《清代诉讼制度之民事法源的概括性考察——情、理、法》，载[日]滋贺秀三等：《明清时期的民事审判与民间契约》，王亚新、梁治平编，王亚新等译，法律出版社1998年版，第36页。

定、修改、运用和评判所有实证的法律以及审理和裁断各个具体案件的价值基础和判断依据，是潜在于人们内心的是非正误概念，是公平正义的感觉"[1]。相较于传统审判中情理的重要功能，在当代司法中情理依据能够直接发挥修辞性作用，但如若作为裁判的依据或准依据，则需要经过解释转化和方法论上的限制。

四、道德裁判与法律裁判的界限

道德理性或道德推理在司法裁判中是否占有一席之地？一些论者极端强调法官依法裁判的义务，认为即便在疑难案件中法官也应坚持一种道德中立的方式处理案件，"既然法官必须为自己的判决提供理由，那么这些理由又是什么呢？对他而言，唯一的选择是诉诸'概念性'或'范畴性'理由，即是物理性或事实性的理由，但要排除所有道德（或审慎性）美容"[2]。然而，前文讨论让我们看到，无论在理论上还是在实践经验上，法律推理都不可能将所有道德因素完全排除出去。道德反思在简单案件中用处不大，但法官在处理疑难问题时尤其需要道德理性，它时常能为裁判者打开一个新的思维窗口。这正像克龙曼在回应波斯纳"道德无用论或道德冗余论"的批评时所说的那样，"事实上，与其他大多数社会或政治性任务相比，法官的工作为道德理性留出了更多的空间，并且在更大程度上运

---

〔1〕 苏亦工：《清代"情理"听讼的文化意蕴——兼评滋贺秀三的中西诉讼观》，载《法商研究》2019年第3期。

〔2〕 Samuel Stoljar, *Moral and Legal Reasoning*, The Macmillan Press Ltd., 1980, pp. 150-151.

用了道德理性"[1]。甚至相较于立法而言，在司法领域中道德议题产生的频次更高，法官遵循一种更类似于道德推理的工作方式。

(一) 法律推理中道德考量面临的问题

在法律推理中妥善安置道德至少会有这样几个方面的意义：其一，道德推理可以供给判决理由，能为司法裁判提供说理的资料，实现裁判理由来源的多样化；其二，让法官进行适度的道德推理，能够避免机械性司法，增强裁判灵活性的同时，也能司法裁判更有德性和尊严；其三，将普遍性能力较强的社会公共道德融入裁判中，以其作为释法说理的重要参考，拓宽裁判说理的深度、广度和温度，如此能够让人们感受到裁判的公正，提升裁判的实质可接受性；其四，道德论证有助于解决疑难案件，在规范冲突以及规范阙如的场合下，道德论证能发挥相应的协调和填补功能。

当然，在我们看到道德在司法推理中具体重要地位和功能的同时，也应注意到对道德的误用和滥用可能会带来多种严重的问题。运用法律理由裁判这是法官的义务，道德理由充其量只应发挥一种辅助性或补充性的作用。如果过分夸大或抬高道德的功用，就可能出现以道德理由支配甚至取代法律理由的风险。同样地，如果任意地凭借道德是非感来主导裁判，那么司法裁判结果也会丧失确定性和客观性。从方法论的角度来审视，道德进入法律推理可能会产生以下问题：

---

[1] Anthony T. Kronman, "The Vaule of Moral Philosophy", *Harvard Law Review*, Vol. 111 (1998), p. 1763.

第一，道德哲学本身不太具体，道德哲学方法也不够成熟和确定，以至于难以提供像法教义学那种较为稳固的思维方式。就连一般的哲学家都很难胜任反思复杂的道德争议，更遑论普通法官了。波斯纳断言，"即使道德理论思考可以为某些道德判断提供一个合用的基础，也不应当用它来作法律的判断。法官对它感到不自在或不可能感到自在，不擅长也不可能擅长；社会对它的分歧很大；并且它与法律案件中的争议也不相称"[1]。相较于形式性的规则，道德作为一种实质性理由既然以内容为取向，势必具有较强的争议性，允许法官在裁判中诉诸道德，无异于将他们推向道德辩论的深渊，道德争论是没有止境的，在一定程度上这只会加深分歧，法官们在具体道德问题上难以达成一个共识，无法就争议问题得出确定的结论、定分止争，[2]故而道德争辩的非终局性会影响法律推理的确定性。

第二，道德论证具有较强的利益色彩。司法中的道德论证难以成为一种普遍的实践论辩，它突显了鲜明的利益导向，其中强制和说服并重，是一种附条件的交往理性，较大程度地限制了自由和平等的商谈程序。[3]这种个殊化体现为，"法律推理所面对的是利益纠纷，是矛盾各方站在自己的立场上进行的

---

[1] [美]理查德·A. 波斯纳：《道德和法律理论的疑问》，苏力译，中国政法大学出版社2001年版，第3~4页。

[2] 如果在形式规则尚无法得到充分尊重和践行的情况下，就盲目推行实质价值，非但实现不了实质法治，甚至就连不纠缠伦理争议的、内容有限、最低限度的形式法治都难以确保。在司法裁判领域，过度注入不确定的道德或伦理价值，只会进一步加深分歧和争议，施加给法官更为严苛、繁重的判断负担，影响法律判断的可预期性和稳定性，并最终会损害法治。参见张翔：《形式法治与法教义学》，载《法学研究》2012年第6期。

[3] 参见许娟：《司法判决过程中的道德论证》，载《法学论坛》2012年第2期。

一种利益争抗活动。此时,各方所持的主要道德标准不是社会性、公共性、普遍性的伦理要求和伦理规范,而是个体的需求和利益支配下的道德要求,体现了道德的个特性"[1]。个体道德具有较强的主观性和相对性特点,以此为基础辩护特定的法律决定难免有失公允。

第三,道德冲突难以协调,且解决成本较高。道德作为一阶理由,在法律推理中主要依靠权衡或通盘考量发挥作用。对道德的权衡从一般的层面上可能会带来三个问题:①效率上的缺陷,每次都要权衡所持的全部理由之后再做判断,会导致效率极其低下;②考虑到个体的道德反思能力有限,自行衡量可能会出错;③自行衡量难以实现社会合作的任务。[2] 抛去如何确保道德的正确性不谈,道德的多元性和复杂性势必会引发道德冲突现象,法律推理中如何应对道德冲突并非容易之事。事实上,无论是诉诸直觉式的道德推理,还是诉诸情感式的或决疑术的道德推理,都具有较大的复杂性和不确定性,法官在运用实质理由解决争议时应尽可能确保该理由本身无严重争议,否则用有争议的道德理由最终获得的裁判结论必定也是存在争议的。

第四,道德理由就其自身的本质而言是一种法外理由(extra-legal-reason)或非法律性理由(non-legal-reason),它与法律性理由的关系无非就两种:一种是它倾向于支持和强化法律理由,能够里外呼应,形成一种更强的理由链条,如此一来法律判断

---

[1] 齐建英:《论法律推理中的道德衡量》,载《西北师大学报(社会科学版)》2013年第3期。
[2] 参见陈景辉:《规则、道德衡量与法律推理》,载《法学研究》2008年第5期。

与道德判断、判断的合法性与合理性也就实现了高度的统一。另一种是它倾向于侵吞或抵消法律性理由,此时道德判断与法律判断不一致,道德理由的引入是为了某种程度地改变法律判断。在后一种情形下,如果道德理由最终击溃并取代法律理由,并直接运用道德理由得出一个貌似合理的判断结论。在这种情形下,要尤为谨慎和注意,此时虽然判断结论因蕴含道德要求而具有较高的实质可接受性,但判断的法律性根据却被彻底消解或冲散了,司法裁判相应从法律裁判退化为一种道德裁判,最终侵损了依法裁判的基本立场。

除了以上四个方面的突出问题,在司法裁判中引入道德因素或道德推理,可能还有其他一些细枝末节的问题。针对法律论证中运用道德评价的做法,佩岑尼克认为这种道德论证仍有待回答一些问题,他至少列举了这样几个方面:①道德陈述部分具有描述性意义,部分具有情绪性的意义,但是这些意义成分是如何相互关联的?②道德原则是可普遍化的,也就是说,它们可能不使用专有的名称或明确的描述,但普遍化是否会迫使人们采纳任何特定的道德观点?③在某种意义上,不同人的道德观可能相互矛盾,但"矛盾"这个词在这里是什么意思呢?④好的理由能够证成道德陈述,但什么样的理由是好的呢?⑤正确的道德观点必须考虑不对具体案件的直觉评价、赞同的原则、他人的偏好、社会确立的原则和确立的推理规范。[1] 当然,以上问题大多是道德推理本身的疑问,具体落实到法律推理中这些提问方式仍然是有效的,只不过,在法律推理中运用道德理由所带来的问题可能更复杂和严峻。

---

[1] See Aleksander Peczenik, *The Basis of Legal Justification*, Lund, 1983, p. 77.

(二) 法律推理中道德考量的方法论限制

在将道德引入法律推理所可能产生的以上诸问题中，有些问题是本体论的，有些问题是认识论的，还有一些问题是方法论层面的。当然，在很多时候它们又是彼此缠绕在一起的，共同制约着道德论证正常发挥其应用的功能。囿于篇幅，此处笔者集中关注道德裁判与法律裁判的界限问题，即一方面如何发挥道德的应有价值，使其对法官的推理及结果产生一定的影响；另一方面又能将道德的作用限定在一定的范围内，避免让道德理由任意凌驾甚至取代法律理由，以确保法官在考量道德因素的同时，又不至于放弃依法裁判的基本义务或立场。

这也就回到了文章开头所呈现的那个困惑：有时候我们极力赞颂道德对司法裁判的进入，认为道德因素和后果的考量增加了裁判结果的道德性和合理性，这能够赢得人们内心对裁判的接受和尊重。而另一些时候，我们又小心谨慎地对待司法中的道德，甚至在个别案件中严厉批判道德过多地影响甚至支配了法律判断。为何会产生这种紧张或矛盾的态度呢？根源就在于司法论证既要对道德理由保持开放，又要防止过度滥用或误用道德的做法将司法裁判异化为道德裁判。对于这一问题的处理，从正面来看是要确保依法裁判立场，从反面来说实质上是要限制道德作用的发挥。

首先，道德本身必须具有客观性和合理性。

道德作为一种法外标准，它的使用会给法官带来较大的认知负担、心理负担和证成负担。在具体个案中，需要依赖或援引何种道德？这通常需要法官自己寻找和定夺。道德的不确定需要法官讲清楚，道德之间的冲突亦需要法官去评估和协调，[1]这些都是道德反思施加给法官的额外论证负担。想要充分且适当地发挥道德的功用，就必须对道德本身作出上述论证和探究。用于法律推理的道德必须是公共道德，而不能是个人感性的道德直觉、道德情绪或道德体验，诸如公正、平等是最基本、底线性的道德要求，它们也容易被法体系和法秩序所包含，或者用富勒的话来说司法应注重援引义务性道德（morality of duty），它对社会中每一个正常人所施加的道德要求。[2]应注意道德的多元性和流变性，过去的道德真理可能成为今天的谬误，反之亦然。法官在论证道德的合理性时，注意引入一些批判性道德（critical morality）作为标准，它们能够帮助揭示道德是否为真，[3]只有经过严格论证自身为真的道德才有资格进入法律推理的门槛。

其次，构建一种道德的法律转化机制。

道德如果不被法律化，永远只能停留在道德的范畴。在将道德作为一种裁判理由或修辞性理由时，基本上不会出现司法裁判异化的风险，这是因为最终起决定作用的仍然是法律理由，道德在根本上只是对法律理由起到了一种补充和强化的作用。但是，在法律理由用尽需要依靠道德进行价值填补时，或者在以道德理由废止法律理由时，法官很容易直接诉诸道德形成一个判断，然后将该判断作为就好像是法体系中推导出来的一样。

---

[1] 参见陈坤：《法律推理中的独特思维倾向及其可能的误区》，载《现代法学》2020年第1期。

[2] See Lon L. Fuller, *The Morality of Law*, revised edition, Yale University Press, 1964, pp. 19-24.

[3] See H. L. A. Hart, *Law, Liberty and Morality*, Stanford University Press, 1963, p. 19. 对批判性道德的讨论，也可参见孙海波：《道德立法的法哲学省思》，载《学术月刊》2021年第5期。

即便在无法可依需要以道德填补法体系开放出的漏洞时，法官仍需时刻谨记不得直接援引道德裁判，因为一旦将道德作为法源或根据，那么司法裁判势必随之会异化为道德裁判。

以中国首例冷冻胚胎继承案为例，年轻夫妇因生育困难在医院培育了几枚冷冻胚胎，后这对小夫妻因车祸意外丧生，双方父母对簿公堂要求继承医院保存的冷冻胚胎。冷冻胚胎在法律上如何定性是现代生物科技带来的新问题，尽管在学术讨论中可以找到一些零星的观点，但在案发当时我国现有立法对此并没有相应的规定，并不明确是否能够像继承财产那样来分割人体冷冻胚胎。可以认为针对冷冻胚胎问题出现了立法漏洞，此时如何要求法官坚守依法裁判立场呢？这里的"法"从何而来？法官在判决本案时，恰恰是通过传统伦理或道德来编织新法、填补漏洞。从伦理上来看，受精胚胎具有潜在的生命特质，包含双方父母两个家族的遗传信息，双方父母与涉案胚胎都具有伦理上的密切联系。[1] 从方法论角度审视，法院并没有缜密、成熟地实现伦理向法律的转化，而是直接诉诸伦理道德来确定胚胎的权利归属。严格而言，既然认识到受精胚胎在伦理上具有重要地位，似乎可以通过法律解释的技术，进一步衍生和抽象出一个更高的法伦理原则，即具有孕育潜在生命的胚胎具有特殊的法律地位，不得被随意当作财产物来处置。这个法原则能够被《宪法》中的"人格尊严不受侵犯"以及"国家尊重和保障人权"所涵盖。如此一来，虽然最终获得的结果一样，但法官在诉诸道德的同时并未放弃依法裁判。

最后，迈向一种法律与道德并重的二阶裁判理论。

---

[1] 参见江苏省无锡市中级人民法院（2014）锡民终字第01235号民事判决书。

从法律推理的结构来看，单纯依赖实在法的演绎逻辑是一种简单版本的法律推理形式，法源的圆满性足以排除法外因素对裁判的进入。而一旦法源清单出现问题，那么就为法外因素进入司法制造了空间，此时会随之出现一种复杂版本的法律推理形式，它由法律判断和非法律判断相符合而成，通常采纳"（法外判断和论证）为法律推理准备大前提"+"（简单版本的）演绎推理"。法外因素的功用主要在于帮助后续的法律推理论证和完善大前提，一旦大前提准备妥当，那么在后续的推理中基本上是法律理由在起决定性作用，一般只有在疑难案件中才会展现这种复杂形式的推理结构。

复杂形式的法律推理具有明显的二阶结构，基于法律理由的逻辑推理是一阶，而通过法外理由的论辩则属于二阶。麦考密克认为演绎推理在某些疑难场合中难以直接运转，这就需要二阶证成的帮助，二阶证成涉及对裁判规则的解释和选择，"意味着对做选择所依据的理由进行论证，即论证如何在相互对立的裁判可能之间做出选择"[1]。实际上，道德反思的功用就体现在为法官锻造得心应手的裁判规则。阿列克西的内部证成指的就是基于法律理由的演绎推理，而外部证成基本上等同于麦考密克的二阶证成，它要解决的问题是作为推理大前提本身的正确性，[2]道德作为规则合理化的重要实质理由，在检讨裁判规则正确性时能够发挥重要作用。为了避免法官直接诉诸道德直觉或道德原则来衡平裁判，瓦瑟斯特罗姆提出了一种类似的

---

[1]　[英]尼尔·麦考密克：《法律推理与法律理论》，姜峰译，法律出版社2005年版，第96页。

[2]　参见[德]罗伯特·阿列克西：《法律论证理论——作为法律证立理论的理性论辩理论》，舒国滢译，中国法制出版社2002年版，第274、285页。

二阶证成程序:①一阶证成程序着眼于判决最终是从法体系所蕴含的裁判规则中演绎推导出来的;②二阶证成程序要确保这样一个事实,法官所援引的裁判规则比任何其他规则都更加具有可欲性。[1] 言外之意,这是当下在道德上能够实现最佳证立的规则,相应地由该规则所逻辑演绎出的结果也能得到最佳化证立。

不难看出,在上述种种二阶性的裁判证成理论中,能够以一种妥当的方式最大限度地发挥道德的补充性或矫正性作用。一阶坚持不放弃法官适用法律的义务,维护依法裁判的司法底线,确保案件的裁判结果最终建立在既有法体系中的依据之上。二阶为道德施展拳脚创造了广阔的空间,它可能在多个冲突的裁判规则中为法官指明选择方向,也可能是通过道德反思辩护某个规则的合理性,还可能是通过规则再造来填补立法空缺。总之,二阶证成程序能够有效地打通法律理由和道德理由的藩篱,使得道德以一种方法论上妥当且易于受到理性限制的方式进入到裁判论证过程之中,从而有效预防法官简单依据道德直觉或直接诉诸道德判断向法外道德裁判逃逸。

五、结论

严格来说,是否善于在法律推理中使用道德理由通常并不是评判一个好法官或好裁判的必要标准。尽管法官注重运用道德理由释法说理或填补价值,在一定程度上能够增强裁判的说服力和实质可接受性。但实践中仍然经常出现假借依法裁判之

---

[1] See Richard Wasserstrom, *The Judicial Decision: Toward a Theory of Legal Justification*, Stanford University Press, 1961, p. 138.

名行道德裁判之实，或者在根本无需引入道德理由的情况下"为赋新词强说愁"，这两种极端情形均歪曲了道德的原本功能。上文的讨论，让我们清晰地看到，道德的确在司法推理中占有一席之地，任何试图将道德从裁判中抽空的做法都是不现实、不科学的。正常运用道德理由并不会从根本上改变法律推理的基本性质，道德判断指向二阶证成，它要接受一阶法律裁判的统辖，二者相互交融、共同致力于在法律的框架体系下解决纠纷。

在道德性司法方面有卓越建树的德沃金，曾对法官的工作职责提出了如下劝告："说出真相（Come Clean）和脚踏实地（Get Real）。弄清楚哲学概念在我们法律构造中的宏大设计和精巧规定中扮演的角色，脚踏实地干好这个辛苦的工作，去落实这些概念所允诺的一切。"[1]说出真相是一种坦率的美德，意味着当法官需要引入非法律性因素时，应以说理和论证的方式讲明原委。比如，为何要引入道德考量？引入的是何种道德因素？道德在法律推理中究竟起到了何种作用？脚踏实地，代表着一种细致的、有序的、沉稳的工作方式。法官要顶天立地，承担起作为法律适用者和正义矫正者的特殊角色的责任，踏踏实实运用规范的推理方法落实法律和道德要求，从而最终实现个案正义。

---

[1] [美]罗纳德·德沃金：《我们的法官必须成为哲学家吗？他们能成为哲学家吗?》，傅蔚冈、周卓华译，载许章润主编：《清华法学》（第5辑·"法律思想与人文语境"研究专号），清华大学出版社2005年版，第45页。

第七章
中国司法对道德关切的回应

当下中国新时代面临新的社会形势,社会主要矛盾也随之发生了深刻变化。党的十九大报告提出,我国当前社会的主要矛盾已转化为人民日益增长的美好生活需要和不平衡不充分的发展之间的矛盾。显然,社会主要矛盾的变化,也要求我们在国家法治和社会治理方面作出相应的革新。在新的社会背景下,司法面临着各种严峻的风险和挑战,人们已不再简单地满足于通过司法裁断纠纷,而对司法的权威、公正、公信提出了更高的要求,这在本质上取决于人民群众日益增长的对公正司法的需求和司法公正实现不平衡之间的矛盾的变化。在司法过程中,此种矛盾时常会通过民意与司法的紧张冲突展现出来,中国司法强调"一切为民"的人民性,内在地要求司法应适时适度地回应人民群众的社会关切。

从实践经验来看,民意与司法猛烈冲突的最主要形式,便是社会公众在道德上无法接受法官严格依法作出的判决,这势必会进一步引发各种充满争议的社会道德评价,从而危及司法的权威、公信和公正。为此,本章将讨论核心聚焦于中国司法面临的道德压力及其化解方案。2021年最高人民法院印发了《关于深入推进社会主义核心价值观融入裁判文书释法说理的指导意见》(以下简称《核心价值观指导意见》),并先后发布数批弘扬社会主义核心价值观的专题性案例,直接突显了这一问题的实践重要性,同时也彰显了最高司法机关以司法引领社会道德风尚和回应公众道德关切的重大决心。

以此问题作为主线,本章的基本思路如下:首先,结合热点和争议性案件,尝试梳理出人民法院遭遇的道德压力的实践类型,并揭示其各自的特点和来源;其次,分析司法何以会与道德发生关联,在此基础上探究道德回应型司法的兴起及其背后蕴含的法理逻辑;再次,进入讨论的核心内容,在总结实践经验的基础上,展示中国司法应对道德压力的特点,以及在总结长期经验基础上开创的独特路径;最后,无论司法采纳何种路径或方法论回应道德,都应坚持在法治的框架之内进行,为此要尽可能防止回应道德过程中出现的各种风险和偏差。坚持法治原则,协调好司法的被动性和回应性之间的关系,使道德回应型司法充分发挥其应有的功用。

一、司法过程中道德压力的实践类型

人们通常将司法组织理解为一个独立于争讼当事人各方的纠纷解决机构,它行使一种中立的判断权。事实上,除此之外,司法机关,尤其是最高司法机关,偶尔还会发挥政治职能和社会治理功能。[1]当然,裁判权仍然是司法的核心职能,即从法律的立场与角度裁断争议。然而,基于法律的判断在个别场合

---

[1] See Robert J. Hume, *Judicial Behavior and Policymaking: An Introduction*, Rowman & Littlefield Publishers, 2018, pp.1-15;参见侯猛:《中国最高人民法院研究——以司法的影响力切入》,法律出版社2007年版,第7章。

很容易不被人们理解和接受,由此在依法裁判与所谓"个案正义"之间会产生紧张。司法肩负执行法律与落实正义的双重职责,公正既是法律的基本性价值,同时也是一种重要的道德价值。当依法裁判与个案正义发生冲突时,就很容易激发社会性的道德评价,并以此施加给法院相应的道德压力,直接或间接地要求法官按照道德评价所指示的结果裁判。

不得不承认,"个案正义"本身是个令人捉摸不定的概念,通常很难找到客观的判断标准。在一些场合,它还有一定的修辞性效果,社会公众可以把主观体验、个人情绪、价值偏好、自我利益、社会效果等都统摄到该概念之下,从而冠冕堂皇地打着追求"个案正义"的旗号向法院施加道德压力,意图以强烈的道德诉求影响甚至支配司法。这表明,并不是所有的道德诉求都是正当的,也不是所有的道德压力都需要法院理性对待并回应,法院只需面对那些急迫、合理的道德关切。但是,哪些道德诉求是正当的、合理的?需要法官结合个案情境和社会情势具体判断,而这本身就是一个极具挑战性的问题。

当我们论及司法面临道德压力时,在一些时候是指法院作为一个整体承受道德压力,而另一些时候指的是法官个体在裁判过程中遭遇的道德压力,甚至在一些复杂情势下这二者又会交织在一起。总体来看,这种道德压力具有多元化、多样性特征,它既可能来自司法系统内部,又有可能来自外部其他方面。

就内部层面而言,道德压力的来源也并非单一的。司法首先要面对自身的内部复杂性(internal complexity),照波斯纳看来,内部复杂性指向了法律职业的神秘性,法官故弄玄虚将法律适用过程神秘化,不希望外行一眼就看穿自己。[1]这种复杂性无疑会加大社会公众和职业法官之间的认识差距,进而容易催生道德分歧。中国法院上下级监督关系的行政化趋向,表现出了较强的科层制色彩,其特点在于官员的职业化、严格的等级秩序以及高度技术性的法条主义决策标准,[2]在此种环境下易孕育出一种压制型或压力型的司法程序。压制型司法更多地强调法律的执行和政策的贯彻,法院容易受到自上而下的政治权力的影响,法律官员首先关注的是如何维护法律的权威等。[3]显然,最高司法机关会以政治、政策和社会的名义,对司法裁判的道德合理性提出要求或施加影响。与此同时,中国法官所处的特定职业角色地位,不可避免要受到司法系统中诸要素的影响,尤其是上诉审制度的存在,使得法官在解决重大疑难案件时势必要考虑上级法院甚至最高法院的立场。所有这些内部的制度性或非制度性因素,都会以某种方式转化为具有压迫性的道德压力,以进一步直接或间接地影响司法。

从外部视角来说,道德压力主要来自司法系统之外,它们在与司法系统交汇时会产生摩擦或冲突,这种冲突性因素通过转变为道德压力对司法或法官产生影响。具体而言,一方面,政法委可能对法院进行政治监督和执法监督,人大及人大常委会对司法裁判活动负有个案监督职责,这些监督在很多时候均

---

[1] 关于"内部复杂性"的讨论,参见[美]理查德·波斯纳:《波斯纳法官司法反思录》,苏力译,北京大学出版社2014年版,第6、16页。

[2] 参见[美]米尔伊安·R.达玛什卡:《司法和国家权力中的多种面孔——比较视野中的法律程序》(修订版),郑戈译,中国政法大学出版社2015年版,第24~30页。

[3] 参见[美]P.诺内特、[美]P.塞尔兹尼克:《转变中的法律与社会:迈向回应型法》,张志铭译,中国政法大学出版社2004年版,第35页。

可以道德的名义开展，即裁判是否真正做到了公平、公正，而这实质上就给法院和法官施加了一种道德压力。另一方面，更为常见的情形的是，案件当事人及社会公众对司法提出道德诉求，认为某个裁判结果在道德上无法接受，他们认为这种道德上的不合理就是司法不公正。甚至我们还会看到一种有意思的现象，当事人或社会公众喜欢将自己案件的裁判结果与其他案件相比较，一旦看到结果有差异就倾向于认为裁判不公正，哪怕这个案件在适用法律或实质论证层面都无可指责，他仍然认为法院没有做到同案同判，自己遭受了不平等的对待，或者说未能感受到比较正义（comparative justice），从而提出司法不公的道德抗辩。

按照道德压力所起作用的性质不同，我们又可区分出积极的道德压力和消极的道德压力。前者也称正向的道德压力，要求法官考量某些道德因素或尊重某些道德诉求，按照道德所指示的方向裁判。与之不同，后者是一种反向的道德压力，它从法律合理性的角度提出一种实质要求，这种要求本质上形成了一种追求个案公正的道德压力，它敦促法官不得参照某些道德标准或考量某些道德因素，相反而应从法律理性的角度作出判断。比如，在张扣扣故意杀人案中，辩护律师从"为母复仇"的角度切入，认为张扣扣在年幼时目睹母亲被害的惨景，这颗怨恨的种子在心中埋藏多年没有更好的渠道释放，他为母复仇的行为虽然严重违法但情有可原，请求法院酌定减轻处罚。对此，法院十分理性地从法律的角度辨法析理，消极道德压力要求法官要服从专业的法律判断，果断地拒斥了裹挟着民意的

"看似有理"的诉求。[1] 显而易见,消极道德压力的提出,恰恰是用来抗衡另一种与其矛盾的积极道德压力,消极道德压力最终在较量中胜出。

在司法实践中,考虑到道德压力以积极的形式出现得较多,为了更加清晰地把握这种道德压力,我们可按照若干标准对其进一步类型化,每一类在实际司法过程中的表现形式和作用方式均有微妙差异。

第一,群体性民意道德压力与个体性道德诉求压力。

以道德压力来源的主体多寡,可区分出群体性民意道德压力和个体性道德压力。个体性道德压力,通常是由诉讼当事人向法院提出的,出于对裁判结果的不满,当事人向法院施加道德压力,要求法官按照自己的道德期待作出裁判。这种道德压力的显著特点之一在于其简单直接性,这背后通常受到了一种自利性动机的驱使。也就是说,只要个体对裁判结果不满意,都可能会对裁判的公正性提出道德诘难。

群体性舆论或民意很显然是由个体意见或评论聚合而成的,在网络和自媒体发达的现今时代,公众舆论或民意的形成速度十分之快、形成方式也非常便捷,其产生的影响也特别广泛。热点案件之所以"热",就是因为它富有争议性、容易引发人们的关注。比如在李昌奎案、许霆案、于欢案、赵春华案等案件中,一审裁判结果一经作出,迅速在社会上形成一股民意,公众对适用法律正确与否并不关心,但对裁判结果表示出了普遍

---

[1] 关于张扣扣案的裁判结果及说理详情,请参见陕西省汉中市中级人民法院(2018)陕07刑初37号刑事判决书;陕西省高级人民法院(2019)陕刑终60号刑事裁定书。

的不认同，尤其是质疑裁判结果在道德上不合理、无法接受。网络民意有时是非理性的，民意过于注重社会问题而忽略案件事实与法律适用，民众对个案的关注和意见的表达还带有较强的选择性，[1]司法在应对民意催生的道德压力时需要对这种道德压力自身的真实性和合理性预先作出判断。相比于个体性道德压力，民意聚合而成的道德压力涉及的主体多、范围广、影响大，司法对这类道德压力应给予更多的关注和回应。

第二，社会基本道德压力与社会美德压力。

作为规范的道德有高低层次之分，有些道德要求比较低从而具有可普遍化的能力，此类道德能够用来约束社会中的所有成员，这种道德是社会公共道德或社会基本道德，对于维系一个社会的正常运转是必要的，因而这类道德也被称为"公共善"（public good），依照菲尼斯的观点，这种基本形式的人类善包括生命、知识、游憩、审美体验、社交、实践合理性、宗教等。[2]审判实践中很多道德诉求是围绕生命权、自由权、人之尊严等基本善而提出的。正是因为这些基本善具有道德上的重要性，因而容易被人们当作一种重要的道德诉求加以主张，诸如此类的案例不胜枚举，比如最近热议的北京单身女性冻卵案，涉及的是公民生育权，对此在法院、当事人以及社会公众之间围绕单身女性是否可主张冻卵权利产生了较大的道德分歧。

如果说基本道德是一种社会底线性道德，那么美德则是一

---

[1] 参见徐光华、艾诗羽：《从影响性刑事案件反映的社会问题看刑事司法与民意——以2005年至2013年的119个影响性刑事案件为例》，载《法学杂志》2014年第10期。

[2] See John Finnis, *Natural Law and Natural Rights*, second edition, Oxford University Press, 2011, pp. 86-89.

种要求更高的道德,并非每个社会主体都有能力实际践行,诸如见义勇为、见危救助、拾金不昧、谦虚礼貌等,通常只有社会中的一部分人能按照这类道德要求行事。富勒将此种道德称为"愿望性道德"(morality of aspiration),人类通过自身努力去追求或渴盼达到的道德之境。[1]一般而言,较高层次的伦理美德不适宜被普遍化一般性义务,而只适宜以权利引导或倡导型的方式来指引人们的行为。四川崇州发生过一起见死不救案,24岁的詹某与柳某约定到某一河堤钓鱼,詹某不慎跌落水中,柳某看到后并未施救,闻声赶来的群众虽积极救助,但詹某最终溺水身亡。詹某父母悲痛之下将柳某告上法庭,要求赔偿各项经济损失3万余元。[2]社会舆论纷纷指向了柳某见危不救的背德行为,认为其违背了见义勇为、乐于助人的中华民族传统美德,应对其行为给予法律上的消极评价,以此弥补受害人的损失。在这里我们看到,伦理美德偶尔也会以某种形式对司法施加道德压力。

第三,领域道德压力和特殊群体道德压力。

根据道德所关涉主体的特殊性或问题的特殊性,还有领域道德压力和特殊群体道德压力之别,这两种道德压力并不是对应的,只是为了讨论方便起见才将二者并置。所谓"领域"意指某类特殊的问题或现象,在此范畴内可能会引发各种道德关注和道德评价,笔者将此类道德权且称为领域道德。它专指与社会中特定问题有关联的道德,比如房屋拆迁、讨薪维权、集

---

〔1〕 See Lon L. Fuller, *The Morality of Law*, revised edition, Yale University Press, 1969, pp. 15-18.

〔2〕 该案详情参见向明、黄洁:《"见死不救"引发的赔偿纠纷》,载《中国审判》2007年第2期。

体性争议、环境污染、离婚、赡养、继承、正当防卫、疫情防控等。这些领域中的问题有的涉及民生、生存权利，有的涉及财产权保护，还有的涉及公共政策，很容易引发社会道德评价。在一些正当防卫案件中，比如轰动一时的昆山龙哥反杀案中，出于对防卫人自身生命安全权利的关照和维护，被侵害人于某自卫并将侵害人杀死的行为，最终被公安机关认定为正当防卫。在此案侦办过程中，社会道德舆论亦有分歧，一种呼声认为该反杀行为属于正当防卫，另一种声音则认为该行为属于防卫过当。在两种道德压力相互角逐的过程中，一种力量压倒了另一种并最终被相关机关所采纳。

社会中有一些特定群体，比如妇女、儿童、老人、残疾人、政府官员等，一旦被卷入诉讼就很可能引发道德关注。在云南李昌奎案中，李昌奎强奸同村 19 岁的女孩，还以残暴的手段将其与 3 岁的弟弟一同杀害。云南省高级人民法院认定李昌奎有自首情节、归案后认罪和悔罪态度好、积极赔偿受害人家属经济损失，作出了死刑缓期二年执行的终审判决。该判决一经作出社会舆论哗然，认为这一结果违背客观事实，有损被害人的权益，实属严重不公，表示在道德上无法接受。19 岁的女孩和 3 岁的弟弟，这一独特身份自然引发了社会各界的广泛关注。是在这种强烈要求严惩李昌奎的道德呼声之下，云南省高级人民法院决定再审，并最终判决李昌奎死刑、剥夺政治权利终身。[1] 强奸或性侵未成年人案件、拐卖妇女儿童案件，都容易激起民意的关注，2022 年春节前后备受关注的徐州丰县被拐铁链女事件就

---

〔1〕 参见云南省昭通地区（市）中级人民法院（2010）昭中刑一初字第 52 号刑事判决书；云南省高级人民法院（2010）云高刑终字第 1314 号刑事判决书。

是一个很好的例证。民众基于对特殊主体的同情或关注,继而产生较大的民意舆论,这些舆论又最终以道德压力的方式施加给司法。

以上只是实践中常见的道德压力,这种列举式的分类难免挂一漏万,无法穷尽道德压力的所有类型。前述法官的角色道德压力、其他法律机关对司法和法官施加的道德压力,都可以独立成类。通过观察道德压力的不同实践形式,有助于我们进一步审视司法在面对不同类别道德压力时的不同处理方式。

二、道德回应型司法的兴起及法理逻辑

从系统论视角来看,法律系统与道德系统会发生一个双向、复杂的互动关系。法律系统通过肯定或否定某种道德行为模式,可直接对道德进行法律规整。道德系统可在两种意义上激扰法律系统,一种方式是道德会成为塑造法律的一个要素,即将道德安置到法概念之中会形塑出一种实质的法律观,[1]该法律观会进一步塑造法官的法律适用观,比如其法律推理更加注重实质而非形式。另一种方式是道德直接影响法官的判断及结果,道德因素直接渗入到司法系统中,并参与和影响法官的具体决策。系统与系统之间通过发出激扰,受激扰的系统会在特定的内外部环境下尝试回应,从而发生一种系统耦合的效应。可见,道德会直接或间接地对司法活动产生影响。

司法与道德之间的双向互动、彼此缠绕,为在司法过程中引入和回应道德提供了基础。从司法的发展史和演进形态来看,

---

[1] 道德形塑法概念的最直接方式是道德性立法,通过立法将道德法律化。参见孙海波:《道德立法的法哲学省思》,载《学术月刊》2021年第5期。

第七章　中国司法对道德关切的回应

司法并非自始至终都能回应道德问题。道德回应型司法的建构需要一个过程，借用美国学者塞尔兹尼克关于法律变迁三种模式的理论，法律经历了从压制型法到自治型法最后再到回应型法的发展阶段，那么相应地每一种法观念所对应的司法也自然相应地会呈现出压制型、自治型和回应型的特色。在每一种类型的司法模式中，它们对道德议题采取的立场亦有明显不同。在前两种司法类型中，对道德问题采取相对中立甚至消极的态度，而唯有在回应型司法模式中法官采取一种更加积极、开放和主动的态度回应道德问题。

理解压制型司法首先需要认识压制型法，压制型法处于法律发展较为初步的阶段，法律并非一个独立、自洽的存在物，而是与政治、道德甚至惯习混合在一起的。其中，比较典型的是，法律和政治的关联程度十分之高。在这种法律体制下，最明显的特色是强制和服从，法律在很大程度上要服膺于政治，整个法律和司法系统存在等级分明的科层体制。不难想象，压制型法所对应的司法亦有类似的鲜明特征，在其中法官和司法的独立性较弱，通常要依附于行政和政治。刑法和刑罚的贯彻适用是司法实践的常态，这恰恰最能充分体现出压制型的鲜明特点。

不难看出，压制型法所栖居的独特专制或极权环境，使得压制型司法成为一种压力型的司法。司法和法官所面临的压力，主要来自行政或政治。我国在 20 世纪七八十年代大概也经历过这样一个阶段，在此过程中法律基本上是从属于政治的，主要强调政治话语的合法性，法律规则具有很强的政治性，而规则的评价标准是"政治正确"。[1] 政治话语、政法话语广泛融入司法之中，出现了所谓"司法政治化"或"政治司法化"。很多法律问题被转化为政治问题，并通过政治化的司法手段加以解决。同时，鉴于法律与道德之间的界限不明，社会中的许多道德问题被法律化，甚至出现了通过刑法和刑罚强制执行道德的现象。在这种面向政治的压制型司法中，司法要承受来自政治、社会和支配性道德（dominating morality）[2] 的压力。压制型司法虽然要对压力进行回应，但这种回应不仅往往是被动的，而且主要是通过一些司法行政甚至非法律性手段来完成的。

压制型法虽然具有一定的回应色彩，但其根本特征仍然是压制性和压力干预性，还算不上是一种严格意义的回应型法。压制型法重在维系统治和社会秩序，而在实质正当性基础方面则有所缺失。在此背景下，自治型法便应运而生，它以捍卫法律和法律机构的自治性为己任，同时形塑了一种以规则为基础的法治。塞尔兹尼克描述了其四个方面的特性：其一，法律与政治分离，立法机构和司法机构职能分工明确；其二，法律秩序以规则为基础，减少政治性因素入侵的可能性；其三，强调程序和形式正义；其四，将忠于法律理解为严格服从实在法律规

---

[1] 参见苏力：《也许正在发生——中国当代法学发展的一个概览》，载《比较法研究》2001年第3期。

[2] 支配性道德也称"主导性道德"或"主流道德"，正因为它流行于社群并被其中的大多数人所共享，而非其自身内容的正确性，才展现出较强的压迫性。个别学者将共享道德视为是一个社会核心构成要素，认为一旦支配性道德崩溃社会亦随之瓦解。参见［英］帕特里克·德富林：《道德的法律强制》，马腾译，中国法制出版社2016年版，第11~13页。

则。[1]法律脱离于政治和道德，成为一种独立、自足的规范，法律职业化和专业化程度大大提高，更为重要的是司法获得了相对独立的地位，法官的职责被限定在了严格适用法律条文和教义上，而不允许有太多超越法律自身的判断和裁量权。

由于自治型法为法律自身的正当性谋求了基础，以这种具有自足性的法律为基础建构了一种形式法治，规则在其中起到了极为重要的作用。比较清楚的是，与此种环境相适宜的司法具有高度的教义性和形式主义色彩。法官的法律适用活动严格限定在既有法律教义框定的范围内，通过形式性的逻辑演绎推导出案件的结论。除了解决争议这一原初职能外，司法并不进一步承担制定政策、发展法律与治理社会的功能。由此可见，自治型司法几乎不具备回应性的能力，即便出现一些道德争议问题，它仍然主要是从规则和形式教义出发做出判断，将回应的任务让渡给立法或其他社会机构。

严格依附于规则裁判尽管有简便易行、成本低、裁量权不易扩张和滥用等优点，但其缺陷也是十分明显的。比如说，这种司法较为机械、灵活性差，在遭遇疑难案件时较难得出一个合理、公正的判决。换言之，太过于关注形式和程序而疏于对实质正义的追求。为了避免这种问题，法律和司法将迈入回应型的新阶段。回应型法认为法律的自足性固然重要，但有着内在的限度。理解法律的完整视角应当是形式与实质的统一，法律不仅仅只是一种形式性规则，法律的背后还负载着一定的目的，甚至可能还包含政治性、政策性、社会性、功能性要素。

---

[1] 参见［美］P. 诺内特、［美］P. 塞尔兹尼克：《转变中的法律与社会：迈向回应型法》，张志铭译，中国政法大学出版社2004年版，第60页。

法律是社会发展的产物，法律的存在本身是为了回应和解决社会问题的。比如，庞德将法律视为一种社会控制和调整社会利益的手段。[1]法律不再单纯地局限于书本之法或教义性规则，而更多地表现为一种在社会生活中能够起到具体作用的行动规则。法律具有较强地适应社会生活的能力，灵活地应对复杂和变迁的社会现实，以实现和社会发展的良性互动。

当司法迈进回应型的阶段时，单纯适用法律已经不再是司法的核心功能了。此时，司法聚焦于对争议问题及其牵涉的一般社会问题进行回应，司法的社会回应或社会治理功能开始变得重要起来，回应型司法聚焦于调整而非裁判，"调整就是精心设计和及时修正那些为实现法律目的所需要的政策的过程"[2]。回应型司法代表了一种现实主义或实用主义的审判观，"依据司法判决可能产生的效果作决定，而不是依据法条或判例的语言"[3]，法官着眼于案件裁判对当下及未来社会的影响，并选择一种在后果上最可欲的方式解决纠纷。回应型司法因其回应性而得名，这种特性完满地将司法的裁判功能与社会功能融合到了一起。在转型社会时期，尤其是在法律与社会发展之间出现紧张关系时，会暴露出大量新型问题、复杂疑难问题以及道德争议问题，回应型司法敦促法官在个案中要采取适宜的手段对这些问题作出回应。

---

[1] 参见［美］罗斯科·庞德：《通过法律的社会控制》，沈宗灵译，商务印书馆2010年版，第21~61页。

[2] ［美］P. 诺内特、［美］P. 塞尔兹尼克：《转变中的法律与社会：迈向回应型法》，张志铭译，中国政法大学出版社2004年版，第122~123页。

[3] ［美］理查德·波斯纳：《法官如何思考》，苏力译，北京大学出版社2009年版，第37页。

第七章　中国司法对道德关切的回应

见危救助给受救助人造成伤害的要不要赔偿？公共电梯中被劝烟者猝死，劝烟者要不要承担责任？英烈名誉权受侵害要不要追责？母亲受辱，儿子刺死辱母者算不算正当防卫？面对聂树斌等冤假错案，司法要不要改判？在旅游村私自上树摘杨梅摔死，村委会应否担责？在当下转型社会中还有很多类似的问题，单纯依照法律可能很难得出一个令公众信服的判决，法律与道德、伦理、情理以及社会政策相互交织，这些社会问题易于被法律化，并得到全社会的广泛关注，进而引发民意争论。尤其在备受瞩目的刑事案件中，"司法可能面对的不仅仅是各自独立的个案，还有个案背后所折射的不同的利益群体，个案触发了公众广泛的利益认同，形成了利益表达和维护的需要，从而使事件超越了孤立的个体范畴，具备了一定的公共性"[1]。一旦个案议题进入公共舆论或视野，那么司法活动的内容就不再只是单纯适用法律，而是需要对公众的社会和道德关切做出理性回应。

当下中国的司法可以看作是一种以自治性司法为主、回应型司法为辅的混合模式，法律适用的主要模式仍然是法条主义和演绎式的，同时随着社会公共问题的增多以及个案议题道德关注的公共化，司法不得不适时适度地回应社会公众的道德关切，这种回应的方式是多样化的，既可以是后果主义的，也可以是政策的或其他的。想要弄清回应型司法的工作机制，须深入探讨其背后的基本法理逻辑。

首先，司法具有能动性。

---

[1] 徐光华、艾诗羽：《从影响性刑事案件反映的社会问题看刑事司法与民意——以2005年至2013年的119个影响性刑事案件为例》，载《法学杂志》2014年第10期。

当论及司法的回应时,人们可能马上想到的是司法的被动性,这一特性使其与行政主动性区分开来。"被动性"强调的是法官在程序上的被动,不主动、积极介入纠纷之中,只有在当事人或检察院启动诉讼以后,司法才开始接受并解决纠纷。司法能动也叫能动司法,与司法克制相对,代表了一种灵活的法律适用观,反对机械主义和保守主义。法官通过行使自由裁量权,积极回应社会问题和化解社会矛盾。克秘科认为司法能动包括五方面内容:①推翻其他部门有争议的宪法性行为;②规避先例;③通过司法造法;④背离已被接受的宪法解释方法;⑤采纳后果主义导向的裁判方法。[1]龙宗智在界定司法能动时,明确指出所谓"能动"就是"司法对社会的回应",即"法院适用法律、解释法律要与时俱进,能够有效回应社会发展的需求"[2]。虽然官方不再推行能动司法的话语政策,但当下司法仍有浓厚的能动性色彩。在司法主要矛盾已发生变化的新形势下,能动司法为建构回应型司法创造了理论前提。

其次,中国司法具有人民性。

司法的直接目的是解决纠纷、实现个案正义,司法政策、司法裁判的最终落脚点是满足人民群众对于正义的期待和要求。司法要走群众路线,坚持一切从群众利益出发、一切为了群众的理念,急群众之所急、想群众之所想,始终把群众的利益放在首位。实际上,司法的人民性与司法的专业化之间会存在某些紧张,这表现在:群众更关心司法后果,而专业化法官更注

---

[1] See Keenan D. Kmiec, "The Origin and Current Meanings of 'Judicial Activism'", *California Law Review*, Vol. 92, No. 5 (Oct., 2004), p. 1444.

[2] 龙宗智:《关于"大调解"和"能动司法"的思考》,载《政法论坛》2010年第4期。

重法律和事实；群众的判断标准是朴素的道德感和正义感，法官则是以理性的法律判断和论证作为方法，这二者会产生合法但不合理的冲突。就第一层面而言，只要群众对裁判后果不满意，哪怕该后果合法合理，他仍然会对裁判提出意见并表达自己的不满。第二个层面的问题也很常见，一个裁判结果严格依照法律推理出来，但却并不具有道德合理性，比如，曾引发热议的天津赵春华非法持有枪支案，认定赵春华摆在射击摊位的气枪属于"枪支"，应按非法持有枪支罪定罪量刑，[1]该判决于法有据，但是在人民群众看来这些"气枪"并无杀伤力和严重社会危害性，认定为枪支在道德和情理上都难以接受，法院对由此产生的道德关注和压力须做出回应。

再次，司法讲究对话性和可接受性。

司法修辞学理论提出了"听众"的概念，即司法不是单向度的，法官必然要关注与其相对的诉讼主体。鲍姆在观察司法的行为时注意到，法官受到听众的影响是广泛存在的，他通过利用社会心理学的研究，证明听众会以实质性的方式影响法官的选择。[2]佩雷尔曼认为在对话过程中，至少存在三种听众：第一类是"普泛听众"，所有正常的成年人均可归入此类；第二类是与说话者相对的单一听众；第三类是说话者本人，当其思

---

[1] 一审法院以赵春华非法持有枪支罪判处有期徒刑三年六个月，参见天津市河北区人民法院（2016）津015刑初442号刑事判决书；考虑到社会公众的意见，二审法院认为涉案气枪社会危害性相对较小，改判有期徒刑三年、缓刑三年，参见天津市第一中级人民法院（2017）津01刑终41号刑事判决书。

[2] 鲍姆所设想的公众范围较为广泛，包括当事人、公众、政府其他部门、法院同事、法律职业和法官的社会同行等。See Lawrence Baum, *Judges and Their Audiences: A Perspective on Judicial Behavior*, Princeton University Press, 2006, pp. 50-87.

考或给自己行动理由时候，设想把自己作为一个听众进行对话。[1]在对话的过程中，司法要考虑到不同受众的不同感受和需求，通过与不同类型的听众进行直接或间接对话，以回应热点疑难、重大影响问题催发的道德关注和争议进行回应。[2]对话的目的是增进裁判的实质合理性，提升裁判的可接受性。反过来，裁判的可接受性会施加给司法一种道德压力，不管法官是采纳道德修辞也好，还是进行理性的论证和说理方式也罢，其最终都是为了让裁判在道德上站得住脚。

最后，司法具有道德性。

司法要面向社会、回应社会公众的道德关切，也是法律和司法自身的道德性使然。法律中有一些直接包含道德要素的规范，比较典型的是法律原则，大部分法律原则的前身都是道德原则，因而也被称为"法伦理原则"。除此之外，很多法规范还承载着多样化的道德目的和价值，它们要么包含道德评价要素，要么追求某种道德目标，比如家事法领域的很多规范具有较高的道德关联性。在法规范实施的过程中，这些道德性因素得以彰显，当遭遇变幻万千、纷繁复杂的社会事实时便会催生道德争议，于此情形下法律适用活动本身就不可避免运用道德评价回应道德争议。司法所承载的最根本道德目的就是合法合理地解决纠纷，以实现社会的良序和正义。

---

[1] See Ch. Perelman, L. Olbrechts-Tyteca, *The New Rhetoric: A Treatise on Argumentation*, translated by John Wilkinson and Purcell Weaver, University of Notre Dame Press, 1969, p. 30.

[2] 张骐教授指出裁判文书对话性的一个重要目的在于人民法院能够借此有效回应社会情势。参见张骐:《论裁判文书的对话性》，载《中国应用法学》2022年第1期。

通过如上讨论，可以看到在转型时期司法的回应性，既有一定的现实必然性，同时也有深厚的法理基础。尤其是当法律的判断与民众的法感情拉开距离时，直接回应现实问题便彰显了我国司法的优越性。

三、司法回应道德关切的中国路径选择

针对社会中出现的道德争议等各种社会情势，司法以自己独特的手段加以回应，这不但落实了司法的原初裁判功能，而且也充分发掘了其治理社会的延伸性功能。转型时期的中国社会发生了一系列道德关涉程度高的争议，有些问题在全社会引起了广泛关注，亟待法律和司法做出一定回应。中国司法在应对这些复杂社会情势的过程中，积累了大量经验并形成了一系列独具中国特色的制度。本部分将聚焦于中国司法回应社会道德关切的特点和具体路径，这些不同的回应方式背后有不同的运作机理。由于道德压力表现为不同的类型，回应和应对这些压力的制度也略有不同。实践证明，这些制度的合理运用能够有效地化解社会矛盾和道德冲突，回应性彰显了我国社会主义司法的优越性。

（一）中国司法回应道德关切的特色

在讨论司法回应道德问题时，既包括作为机构的法院组织，也包括扮演裁判角色的个体法官。法院对道德问题的回应具有一定的权威性，其局限在于其回应所受到的限制较多。与之相比，个体法官对道德问题的回应虽然具有个案性，但其回应方式较为灵活，在个案中具有较大的裁量和活动空间。不过从整

体上看，当下中国司法在回应道德的过程中，突出了以下几方面的特色：以追求社会后果作为导向展开回应，司法回应具有鲜明的实用主义色彩，对道德回应要以社会公共道德为价值判断基础，以及坚持主动回应与被动回应相结合的工作原则。

1. 后果主义导向的司法回应

在自治型司法中，司法的常规功能是解决争议。司法主要采纳一种以法律为基础的教义性推理方法，法官也关心案件的裁判结果，但这种结果本质上是法律规范所蕴含的结果或者是法律逻辑推演的结果。回应型司法更多地采纳一种外在视角，更看重超越规范的一般社会后果，法官之所以要考量这些法规范之外的后果，"是因为直接适用规范所获得的法效果不可欲，可能表现为不符合政治要求、在道德上不合理、在经济上付出的成本较大而收益较小、社会影响不好、不符合国家政策、与通行的习惯或习俗相悖，等等"[1]。一如本章开头时所强调的那样，在所有可能的后果或法外因素中，道德后果或道德性因素具有较强的修辞性力量和敏感度，人们易于以此为由对裁判结果提出异议。正如我们在许多民意沸腾的案件中所看到的，很多时候案件的实体法律适用并不存在瑕疵，人们之所以对裁判结果不满，是因为他们在道德上认为该裁判结果不合理、难以接受。

在面对道德引起的紧张情势或争议时，司法回应表现出了后果主义的特性。照此逻辑，法官首先关注的不是法律作出了何种规定、提供了何种解决方案，而是围绕所争议的道德问题本身，评估该道德问题在社会上产生影响的深度和广度，沿着

---

[1] 孙海波：《在法律之内考量裁判后果》，载《比较法研究》2022年第4期。

第七章　中国司法对道德关切的回应

哪个方向能够得出让人们在道德情感上接受的判决。司法对道德的回应，最终目的是案结事了、息诉服判，让当事人和社会公众接受判决的同时，维护司法的权威和公信力。

2. 司法回应具有鲜明的实用主义色彩

与后果导向性紧密相关，司法对道德的回应具有鲜明的实用主义色彩。在一些案件中，法官通过道德评价试图创设一条裁判规则，该规则不只在当下案件中适用，同时在未来司法实践中亦有一定的可普遍适用的能力。比如，在全国首例"斑马线之罚"案中，行人在人行道上放慢脚步并停下来的举动是否属于法律规定的"行人正在通过人行横道"，法院考虑到行人相比于机动车所处的弱势地位，以及文明礼让这一基本道德规范背后所要维护的是交通秩序和人们的生命安全。通过此种基于道德的价值判断，最后判定即便行人已经停止在斑马线上的行为仍然属于"正在通过人行横道"。[1] 如果判决行人损害责任自担，有违文明礼让、生命至上的基本道德要求，同时也会激发人们对这一判断结果的道德不满。判决此种情形下行人具有优先通行权，属于通过道德判断对已有法律规范作了进一步的解释，由此创设的裁判规则亦能够解决未来遇到的类似争议。

司法积极回应道德难题，也会展现出较强的利益驱动性。在司法过程中，任何援引道德的一方都受到利益的驱动，法官诉诸道德是为了合法合理地化解纠纷，当事人援引道德的直接目的是支持己方的利益诉求。在此过程中，利益博弈、情感直

---

[1] 参见浙江省嘉兴市中级人民法院（2015）浙嘉行终字第52号行政判决书。

觉、主观道德偏见等因素都会被带进来。[1]司法实践中为贯彻法律效果、社会效果与政治效果相统一的原则，在一些涉及民生或社会稳定的案件中，法院为了维稳有时会牺牲法律效果而追求社会效果和政治效果。可以说，维稳在很多时候会成为法官首先要考虑的因素。在面对一些关涉道德问题的案件中，法不责众要求刑法具有一定的谦抑性，不宜随意逾越罪与非罪的界限，而在特定社会背景下，刑法的道德化又有迫切需要，在"严打"时期，为了维护社会稳定，最高人民法院从重从快处罚了一些道德犯罪，比如流氓罪。司法回应的实用主义，还体现在司法会选择策略性运用程序，"正式程序的'非正常运作'，在追求社会效果的实践中同样发挥着重要作用，甚至有时候策略性地运用程序能获得比变通实体法更好的'社会效果'"[2]。其实，说到底，司法回应社会中的道德情势，会根据具体情况选择适宜的方式来解决问题，避免社会和道德矛盾的进一步激化，实现一个良好的裁判效果。

3. 司法回应以社会公共道德作为价值判断基础

实践中之所以会引发道德关注，主要是因为发生了道德冲突。道德冲突的形式是多样化的，既包括法律规范与道德的冲突，也包括道德与道德的冲突。其中，法律规范与道德的冲突，具体又有两种形式，一种是法律规则与道德冲突，另一种是法律原则与道德冲突。法官的常规职责是适用法律，但这种法律适用活动有时候会与道德发生紧张。沃尔德伦就注意到，法官

---

[1] 参见许娟：《司法判决过程中的道德论证》，载《法学论坛》2012年第2期。
[2] 宋亚辉：《追求裁判的社会效果：1983—2012》，载《法学研究》2017年第5期。

法律适用者的角色与其作为道德推理者的角色之间会有冲突，继而提出法官可能需要扮演两种角色：其一，寻找既有法源，并将其适用到手头案件中；其二，就案件中的全部或部分问题展开道德推理。[1] 在多数时候若无道德冲突，法官更多扮演第一种角色；而一旦法律出现不确定或与道德冲突，法官将会转向道德论证。

道德具有较强的主观性，当道德冲突出现时我们不能凭借感性的道德直觉作出判断，而应尽可能寻找一种客观的、理性的评价根据。在法律判断与道德判断出现冲突时，原则上法官应受法律的拘束，不得随意叛离既有的法律教义，除非该法律在道德上存在严重缺陷，阻碍了个案正义的实现。这里应以客观的实在道德，即社会公共道德，作为标准来审视实在法的道德缺陷。需指出的是，民意道德具有盲从性、激情性、感性、个性化等特征，缺乏较理性的民意检测机制，此种民意道德与法律冲突时，并不能想当然地使民意道德凌驾于法律判断之上。比如，民意时常会以道德直觉判断公序良俗，造成这一法伦理原则的过度滥用和错误判断。[2] 当下最高人民法院倡导以社会主义核心价值观作为裁判释法说理的重要标准，也向我们昭示，司法回应应以社会公共道德这种客观、正确的标准为基础，依此作出价值判断、消除道德冲突和化解社会道德压力。

---

[1] See Jeremy Waldron, "Judges as Moral Reasoners", *International Journal of Constitutional Law*, Vol. 7, No. 1 (Jan., 2009), pp. 9-10.

[2] 公序良俗这一法伦理原则属于概括性条款，在中国司法实践中存在被滥用的情况，很多时候判断者直觉上认为某个法律行为不道德，便当即断定该行为违背公序良俗。针对公序良俗被滥用的现实境况，有论者提出应以公序良俗的谦抑性来治理适用中的诸种乱象。参见于飞：《〈民法典〉公序良俗概括条款司法适用的谦抑性》，载《中国法律评论》2022年第4期。

4. 坚持主动回应与被动回应相结合

从回应的方式来看，有时法院会直接解决某一热点道德问题，有时也会在裁判纠纷时附带性地回应，也就是说裁判是重点、回应只是一种附随性产物。从回应的积极性态度方面观察，司法对道德关切的回应又有主动回应与被动回应之别。无论主动回应还是被动回应都无疑是司法能动性的体现，只不过在主动回应中法官或法院积极、主动去介入社会道德问题的解决，这通常以某道德问题具有严重性或紧迫性为前提，关涉道德利益面比较广泛，或者可能有较为重要的社会影响，迫切需要法官去作出回应。相反，在一些道德争议轻微或影响较小的案件中，应当事人一方或双方的请求，法院或法官介入到对特定道德争议问题的解决，这属于被动回应。

从目前司法实践的经验来看，中国司法体现了以被动回应为主、主动回应为辅的基本格局。一些论者认为，回应性既然是社会主义审判制度的优越元素，那么实践中一旦出现可能引发民意或道德舆论关注的案件，法院就应尽可能积极回应群众关切。[1] 当下中国司法虽然具有回应性的一面，但其更主要的职能仍然是裁判。转型社会时期，许多案件暴露出道德争议的面向，有些道德争议本身具有较高的社会敏感度，不宜由司法来个案处理，待时机成熟应由立法机关统一设定规则。还有些道德问题本身在现阶段争议较大，比如代孕、同性婚姻、女性冻卵等，难以达成相对客观的共识，司法在面对这些问题时应保持适度的克制，避免因不慎决策将自己卷入更大的道德争议

---

[1] 参见李玉林：《中国特色社会主义审判制度的回应性》，载《人民法院报》2020年7月2日，第5版。

第七章　中国司法对道德关切的回应

之中。

(二) 司法回应道德关切的具体路径

各国司法在应对道德问题上既有一般性，又同时各自有其独特性。就一般性而论，法院可通过制定或执行公共政策来回应包括道德在内的一系列社会问题，政策论证着眼于当下及未来，本质上是一种后果主义的法律思维方式。[1]不同点也很明显，普通法系国家法官的自由裁量空间较大，在将道德议题司法化的过程中，法官在被迫要处理某些热点争议问题时可直接衡平裁判，即"诉诸一种对于正义或衡平的考量而非法律规则来裁判案件"[2]。在必要之时，普通法国家的法官还可以通过司法造法，通过摈弃旧有规则和创制新规则来缓解法律和社会之间的鸿沟。[3]民法法系的法官在这方面相对克制，仅仅在极个别情况下从事一种弱意义的法律续造活动。

社会公众关切的道德议题通常影响范围较广，而且其所制造的道德压力类型也不尽一致。中国司法和法官在长期审判实践中也积累了一些经验和智慧，探索出了一些行之有效回应道德关切的制度。其中有些制度侧重于从宏观角度设计，诸如司法解释或司法政策；也有一些制度从微观和具体入手，通过典

---

[1] See Wilson Huhn, *The Five Types of Legal Argument*, second edition, Carolina Academic Press, 2008, pp. 51-53; See also John Bell, *Policy Arguments in Judicial Decisions*, Oxford University Press, 1983.

[2] Richard Wasserstrom, *The Judicial Decision: Toward a Theory of Legal Justification*, Stanford University Press, 1961, p. 85.

[3] See Louis L. Jaffe, *English and American Judges as Lawmakers*, Oxford University Press, 1969, pp. 59-84. 为了追求可欲的裁判结果，法官背离既有先例或法律的情形并不罕见，参见 Jeffrey Brand-Ballard, *Limits of Legality: The Ethics of Lawless Judging*, Oxford University Press, 2010, pp. 17-19.

型案例或个案彰显某些道德问题的解决思路就是很好的例子;除此之外,还有一些具体的裁判方法,这个主要是裁判者解决问题实际运用的思维和论证方式。

1. 道德回应型司法解释

司法解释是法律适用的产物,最高人民法院针对司法过程中遇到的具体问题和难题,对法律文本进行阐释和明确。2021年修正的《最高人民法院关于司法解释工作的规定》,将司法解释分为"解释""规定""规则""批复"和"决定"五种。其中,"解释"最常见,主要用于阐明如何具体运用法律。对审判工作中需制定的规范或意见,可采"规定"的形式。规范审判执行活动方面的司法解释,可以"规则"命名。"批复"是对纵向请示或汇报问题的一种专门性回复。"决定"主要用以修改或废止司法解释。

并非所有司法解释都是道德回应型的,有不少司法解释与政策相关,政策可作为解释法律的重要参考、政策能直接决定司法解释的存废、政策还可协调法律之间的冲突。[1] 道德回应型司法解释有多种表现:有时会在解释中出现"道德"相关字眼,比如《最高人民法院关于适用〈中华人民共和国反不正当竞争法〉若干问题的解释》,针对实践中特定商业领域普遍遵循的行为规范算不算"商业道德"的问题上,给出了肯定性的答案。有时司法解释的内容虽未直接出现"道德"相关表述,但确实是在回应和解决道德问题。比如,救不救、扶不扶等成为社会大众热烈关切的问题,为了减轻紧急救助者的后顾之忧,《最高人民法院关于适用〈中华人民共和国民法典〉总则编若干

---

[1] 参见刘思萱:《论政策回应型司法解释》,载《法学评论》2013年第1期。

问题的解释》第 43 条对《民法典》"好人条款"作出细化解释，因保护他人民事权益使自己受到损害，受害人依据《民法典》第 183 条的规定请求受益人适当补偿的，人民法院可以根据受害人所受损失和已获赔偿的情况、受益人受益的多少及其经济条件等因素确定受益人承担的补偿数额。该条司法解释，意在从道德价值上激励人们勇于救助，并在法律上尽可能保障救助人的权益。还有一种特殊情形，针对审判中遇到的复杂道德和法律问题，法官通过自下而上请示的方式，试图获得上级法院甚至最高法院的批复。[1] 山东济南发生的"北雁云依"姓名权争议案，[2] 围绕公民能否自由创设姓氏的法伦理争议，基层法院层层上报至最高人民法院，最高人民法院在拿捏不准的情形下又报请全国人大常委会作出立法解释，最后该案运用公序良俗的法伦理判断终获解决。

可以说司法解释本身就是回应实践法律问题的，道德回应型司法解释的特色在于其直接或附带性地提供解决道德问题的法律根据。它对于解决社会基本道德压力较为适宜，这种问题解决方案具有较强的权威性和一般性。其问题在于，随着社会道德观念和价值观变化，这些司法解释的命运也会随之改变。

2. 道德回应型司法政策

司法解释和法律具有同等的效力，其起草和发布要遵循特定、严格的程序。相比而言，政策更加灵活、多变，能比较好

---

[1] 个案请示与汇报是实践中应对复杂疑难问题的一种特色制度，本质上是集中多级法院的智慧来共同克服难题，同时对个体法官来说亦可有效转移风险。参见侯猛：《案件请示制度合理的一面：从最高人民法院角度展开的思考》，载《法学》2010 年第 8 期。

[2] 参见山东省济南市历下区人民法院（2010）历行初字第 4 号行政判决书。

地用来调整社会生活中出现的突发问题和重大问题。政策更关心集体利益或目标,"它们规定一个必须实现的目标,一般是关于社会的某些经济、政治或者社会问题的改善"[1]。在司法实践中,司法机关根据现实需要会不定期发布各种类型的司法政策,有的涉及司法信息化改革、司法廉洁、司法职业道德、司法管理等方面的内容,有的直接针对司法审判业务。并非所有司法政策都会指向道德问题,只有一部分涉及道德回应的内容。比如,针对实践中频发的"职业打假人"案件,要不要支持其知假买假的索赔诉求,对此社会上一度存在广泛争议。最高人民法院在法办函〔2017〕181号文件中给出了消极的立场,认为职业打假已演化为商业模式,个别打假人利用惩罚性赔偿为自身牟利或借机对商家进行敲诈勒索,故而不支持这种以恶惩恶、饮鸩止渴的治理模式。但最高人民法院在法释〔2013〕28号文件中,似乎又支持在食品、药品领域的知假买假。这两份司法文件有不同的政策导向,前者旨在防止"知假买假"被滥用、恶用,后者在食品和药品安全引发全社会道德关注的情况下,重在保护人民群众的生命健康权。

考虑到其制定和适用的灵活性,司法政策可用来回应所有类型的道德压力。对于个别不适宜通过司法解释调整的道德议题,可暂时交由司法政策来解决。诸如关于老人、妇女、儿童等特殊群体的道德压力,可通过司法政策加以规范。随着社会变迁和道德发展,如若某个司法政策不合时宜,可随时根据具体情况加以修改或废止。同样的道理,如果某些临时性或探索

---

[1] [美]罗纳德·德沃金:《认真对待权利》,信春鹰、吴玉章译,上海三联书店2008年版,第41页。

性的政策在实践中运行效果良好,能够有力地回应社会公众的道德关切,久而久之在条件成熟和经验积累充分的情况下可进一步转化为司法解释,也不排除在个别情况下立法者直接将某些政策性内容吸纳至法律规范之中。

3. 道德回应型案例治理

在消解同案不同判的审判压力过程中,人民法院发展出了回应型的案例制度。通过案例确立的裁判规则,解决个案以及未来类似案件折射出来的道德和法律问题,在我国法律实践中这一做法越来越成熟。人民法院的治理模式经历了从司法解释的治理,到司法政策的治理,[1]再到基于案例的治理。通过案例发挥人民法院应对复杂社会情势的功能,是当下司法治理的一种新型模式。[2]对于社会中一些典型的争议问题,缺少法律规定或法律规定不明确时,可通过案例加以规范。这里的案例形式是多样化的,包括最高人民法院的指导性案例、典型案例以及普通的个案。除了单个的案例之外,最高人民法院还会不定期发布专题性案例,使单个的案例聚合在一起发挥案例群的规范和治理功能。近两三年,最高人民法院已发布了数批弘扬社会主义核心价值观的典型案例,通过彰显典型案例中蕴含的法理和情理,对社会高度关注的道德争议问题做出权威性的回应。

交通事故侵权受害人存在特殊体质,那么是否可因此减轻侵权人的责任?这一问题在社会中普遍存在,侵权人和保险公司时常会要求法院按照特殊体质对损害结果的参与度相应扣减

---

[1] 参见李红勃:《通过政策的司法治理》,载《中国法学》2020年第3期。
[2] 有论者将基于案例的治理界定为"混合治理模式",其兼具立法、行政和司法三重属性,能采百家之长,发挥自身的独特功用。参见彭宁:《最高人民法院司法治理模式之反思》,载《法商研究》2019年第1期。

侵权责任。但这对受害人并不公平，因为其自身并不存在过错，让其承担部分责任在道德上引发较大争议。为了解决这个道德难题，最高人民法院发布了第24号指导性案例，明确受害人的特殊体质不构成过错，不得以此减轻侵权人的责任。该案确立的裁判要点被各级法院援引和参照2000余次，改变了以往按照特殊体质参与度扣减责任的做法，统一了裁判尺度、解决了道德争议。在最高人民法院发布的220多件指导性案例中，有多个关于道德评价的案例，比如，第12号解决因民间矛盾故意杀人量刑时应考虑化解社会矛盾的问题，第23号解决食品领域知假买假问题，第93号于欢故意伤害案解决正当防卫的判定问题，第98号解决见义勇为的认定问题，第99号解决英烈名誉权和荣誉权保护问题等。

总体来讲，通过案例来解决社会道德争议问题，体现了人民法院行使审判职能和社会治理职能的有机结合。对于道德关注度高、影响大、裁判不统一的问题，适宜通过指导性案例、专题性案例和案例群来加以回应。对于道德争议较大，目前尚难以达成道德共识的问题，可先通过个案判决加以解决，针对同一问题的个案在数量上的增多，渐渐地就会聚合成案例群，从而发挥案例群的规模性效应。

4. 道德回应型调判结合机制

我国法院长期以来特别重视调解，践行"马锡五审判方式"，走群众路线、倾听群众的意见，注重将调解与审判相结合，让人民群众参与到纠纷的过程中并充分表达自己的诉求，尽量通过调解的方式息诉服判。2004年《最高人民法院关于人民法院民事调解工作若干问题的规定》（已被修改），对调解的

第七章　中国司法对道德关切的回应

主体、内容、期限等问题作了全面的规定。2008年至2013年王胜俊担任最高人民法院院长期间，推行群众司法路线，倡导能动司法理念，主张司法的人民性决定了要回应群众关切、满足群众期待，"人民法院要善于根据具体案件，从司法理念、法律价值、法律原则、政策导向等多角度出发，认真进行价值判断，准确适用法律，力争达到最佳办案效果；要善于按照'调解优先、调判结合'的要求，全面加强各类案件的调解、协调、和解工作，努力实现定分止争、案结事了的目标"[1]。调判结合是我国司法的一大特色，调解制度至今仍然是审判程序中的重要内容。

调解是一种和平解决纠纷的方式，虽然是在法官的主持下进行的，但调解的达成主要依赖争议当事人各方的意愿，由此解决的案件当事人提起上诉的概率偏低。可以说，对于群体性还是个体性等各类道德压力，调解制度都能够加以运用。以家事审判为例，实践中对离婚及孩子抚养权的处理，法院通常先进行调解，甚至有时要根据需要做多次调解工作，只要有希望调解结案就不轻易判决，以和谐和平和的方式解决婚姻中的道德问题，化解一些不必要的社会风险。转型时期出现的大量易于引发群体性道德关注的案件，诸如征地、拆迁、民工讨薪维权、邻里积怨暴力伤害、集体劳动争议、校园欺凌、见危不救等，一旦处理不当极有可能引发社会的动荡，不利于社会的安定和谐。判决结案总会有输有赢，当事人只要对判决结果不满，

---

[1] 王胜俊：《把握司法规律 坚持能动司法努力推动人民法院工作科学发展——致"人民法院能动司法论坛"的信》，载《人民法院报》2010年5月6日，第1版。

就会质疑司法是否公正。而调解是一种柔性的结案方式,对法院来说是一种高效解决纠纷同时又节省司法资源的制度,也可以大大降低当事人的诉讼成本,便于最大限度满足各方当事人的诉讼利益请求。[1] 然而,我们也看到,个别法院为了追求高调解率,存在过度使用调解的情况,这本身是违背司法审判规律的,应理性地看待和协调好调解与审判的关系,坚持"能调则调、该判则判"的原则,充分发挥调解对回应社会道德争议问题的应有功用。

5. 道德回应型司法修辞和论证

以上四点更多的是从司法制度层面回应社会道德问题,从微观法律思维和裁判方法层面而言,法官会经常运用道德修辞和论证技巧消解道德冲突。法律适用是一个高度专业化的活动,法官语言也多是"法言法语",这对当事人和社会外行来说多少有些陌生感。为了让人们信服判决,法官在裁判过程中以及裁判文书的制作上运用道德修辞,通过道德话语来打动或说服当事人,所谓"晓之以理,动之以情"讲的就是这个意思。司法修辞本身就是一种法律论证方法,"修辞不但能够加强听众对某一结论的认同感,而且能够强化论证的有效性。修辞能够引起人们对某一立场的领悟和精神共鸣,使更多的人在对规范内容和案件处理结果具有不一致的理解的同时赞成某一法律命题"[2]。在涉及老人这一特殊群体的案件中,法官有时会考虑到"孝道"这一中华民族传统美德,甚至个别案件中法官还会援引《孝经》

---

[1] 对调解制度优越性的分析,参见苏力:《关于能动司法与大调解》,载《中国法学》2010 年第 1 期。

[2] 侯学勇:《司法修辞方法在社会正义实现中的作用》,载《法律科学》2012 年第 1 期。

断案。[1]可以说，法官引经据典在审判实践中成为一种流行的做法。当法官面对群体性道德压力、特定主体的道德压力以及社会基本道德压力时，这种回应型的司法修辞和论证方法便能有力地应对。

合法与合理之间的紧张是引发道德评价的重要原因，比较理想的情况是依法得出的裁判结果合情合理，如若判决结果合法但不合理时，法官就需要考虑运用何种法律论证方法能让判决结果获得实质合理性，诚如拉伦茨所言，"即使法官是在制定法中寻找案件的解决方案，但是对他来说，获得一个伦理上可以被视为正当的结论才是重要的"[2]。对于那些道德争议较大，或者特定领域、特定群体引起的道德关注，不适宜通过司法解释或司法政策调整，可灵活地通过道德修辞这种论证方法来解决。《核心价值观指导意见》要求法官以社会主义核心价值观这种公共道德释法说理，第4条规定了法官应当援引社会主义核心价值观的六类情形，比如涉及特殊群体的（老人、妇女、儿童等）利益保护、新情况新问题以及其他能引发社会广泛道德关注和道德影响的案件。将道德作为裁判说理的重要辅助，有助于让人们在道德情感上产生共鸣，进而达到消解道德压力的效果。

四、司法回应道德的风险调控

我国特殊的国情，加上转型时期社会情势的复杂性，决定了通过司法回应社会的必要性。在长期的实践探索与经验积累

---

[1] 参见北京市东城区人民法院（2010）东民初字第00948号民事判决书。
[2] ［德］卡尔·拉伦茨：《法学方法论》（全本·第6版），黄家镇译，商务印书馆2020年版，第197页。

过程中,中国司法初步形成了一套回应社会问题的机制。虽然很多机制不局限于回应道德争议,亦可用于解决其他社会关切,但在诸种社会关注中道德关切最为典型和突出,甚至其他各种矛盾和争议都可以打着道德的旗号展现于司法过程中。道德矛盾是影响社会稳定的重要因素,协调得当则有助于稳定民心、维护社会的长治久安。相反,如果司法应对不力,则可能给自身及社会制造更大的道德压力,加剧司法与社会之间的紧张关系,不利于社会和谐且有损司法公信。鉴于此,司法必须妥当地运用这些回应社会道德关切的机制,并设法调控在此过程中可能出现的各种风险,以实现一种良性的司法与社会之间互动的局面。

(一) 中国司法回应道德的可能风险

司法回应道德的重要理论基础,在于坚持一种司法能动的理念。很显然,司法能动主义面临的一般问题及批评,自然可以同样适用于道德回应型司法。其中包括,它会篡夺民选政治部门和立法机构的权力,破坏民主和法治,[1] 有时候,"司法机关和法官,由于缺乏政治经验、充分信息和利益平衡,往往在有社会公共政策寓意的问题上的决策出错"[2]。司法如随意出击,不遵守相关的规则、程序以及司法规律,也会带来"司法盲动"或"司法乱动"的麻烦。[3] 除了以上几点,还会带来破坏司法自主、侵损公民权利等问题。道德回应型司法作为司

---

[1] See Justice Antonin Scalia's dissent in Romer v. Evans; Romer, Governor of Colorado, et al. v. Evans et al. (94-1039), 517 U.S. 620 (1996).

[2] 苏力:《关于能动司法与大调解》,载《中国法学》2010 年第 1 期。

[3] 参见陈锐:《"能动司法":喧嚣过后的反思》,载《浙江工商大学学报》2011 年第 3 期。

法能动的一种表现，在解决问题的同时应尽力避免制造新的难题，须在积极与消极、能动与克制之间寻求某种平衡。

具体来说，无论是从宏观的司法回应制度，还是从微观的司法修辞和论证方法，一旦未找准道德争议焦点和把握好尺度，便会滋生各式各样的风险，以下选择一些常见且重要的风险简要论述。

第一，对道德分歧严重、尚难以达成共识的问题盲目回应。

当代社会中，道德是多元化的，道德争议相应地也是多样化的。正如我们在前文中所看到的，司法和法官所面临的道德压力也是十分复杂多变的。有些道德争议不大，并且基本能够达成道德共识，对此可以通过司法解释来形成一般性的司法应对方案。而对于道德分歧严重、尚难以形成定论的争议，比如代孕、单身女性冻卵、同性婚姻等问题，暂不适宜形成普遍的司法指导规则，甚至也不便通过发布司法政策来调整。对此，司法可以有两种选择：要么采取谨慎态度，不介入、不回应，以免引发更大的争议；要么以积极、主动的姿态面对问题，参酌当下社会道德的普遍状况，同时严格依法对争议的道德问题作出回应。否则，不分青红皂白的盲目式回应，会使司法和法官陷入更大的道德争议漩涡，非但解决不了社会问题，反倒会让问题变得更加糟糕。

第二，回应道德关切不精准、不到位，引发民意波动。

人们对司法理想的期待是，它能够精确地瞄准社会关切点，有针对性且有效地回应人们的道德关注和需求。设想，司法虽然做了很多回应性的工作，但回应的问题要么是人民群众并不关心甚至不那么重要，要么回应的力度不够，结果导致这种回应不痛不痒、难以从根本上解决问题。在前文所谈及的李昌奎案中，一审判决李昌奎死刑立即执行，上诉后二审法院在面临沸腾的民意的情况下，改判死刑缓期两年执行。二审结果并未充分回应民众的呼声，导致法院进退两难，"一方面，无法在短时期内说服公众认同判决结果，另一方面，迎合民意提起再审，司法决策的出尔反尔，对司法权威的自我颠覆，代价同样巨大"[1]。类似的情况还有很多，在某种意义上可以说，不精准、不到位的回应还不如不回应，民意道德二次反弹会带来更加严重的社会影响。

第三，过度回应道德关切，消解法治、侵损权利。

个别问题虽涉及道德评价，并且道德评价可能和法律评价之间有冲突，为了追求较好的道德效果，司法可能会选择优先考虑道德效果。司法虽然可以积极介入某些社会道德问题，但司法的运作仍要遵循自身的内在规律，不得任意逾越必要的边界。对本不属于司法边界范畴之事或由其他手段更好解决的事情，司法如果积极介入并过度回应往往适得其反。回应过度必然导致异化，将本应提倡的美德当作义务性道德执行，会导致一种美德的司法强制，这并不符合法治。比如，自助旅游过程中因自身未尽到安全注意义务，导致生命财产损失，本应风险自担，法院出于道德和社会角度的考量，让同行者承担一定的责任看似"公平"实则"不公平"，[2]这种以道德思维化解纠

---

[1] 徐阳：《"舆情再审"：司法决策的困境与出路》，载《中国法学》2012年第2期。

[2] 发生在广西的中国首例驴友自助游死亡赔偿案，一审判决结果就遵循了此种逻辑。参见广西壮族自治区南宁市青秀区人民法院（2006）青民一初字第1428号民事判决书。

纷的做法根本上并不符合法治，同时这种过度回应会损害他人的权利。

第四，借回应道德关切之机，滥用道德修辞和论证，偏离依法裁判。

有些道德争议问题，完全可以放在法律的框架内来解决，而无需非得使用道德修辞和论证。比如江歌舍己救人的行为在全社会引起广泛关注，人们在道德上谴责刘某忘恩负义，江歌母亲对刘某提起的侵害生命权之诉中，尽管其中道德关注度很强，或者说法院面临的道德压力很大，但在《民法典》所规定的侵权法的框架内，可以依法判决一个让江母及社会公众满意的结果，事实上法院也是这么做的。在判决刘某承担侵权责任的同时，法院又援引社会主义核心价值观进一步强化说理和论证，[1]而这部分道德修辞内容对裁判来说有些冗余，也就是说它并不是必要的。回应道德关切本是好事，不排除司法以此为由滥用自由裁量权，结果导致法律让位于道德、依法裁判异化为道德裁判。

此外，司法政策相对灵活，其可随着社会发展变化随时调整，其适用具有较强的优势。但政策也要考虑到目前社会整体道德状况，采取"一刀切"的政策在具体落地过程中可能会产生新的矛盾，加剧人们道德预期的不统一。同时，以案例制度回应道德问题时，尽可能选择典型的案例，并且说理要充分、正确，如果案例本身的结论正确，但论证和说理方面存在缺陷，会带来较大的负面效应。比如对公民能否自由创设姓氏，最高人民法院通过指导性案例形式加以回应，认为

---

[1] 参见山东省青岛市城阳区人民法院（2019）鲁0214民初9592号民事判决书。

"北雁"姓氏不符合公序良俗。[1]然而,该案判决说理存在瑕疵,以创设"北雁"姓氏违反社会道德为由认定其违背公序良俗,犯了倒果为因、循环论证的错误。故而,司法想要通过案例方式来回应道德问题,必须选取那些结论合理、判决理由充分的案例作为范本。

(二)司法回应道德的风险规制

以上诸种风险既有来自司法内部和外部的,同时也有个别性风险与系统性风险之别,不同类型的风险所产生的实际影响有所差异。只有有效避开上述各种可能出现的偏差或风险,司法回应才能发挥其应有的功效。中国独具特色的道德回应型审判,在其运行过程中要评估和谨慎对待潜在风险,高效、平稳地解决社会道德冲突。从方法论层面来看,司法回应道德时应把握住一些基本的要点。

第一,司法能动应以克制为前提,道德回应要以必要为限度。

与立法、行政活动毕竟不同,司法应保持必要的消极、克制和被动。司法回应或能动算是对司法被动的突破,发掘出司法在应对诸如道德等社会议题上的积极、主动的一面。但是,这种回应性或能动性并不是任意的或无限度的,"法院是司法机关,法院的活动是司法活动,应当注意遵循司法的规律"[2]。

---

[1] 参见白杨、石磊:《〈"北雁云依"诉济南市公安局历下区分局燕山派出所公安行政登记案〉的理解与参照——公民姓氏的法律属性及其规制》,载《人民司法》2021年第17期。

[2] 龙宗智:《关于"大调解"和"能动司法"的思考》,载《政法论坛》2010年第4期。

第七章　中国司法对道德关切的回应

道德作为一种本质上具有争议的概念，道德议题具有极强的不确定性和可争辩性，司法的直接目的是要获得一个确定的结论，对于一些争论性和影响较大的道德问题，司法如果不能妥善给出一个合理、确定的结果，就应谨慎地决定是否要介入这些道德议题。恰如司法能动的评论者所指出的那样，司法可以坚持一种消极的能动主义（negative activism），尽可能限制司法官员的行动，[1]这样一种折中之道类似于桑斯坦提出的"司法最低限度主义"，即"除非对于论证结果的正当性确有必要，否则就不发表意见，并且尽量对某些事情不做裁定"[2]。司法应在自身活动的边界内，以必要为原则，谨慎并适度回应社会关切。从回应的态度看，应以被动回应为主、主动回应为辅，"法院作为处置个案解决纠纷的司法机关，其基本姿态应是被动性的，以使其能区别于诉的职能，保持客观中立的判断条件"[3]。唯有如此，才能比较好地兼顾克制与能动、积极与消极各方面的要求，规范化地发挥中国司法回应社会道德需求的特有功效。

第二，坚持"依法"回应社会道德关切。

从道德压力来源的角度看，许多议题之所以会产生道德关注，多是因为法律判断与道德判断存在紧张与冲突。也就是说，从法律角度得出的理性判断虽然"合法"，但在道德上可能有悖于常理或情理。于是，在司法回应这些道德议题时，极易被一

---

[1]　See Alpheus Thomas Mason, "Judicial Activism: Old and New", *Virginia Law Review*, Vol. 55, No. 3 (Apr., 1969), pp. 389-391.

[2]　[美] 凯斯·R. 桑斯坦：《就事论事——美国最高法院的司法最低限度主义》，泮伟江、周武译，北京大学出版社2007年版，第12页。

[3]　龙宗智：《关于"大调解"和"能动司法"的思考》，载《政法论坛》2010年第4期。

种道德思维和道德话语所支配，沿着道德判断所得出的解决方案自然具有道德合理性，但很多时候可能会偏离既有的法律。这是司法回应道德问题时不得不面对的问题，尤其是一些热点案件或重大影响性案件中，法律判断很可能屈服于群体性的道德直觉判断。其中也不排除司法者为了追求某个道德后果，运用道德修辞的手法达此目的。然而，司法活动不得放弃既有法律的拘束，"法官不能直接适用社会的道德观念或伦理准则，否则，法律适用的泛道德化将落入'道德司法'或'民粹司法'的陷阱，使道德判断与法律评价纠缠不休"[1]。在回应复杂化的道德争议时，应坚持法律而非道德的逻辑，在既有法律的框架内运用法律思维，避免以道德主宰法律，尽可能实现法律与道德的深度融合。

第三，客观评价和审查社会道德需求。

在讨论道德压力时，也曾论及某些道德压力自身并不合理，可能是个体基于错误的判断与认识提出的无理要求，对此司法无需做出回应。司法回应的逻辑先决前提，在于其所面对的道德诉求本身是合理、客观、正确的，否则就是无端地浪费宝贵的司法资源。社会道德是不断发展变化的，司法回应内容也应能体现出这种流动性。我们应以何种标准作价值和道德判断呢？显然，不能以具有主观性和个人性的道德直觉为标准，那么社会共同道德或道德共识就成为一种好的备选方案，然而社会道德共识也具有相对性，"在某个时代成为社会共识的道德标准，或许在另一个时代成为人们争议的问题；一个在某个时代以这种方式

---

[1] 王彬：《法律论证的伦理学立场——以代孕纠纷案为中心》，载《法商研究》2016年第1期。

达成的共识,或许在另一个时代以另一种方式达成共识"〔1〕。当司法援引社会道德时,应对道德本身的客观性和正确性加以批判性的考察,防止将个殊化的道德用于回应焦点道德关切,从而避免作出有失公允的判断。

总而言之,司法回应须坚持以必要为限度,不盲目出击、不随意和过度回应,坚守住自己的边界和底线。同时,一旦决定回应,则要精准地找到回应焦点,理性地审查道德需求的合理性,寻找客观和正确的社会公共道德作为评价标准,从而针对现实道德争议问题作出高效和理性的司法回应。司法解释、司法政策、调判结合机制、案例制度各具特色、各有长短,根据个案问题选择相适宜的回应方式,将回应过程中可能出现的各种风险限制在可控的范围内。

五、结论

现代司法承担着裁判纠纷和社会治理双重职责,其中适用法律定分止争是司法的原初职能,而在实践中扮演政策制定、维护社会稳定、回应道德民意等则是裁判职能的进一步延伸。转型时期司法的矛盾集中体现为日益增长的人民群众对公正司法的需求与司法公正实现不平衡之间的紧张,一系列映入公众眼帘的热点、复杂、疑难案件,突显出了法律和社会道德关切之间的冲突。司法的被动性并不意味着绝不能主动,法院和法官活动本身就是直面社会纠纷,从法律的立场和观点回应社会

---

〔1〕 吴英姿:《司法的限度:在司法能动与司法克制之间》,载《法学研究》2009年第5期。

关切是司法的应有之义。在长期经验积累的基础上，中国司法摸索出了司法解释、司法政策、调判结合机制、案例治理及道德说理等方式，它们能从不同角度回应形形色色的道德压力，面向道德的回应型司法充分体现了社会主义司法制度的优越性。但同时，在关注道德、包容道德的基础上，应防止在回应过程中可能出现的诸种风险，坚持在既有法律的框架和秩序体系内，以必要性为基本前提，理性、谨慎、适度、精准地回应现实道德需求。

第八章
价值判断理性限制的体系展开

一谈到"科学",人们往往很快会联想到"客观性"概念。尤其在自然科学领域,客观性是人们发现科学真理的重要前提保证。但是,客观真理真的一定是"客观的"吗?在经验科学的领域里,我们依然不敢主张一种永世不变的真理或绝对正确,这根源于客观世界的复杂性和人类认知能力的有限性。就像在天文学发展的过程中,人们从对地心说的笃信不疑,经历了到日心说和大爆炸说的修正,反映了并不存在绝对的"客观真理",人类的认知只是有限的、暂时的"正确"。

在社会科学领域,客观性所以引发的争议更多。既然与"客观"相对的是"主观",那么社会科学中的价值判断如何能够确保"客观"呢?是不是只有保持价值中立才能实现客观性?这可能是韦伯提出"社会科学如欲获得客观性须坚持价值中立"引发的误解,他本无意抽空或排斥价值判断,相反而是辩护社会科学领域中的价值判断,因为价值中立本身就是一种价值判断,他想要区分的是价值判断和单纯的主观认识。[1]自韦伯以

---

[1] 参见 [德] 马克斯·韦伯:《社会科学方法论》,韩水法、莫茜译,商务印书馆2013年版,第 xxvii 页。

降，客观性一直是社会科学方法争论的核心问题。在法学领域中，关于"科学性"的争论其实是与客观性问题联系在一起的。针对科学性问题历来就有肯定与否定论两种呼声，主流声音认为法学拥有一种弱意义的科学性。[1] 法学的科学性意味着该领域存在着客观上的真，也意味着司法判决存在确定、正确的答案，这些答案至少在判决作出之时能够得到理性化证立。

可以说，"法学从本质上说是一门与规范（=价值评价）打交道的科学"[2]。法律规范的适用本身就是一种规范性判断，适用者须决定应否将眼前的个案事实作为法律规范的一个实例（instance）加以看待，这种决定在本质上是一种规范性判断。如此一来，司法价值判断对于裁判而言便具有至关重要的意义。司法过程中的价值判断主要体现为两种形式，一种是在法律价值的指导下依照价值对相关规范或涉及的问题作出判断；另一种是对实质价值进行判断，尤其是协调诸种相互冲突的实质性价值。[3] 一旦我们承认司法中价值判断的重要意义，接下来必须面对的现实是：价值判断具有较强的主观性和相对性，由于裁判者的价值观不同，面对同一个法律问题，有时从不同的视角难免会得出意见相左的判断，此时究竟应以何者为准，换句话说，哪一种判断是客观的或可欲的。

如果允许价值判断在法律实践中盲目飞行，其所带来的危害不言而喻。那么，寻求对价值判断的理性化限制就变得十分

---

[1] 参见舒国滢：《论法学的科学性问题》，载《政法论坛》2022年第1期。
[2] [德]伯恩·魏德士：《法理学》，丁晓春、吴越译，法律出版社2013年版，第133页。
[3] 参见张骐：《司法推理价值判断的观念与体制分析》，载《浙江社会科学》2021年第2期。

重要。如拉伦茨所言,"对于价值(或伦理性的基本原则)能否进行理性的、易于理解且可论证的说明,抑或它们只是一些纯粹的空言虚词",[1]这已成为现代法学方法论的核心议题。价值判断的恣意化,其导致的直接结果就是侵害当事人在争讼案件中的权利,由此进一步会滋生司法专断、损害司法权威、加剧裁判的不统一。正是在这种背景下,笔者将讨论中心聚焦于,在现代司法的背景下如何寻求对价值判断的理性化限制。在充分尊重和发挥价值判断应有功用的同时,让裁判论证过程和结果尽可能保持客观、理性。

客观性在哲学上一直是个含混不清且颇具争议的概念。客观性的对立面是主观性,客观性要求的是非个人化的信念主张。依照马默的介绍,我们大概能区分出三种客观性:语义学客观性指的是主体对客体的陈述,如果陈述的仅仅是主体的主观体验、偏好表达或某种精神状态,该陈述便是主观的;如果世界上存在着陈述所描述的客体,并且该客体的特征与陈述所描述的特性一致,这就具有形而上学的客观性;在适用于描述性陈述的形而上学客观性之外,对于非描述性陈述如果赋予其真值是有意义的,则该种类型的陈述具有逻辑上的客观性。[2]法律价值判断以及司法裁判活动一般具有语义学上的客观性,但是否能够获得形而上学以及逻辑学上的客观性尚存争议。

面对司法中的价值判断,有两种极端的观点,一种是极端的主观论,认为价值判断完全是个人价值偏好的表达,毫无客

---

[1] [德]卡尔·拉伦茨:《法学方法论》(全本·第6版),黄家镇译,商务印书馆2020年版,第166~167页。

[2] See Andrei Marmor, "Three Concepts of Objectivity", *Tel Aviv University Law Review*, Vol. 19, No. 1 (Sep., 1994), pp. 161-184.

观性可言；另一种是极端的客观论，认为价值判断完全能做到非个人化，将主观性因素彻底排空。这两种观点均不符合现实，司法中的价值判断既非丝毫不具有客观性，亦非具有完全高强度的客观性。本章所辩护的，在于价值判断如果具有客观性的话，仅具有一种弱意义上的客观性，它显然无法达到自然科学意义上的那种强客观性，无法始终总是能够通过数据、经验来证实客观性。这种弱意义的客观性，一方面不能完全抽空判断主体的主观要素，另一方面又要将判决过程及结果置于可以被认识、评价和检验的范围之内。

这种弱意义的客观性，将"主体间性"的维度带进来，公众所普遍认可和接受的判断即具有此种客观性，"如果要将一项判断大体上（即使在其限度内）算作是客观的，那么得让其他主体有可能对它进行评估，并对其进行确认或否认。原则上，主体间性是客观性的标志"[1]。将客观性理解为主体间讨论的可能性，力求让价值判断能够为社会中的大多数人所接受。就此来说，客观性也就意味着价值判断的正当性或可接受性。进一步，学者认为价值判断的"客观化"实则不过是价值判断正当化的一种托词或话语策略，价值判断应该追求自身的"正当化"，而不必非得将自己标榜为所谓的"客观化"。[2] 笔者赞同这种看法，这也是本章为不愿纠结于客观性概念的原因，而是尝试以"理性化"来淡化概念争议，使之既能注意到客观性的面向，同时又能照顾到正当性的维度。

---

[1] Brian Leiter eds., *Objectivity in Law and Morals*, Cambridge University Press, 2001, p.109.

[2] 参见林来梵、翟国强：《有关社会科学方法论的反思——来自法学立场的发言》，载《浙江社会科学》2006年第5期。

第八章 价值判断理性限制的体系展开

将客观性等同于主体间的有效性，赋予法律理由以一种主体间的效力，判决理由必定不能是法官个人的感觉或主观态度的表达。[1] 无论是将客观性等同于主体间的有效性，还是将其视作为主体间的接受性，都是在一种温和或弱意义上探求客观性的含义的，这大致就是一些论者所宣称的"最低限度的客观性"（minimal objectivity）。言外之意，价值判断一旦能够在社群之中达成价值共识，我们便可称此种判断为客观性判断。衡量世界万物的尺度不是个人，而是作为整体的社会或社群，群体的共同实践或一致实践决定了客观上的真。[2] 尽管多数人也可能犯错误，但对于某个价值判断无需被社会中所有人都认可，在大规模群体中通常只有很少的信念能够被社会全员所认同，只需达到被社会中绝大多数成员所认同即可，[3] 这也是主体间性所提出的客观要求。

本章将着力从三个方面探讨对司法价值判断的限制，通过遵循某些规则或接受约束，使得价值判断能够在理性化的轨道上运行，如此一来所获得的判断结果亦能在社会群体中被接受或认可，也可以说价值判断满足了客观性的要求。为此，价值判断的实体限制和程序限制着眼于法律立场，属于法律性的限制；相比之下，伦理限制重在施加道德约束，是一种非法律性限制。从法律内外立场出发所施加的诸种限制，共同型构成了

---

[1] See Kent Greenawalt, *Law and Objectivity*, Oxford University Press, 1992, p. 197.

[2] See Jules L. Coleman, Brian Leiter, "Determinacy, Objectivity, and Authority", *University of Pennsylvania Law Review*, Vol. 142, No. 2 (Dec., 1993), pp. 608-611.

[3] See Matthew H. Kramer, *Objectivity and the Rule of Law*, Cambridge University Press, 2007, p. 4.

价值判断的理性化限制体系。

本章基本思路安排如下：首先，探讨价值判断所应遵循的实体论证规则，尤其是确保价值判断与客观法秩序保持一致，谨防价值判断叛离既有的教义规则及其内在的正义、融贯性要求；其次，程序正义是司法追求的重要价值，价值判断应遵守某些程序性规则，以程序性规则为价值判断设定论证负担，从而追求一定程度的程序客观性；最后，还需对价值判断施加伦理的制约，忠诚性将会限制法官恣意判断和虚假证立，并且尽可能真诚地对涉及的规范问题进行客观判断。通过以上诸方面努力，以确保价值判断最终获得一种初步的或最低限度的客观性。

一、价值判断的实体性限制

实体性论证规则是相对于程序性规则而言的，它着眼于价值判断活动的内容本身。价值判断的客观性从根本上说依赖于价值本身是否合理、为真。判断者应从法体系的最基本价值，比如正义、平等、秩序等出发，这些价值属于法律的内在价值，其本身就具有客观性，相反如果裁判者以自己的主观价值为基础进行判断，势必会造成判断活动流于恣意。价值自身的合理性和正确性论证，对于实现价值判断的客观性具有重要意义。从理论上看，价值判断的实体限制规则在数量上无法穷尽，此处暂且选择并简要阐述其中几条重要的规则，这些规则之间并无严格的排列次序。

（一）同等情况应同等对待

同等情况应同等对待，是现代法治所提出的根本要求。罗尔斯在讨论一个公正社会所应遵循的法治原则时,他所构想的第一个原则就是同等情况应同等对待,唯有如此才能排除偏私和不正义,限制自由社会中法官的裁量和专断权,任何时候他们想做出区别对待,都应诉诸法体系中的规则和原则来证成自己的决定。[1] 王轶教授从民法学的角度出发,结合民法学界所既已达成的最低限度的价值共识,提出价值判断应遵守"平等对待"的实体论证规则,具体来说,"在没有足够充分且正当理由的情况下,应当坚持强式意义上的平等对待"[2]。言外之意,唯有在具有充分且正当理由的情况下,才能对民事活动中的主体作出区别对待。这种"等者等之,不等者不等之"的形式正义观念,是法律价值判断应遵循的最基础性规则。判断者将正义内化于心,以平等为取向的价值判断易于在主体间被合理接受,反之专断或恣意的区别对待在人们看来是糟糕的和难以认同的。

不仅在民事法律领域,在公法领域乃至整个法律部门体系中,平等对待都已成为根本性法律原则。宪法中有"法律面前人人平等"原则,其他部门法往往都设有一些具体化的平等性原则,比如,行政法中有"平等原则",刑法中有"平等适用"和"罪刑均衡"原则,各个诉讼法中也都相应规定了"诉讼平等原则"。除了以原则的形式表现出来的平等要求之外,许多部门法中还会以具体的特定规则将平等的价值理念具体化。当然在不同的部门法中,平等对待原则对价值判断施加约束的强度

---

[1] See John Rawls, *A Theory of Justice*, revised edition, Harvard University Press, 1971, pp. 208-209.
[2] 王轶:《民法价值判断问题的实体性论证规则——以中国民法学的学术实践为背景》,载《中国社会科学》2004年第6期。

不同。通常而言，公法领域中司法价值判断受到的限制更加严格一些，比如宪法中协调基本权利冲突或限制公民基本权利时要遵循严格的价值判断和教义论证；相比之下，私法领域中遵循意思自治原则，当事人在处分权利时具有较大空间，价值判断原则上应尊重平等对待的基本要求，但突破这一要求进行差异对待的情况也比比皆是。

如果采纳考夫曼关于法律实现过程三阶段的划分，那么"平等对待"经历了从法律理念到法律规范再到司法判决的过程，法是存在与当为的统一体，是一种关系的统一性和对应，而这种对应意味着类推。[1] 可以说，无论是法自身的类推性质，还是根深蒂固于法体系之中的平等对待原则，均要求裁判者理性地实现平等对待。这里所论及的价值判断出现于法官的裁判过程中，至于同等情况应同等对待对法官提出了何种性质的要求，学界一度有过激烈争辩，一种观点认为这不过是施加给法官的道德义务，并不具有强制落实的特征；另一种观点主张同等情况应同等对待是一种法律义务，法官如果任意背离这一要求将承担法律上的不利后果。[2] 抛去这一争论不谈，即便是将同等情况应同等对待仅视作一种道德义务，也并不意味着法官可以在个案中可以随意地行使价值判断，从而随其所愿地放弃平等对待的要求。法官特定的制度性角色，及其作为一个

---

〔1〕 参见［德］亚图·考夫曼：《类推与"事物本质"——兼论类型理论》，吴从周译，新学林出版股份有限公司 1999 年版，第 29、41 页。

〔2〕 道德义务论立场，参见陈景辉：《同案同判：法律义务还是道德要求》，载《中国法学》2013 年第 3 期。法律义务论立场，参见张骐：《论类似案件应当类似审判》，载《环球法律评论》2014 年第 3 期；以及孙海波：《类似案件应类似审判吗?》，载《法制与社会发展》2019 年第 3 期。

经验性的个体，他不太可能毅然摆脱既有法律在实体与程序方面为其设定的诸多限制，也不太可能摆脱过去司法经验的约束，任性地对同等情况公然区别对待。

当然，有一点必须指出的是，同等情况应同等对待原本是用来限制决策者价值判断的，但是将这一原则性要求引进来之后，可能会带来一个新的问题：它自身的模糊性会给法官创造新的裁量空间。什么是"同等情况"？一个谎称所售商品拥有多种实际上并不具备的品质，与销售假冒伪劣产品算不算"同等情况"？什么又是"同等对待"？两个罪行和情节相似的案件，在法定刑内选择了结果差异较大的不同判决，这是否能算得上"同等对待"？类似的情况还有很多。言外之意，"同等情况"和"同等对待"的具体标准往往并不清晰，对它的拿捏本身就是个价值判断。这恰如一些学者所言，平等对待的原则是空洞的，需要附加认定"同等情况"和"同等对待"的具体判定标准，[1]而一旦我们找到或附加了这种具体标准之后，平等对待原则自身就会失去独立存在的意义。尽管这一原则本身不易把握，但仍无法取消它对价值判断的基本限制地位。

(二) 融贯性

司法中的价值判断很多时候是在处理价值之间的冲突，实践中很多疑难案件归根到底体现为规范背后的实质价值出现分歧。价值冲突因价值来源的不同而表现不一，归纳起来主要有四种冲突情形：其一，法律内部价值的冲突；其二，法律外部

---

[1] See Peter Westen, "The Empty Idea of Equality", *Harvard Law Review*, Vol. 95, No. 3 (Jan., 1982), pp. 543-547.

价值的冲突；其三，法律内部与法律外部价值的冲突；其四，内部冲突与外部价值冲突并存。[1] 无论是以上何种形式的价值判断，本质上都体现为对实质理由的运用。价值作为典型的实质性理由，其基本运作方式是"权衡"或"衡量"，"法官必须说明要互相权衡的是哪些利益，他还必须具体说明应如何权衡这些利益。法官必须清楚利害攸关之利益的确切内容，并且清楚应该赋予这些利益各自多大的分量"[2]。超越于传统形式性推理和论证，面向原则及价值等实质理由的裁判理论日益变得重要，而这正是价值判断发挥作用的重要领域，同时也是极易产生司法专断的场合。

判断者如果滥用实质理由，或者随意赋予实质理由分量，将会导致价值判断的恣意或专断。为此，学者们提出用融贯性来约束价值判断。本书第五章，我们曾提出使用融贯性来限制后果导向的司法判断。可以说，融贯性与同等情况应同等对待有一定关联，均强调前后判断的连续性、一致性，但二者在内涵上又有很大差异，融贯性侧重于一种价值与理由之间互相关联和支持的结构。与融贯性比较接近的概念是一致性，甚至学者们时常会在同一个意义上交替使用这两个概念。虽然融贯性要求尽可能一致、消除矛盾，但融贯性所包含的内容远比一致性更广泛，一致性是融贯性的必要但不充分条件。而且，融贯或不够融贯是一个程度的概念，在个别场合虽然存在着一定的不一致性，但并不妨碍整体融贯性的实现。

---

[1] 参见黎丽：《价值判断之于法官》，载《法学》2003年第6期。
[2] Eveline T. Feteris, "Weighing and Balancing in the Justification of Judicial Decisions", *Informal Logic*, Vol. 28, No. 1 (2008), p. 23.

第八章　价值判断理性限制的体系展开

依照麦考密克的理解，一个法律体系中如果规则能够得到原则的支持和证立，诸规则通盘考量才有意义，那么可以说该法律体系是高度融贯的。[1] 融贯性关涉法律规范与裁判的证立问题，它有两点基本要求：一方面，判决推论具有"合法律性"，要求判决应从现存的法规范中推导，法官的责任是按照与先存法规范相一致的方式裁判，这其实也是形式一致性的逻辑要求，但是融贯性的这一面向可能会与司法裁判追求的其他善（比如实质正义）产生紧张；[2] 另一方面，裁判所依赖的理由之间能够彼此支持，最好能够形成一个相互联结的理由链条或理由网格。也就是说，消除推理上的形式不一致或矛盾之外，用以支撑判决结论的各理由之间达到一种相互协调、互为支撑的状态。显而易见的是，如果说融贯性的第一个面向是约束价值判断应"依法"进行的话，那么融贯性的这一面向强调司法价值判断应通盘考量、合情合理。

也有学者注意到了融贯性上述两个面向之间的张力以及互补状态，甚至指出既然融贯性的使用前提是从先存规范出发思考问题，那么在无法可依或先存法律存在重大道德缺陷的情况下，在现有的法规范无法为争议案件提供一个明确答案时，我们该如何选择，是寻找能最佳符合道德要求的裁判，还是坚持融贯论证推导出道德上并不可欲的结果？[3] 仅仅与先存法融

---

[1] 参见［英］尼尔·麦考密克：《法律推理与法律理论》，姜峰译，法律出版社2005年版，第149页。

[2] See Neil MacCormic, "Coherence in Legal Justification", in Aleksander Peczenik, Lars Lindahl, Bert Foermund eds., *Theory of Lgal Science*, D. Reidel Publishing Company, 1984, pp. 243–244.

[3] 参见蔡琳：《法律论证中的融贯论》，载《法制与社会发展》2006年第2期。

贯,是法律推理得以正当化的必要但不充分条件。[1] 融贯论证依赖于法体系中的法律原则,这里可能会面临两个问题:第一,法律原则具有分量的特性,不同原则之间可能相互竞争,如果融贯论证只单方符合某项原则价值,而未考虑到其他竞争性原则或协调好与其他竞争性原则之间的价值冲突,该判决很难说做到了真正、彻底的融贯。第二,法体系中被实定化的原则数量很有限,大量的原则栖居于伦理范畴之中,法官如何甄选和判定法律原则,在现有法律不敷需求之时,为求得实质公正的个案裁判,是否可从法律之外抽取道德原则,并通过诠释将其转化为法律理由。

融贯论要求司法推理形成一个信念链条甚至信念网格,其中隐藏的一个危险在于,如果价值判断所依赖是高度主观性的情绪体验或个人化的价值偏好,如何确保这些"理由"融贯之后的判断结果是客观的或能够被人们所接受的。我们在现实中有时会看到,法官依照自己的主观价值偏好甚至偏见证成一个结论,该结论尽管看上去很融贯,但却并不公正,无法满足客观性或可接受性的要求。[2] 融贯论要求法官在法律之内以尽可能符合先存法的方式裁判,这对价值判断的约束性主要体现于防止法官越法裁判。但是,如何既要防止法官以个人的主观价值或偏见取代法律客观价值,又能调合融贯和司法裁判追求的实质正义善之间的紧张关系,是一个法学方法上的难题。有人

---

[1] See Barbara Baum Levenbook, "The Role of Coherence in Legal Reasoning", *Law and Philosophy*, Vol. 3, No. 3 (1984), p. 356.

[2] 参见侯学勇:《融贯论在法律论证中的作用》,载《华东政法大学学报》2008年第4期。

可能会说，融贯论证最好诉诸共同体信念（或者价值共识）而非个人信念，一个信念跨越的主体数量越多就越靠谱。德沃金在谈法律原则形成的问题时，他提出法律原则的形成依赖于"制度性支撑"和"人们普遍的妥当感"两项要素，[1]一个价值或伦理原则在实定法中获得的"制度性支撑"越多、人们对它的"普遍的妥当感"越强烈，那么该价值或原则的法律基础地位就越牢固，以之为基础进行的通盘考量或融贯论证就越可靠。

总之，融贯性强调从先在规范推导，并讲究理由之间的相互协调、贯通、支撑，这可在很大程度上限制判断者个人的主观恣意。同时，实践中辅之以融贯性的具体认定标准，比如实质理由的数量、理由的一般化、理由链条的长度和强度等，[2]为司法论证中价值判断的理性化提供了具有可操作性的限制手段。然而，也应注意融贯论自身面临的局限，尤其是确保它所依赖的理由本身的正确性和合理性，在沟通和商谈的基础上，将融贯论证尽可能建立在一般正义和价值共识的基础上。

（三）以教义学体系中的连接点为基础展开

司法裁判这种专业活动需要价值判断，这一点几乎已成为共识。尤其是每当一些与民意、情理相冲突的判决被报道出来时，人们对司法价值判断的渴求就表现得十分强烈。面对汹涌

---

[1] See Ronald Dworkin, *Taking Rights Seriously*, Harvard University Press, 1977, p. 40.

[2] 阿列克西和佩岑尼克提出了十条融贯性的标准以及相应的判断规则。See Robert Alexy, Aleksander Peczenik, "The Concept of Coherence and Its Significance for Discursive Rationality", *Ratio Juris*, Vol. 3, No. 1 (Mar., 1990), pp. 132-143.

的民意,价值判断是该吸收或顺应民意,还是应站在法律的立场对相关价值进行理性反思,在确保整个法律思考能够沿着法律体系所铺设的轨道前行,同时又能兼顾法律价值和社会情理民意的融合。民意不仅感性,而且其聚合性缺乏相应的检测机制,这就使得民意在有些时候可能是非理性甚至错误的,劳东燕教授提醒裁判者不应以民意来支配和主导价值判断,"动辄以民意的价值取向为圭臬,并以任意的方式吸纳所谓的民意,不仅司法独立将荡然无存,法治和人权也会受到极大的威胁与破坏"[1]。故而,价值判断不可任意为之,应遵循一定的教义逻辑和规则。

首先,价值判断不是一种独立的法律方法。与常规的法律解释、法律推理或法律论证方法不同,价值判断一般不能直接被用来推导出裁判结果,而需要与其他法律方法结合在一起才能发挥作用。以常规的法律解释方法为例,文义、体系、历史、目的解释均可与价值判断相结合发挥作用。文义解释维护的是法的安定性价值,采纳字面、扩张或限缩的文义都应保证不能明显超越规范目的的涵盖范围。体系解释侧重于规范之间的融贯和协调,在不同的规范相互竞争时,价值判断可以用来协调冲突,这一点在原则的权衡方面表现得最明显。历史解释和目的解释有共同之处,在于回顾立法当初的历史资料、立法者的目的、意图、信念或价值,[2]其不同之处在于目的解释还有客观面向,客观目的解释着眼于当下应赋予法规范何种新的意义,

---

[1] 劳东燕:《刑事政策与刑法解释中的价值判断——兼论解释论上的"以刑制罪"现象》,载《政法论坛》2012年第4期。
[2] 关于历史解释与目的解释的区分,参见焦宝乾:《历史解释与目的解释的区分难题及其破解》,载《法商研究》2021年第5期。

第八章 价值判断理性限制的体系展开

从而使其能与变迁的社会价值相互协调。

其次,价值判断的运用其实是一个具体化的过程。与法官不能直接运用价值判断裁判相关,价值判断需要依赖中介点或联结点才能发挥作用。法体系中,能够蕴含自由裁量空间的规范为价值判断的存在创造了条件,"只有通过法教义学上的'连接点'如一般条款、法律解释(尤其是目的解释)、法律漏洞补充才能将其引入法律论证"[1]。法体系中的概括性规定、一般条款、不确定法律概念等,为价值判断和实在法的结合搭起了桥梁。需指出的是,概括性规定、一般条款或不确定法律概念,虽然是承载价值的妥当方式,但这些规范的特殊性同时也决定其自身不得被径行适用得出结论,必须在判例、类型化、实例化以及具体化的过程中发挥价值判断的作用。这么做的一个好处在于,可避免法官以法外一般性价值判断或道德判断直接取代法律判断。一般来说,"伦理性较强的案件,法官比较容易根据道德直觉而形成伦理层面的判断和结论"[2]。在民事法律实践中涉及是否违背公序良俗原则的问题上,我国法官存在以道德直觉判断取代深思熟虑的法律价值判断的情况,由于直观上感觉到某个行为不道德,直接得出结论判定该行为违背公序良俗。在前文提及的四川泸州遗赠案中,法官表面上在进行教义推理,实质上在裁判刚开始时就已经直观上形成了遗嘱违背道德而无效的道德判断。

最后,价值判断应遵循法教义规则,这是立法为价值判断

---

[1] 许德风:《论法教义学与价值判断:以民法方法为重点》,载《中外法学》2008年第2期。

[2] 姚辉:《民法学方法论研究》,中国人民大学出版社2020年版,第483页。

设定的最普遍限制。我们所追求的理性价值判断,显然不是漫无目的、不着边际的判断,驯服这匹驰骋于司法疆场的野马的缰绳便是既有的法律规范。司法对立法具有服从或从属的特征,这表现在司法裁判者应尊重立法者的意志及其体现出来的价值判断。可以说,"现行法的制度在大部分情况下已经固定了立法者的价值判断,法教义学研究是为了发现这些价值判断并对其合理性进行论证,法官在一目了然的具体案件中,只要适用法律即可,而无需过问法律规定背后价值判断的合理性"[1]。在简单案件的情形下,价值判断之所以彰而不显,是因为人们对所涉及的法律规范及其背后的价值不存在分歧,法教义学恰好发挥了其减轻论证负担的功能,它并不要求在任何时候都重新开启对法律背后价值和目的的论证。此时,法官在价值判断时遵循了法律规范,实质上也就尊重了规范背后的价值。

寻找妥适的联结点,并从现有的法教义学规则出发进行判断,是形式法治原则的内在要求。遵循教义规则,其实对价值判断者提出了"依法"判断的要求,学者形象地将这种判断活动比喻为非但不是"无底棋盘上的游戏",反而是"戴着镣铐跳舞","因为实在法不只为法律适用提供了诸如平等、自由的最低限度的价值基础,还以精致而细密的价值网极大地限缩了法官价值判断的空间,他们并非在广泛的价值平台上驰骋,而是在已经设置好的价值网络中蹒跚而行"[2]。法官的价值判断不能脱离既有法教义学确立的价值体系,不得与现行法已经固定

---

[1] 卜元石:《法教义学:建立司法、学术与法学教育良性互动的途径》,载田士永、王洪亮、张双根主编:《中德私法研究》(总第6卷·2010年),北京大学出版社2010年版,第13页。

[2] 姚辉:《民法学方法论研究》,中国人民大学出版社2020年版,第481页。

下来的价值相冲突。〔1〕当欲以法律之外的价值作出判断时，须慎之又慎，以避免滑向法外裁判。可见，连接点为价值判断发挥作用提供了契机，而教义规则编织的法网则能限制价值判断的恣意，只有这样价值判断的结果才易于被人们客观接受。

（四）损害最小或利益最大化要求

无论是法律解释还是法律论证，很多时候法官会面对多种可能结果，并设法从中做出选择。当在相互冲突的方案中择一适用时，一方的利益或诉求得到了支持，那么另一方的诉讼期待就会遭到挫败或落空。正如我们在疑难案件中所看到的那样，相互竞争的规范有时会推导出复数的答案，这些立场可能针锋相对、难分高下，为使得裁判结果尽可能理性、能够被接受，选择损害最小同时又能最大化收益的裁判是一种最理想情况。民事法律中的利益衡量，核心要旨就是在不同的利益或利益背后的价值之间进行比较、取舍，"在一项利益必须让步于另一项分量更重的利益时，侵害应限于'尽可能小的程度'；应选择最经济的手段，最轻的压迫，特别是不可以侵害利益超过绝对必要的限度"，〔2〕最终实现一个利益最大化或价值最优化的结果安排。

损害最小或利益最大化，其实是传统公法中的比例原则在法律方法中的投射。一般认为比例原则包括三个层次：适当性原则（所采取的手段必须有助于目的的达成）、必要性原则（选择同等

---

〔1〕 参见卜元石：《法教义学：建立司法、学术与法学教育良性互动的途径》，载田士永、王洪亮、张双根主编：《中德私法研究》（总第 6 卷·2010 年），北京大学出版社 2010 年版，第 13 页。

〔2〕 Vgl. Heinrich Hubmann, Grundsätze der Interessenabwägung, AcP 1956, 86, 128.

达成目的诸手段中对人民权益干涉最小的方案）以及狭义的比例原则（要求对所牵涉的相关价值法益作轻重的权衡）。[1] 在传统公法领域，行政法中比例原则主要是限制行政行为，而宪法中的比例原则被用来审查国家对公民基本权利的限制是否合宪。一个有意思的现象是，近年来比例原则成为我国学术界的热门话题，部门法学者尤其是私法领域的部门法学者纷纷倡导比例原则在该领域中的适用，当然就比例原则是否可在部门法领域中被普遍化亦产生了不少争议，[2] 这已超出本书讨论的范围。笔者关心的问题是，如何将比例原则中的一些要求引入法学方法中，尝试以其提出的若干要求限制司法裁判过程中的价值判断。

比例原则中可资借鉴的是必要性原则，时常被称为"最小损害"原则，其反面要求则是利益的最大化。司法裁判结果必然会有利弊之分，法官须在这些利弊之间进行权衡，并使得利超过弊，"如果存在多个决定方案，且每个决定方案带来的利都大于其所带来的弊，则应选择对利益的损害不超过必要限度的决定方案"[3]。同样的道理，如果无需侵损任何一方利益即可达到目的，则应优先选择此种解决方案，这被学者称为"有效避让"原则，[4] 也是最小损害原则的题中之义。

---

[1] 参见姜昕:《比例原则研究——一个宪政的视角》，法律出版社2008年版，第16~17页。

[2] 参见陈景辉:《比例原则的普遍化与基本权利的性质》，载《中国法学》2017年第5期。

[3] [德]齐佩利乌斯:《法学方法论》，金振豹译，法律出版社2009年版，第87页。

[4] Vgl. Heinrich Hubmann, Grundsätze der Interessenabwägung, AcP 1956, 86, 126.

第八章 价值判断理性限制的体系展开

这里,价值判断最小"损害"的对象是什么?首先,从最直观层面来看,损害的是权利和利益,利益和权利因为较为具体,实践中在比较起来很好把握。其次,有人可能会说,人们表面看上去是在比较利益或权利,而实则是在比较利益或权利背后的价值,所以最小损害的是法律规范代表的价值,在赋予一个价值更大权重的同时,尽力最大限度地兼容另一价值,比如自由和平等如何协调,在最大限度地倡导自由的同时,又要最低限度地保障平等。最后,还有人认为,价值判断损害的不是法官个人的信念,而是一种具有公共性质的事物,这个东西就是作为整体的法教义学体系,这个体系是由不同规范性命题所构成的,具有"从核心—外围"的层级性。[1] 当决策方案可能侵损法律规则构成的外部形式体系和法律原则形构的内在价值体系时,[2] 应选择损害外部体系的方案。

值得一提的是,价值判断的一个重要作业领域是法律续造,学界一般将"可能的文义"视为法律解释和法律续造的界限,一旦逾越了可能的文义就不再被视为对意义的解释而是对意义的改变,从而进入了法律续造的范围,超过可能文义但仍在规范目的的涵盖范围之内属于法律之内的法续造,然而一旦超出规范目的所进行的法律发展活动便属于超越法律的法续造。[3] 法律之内的法续造仍在法体系之内活动,性质上是一种弱价值

---

[1] 参见陈坤:《疑案审理中的实质权衡与最小损害原则》,载《交大法学》2012年第2期。

[2] 对法的"外在"和"内在"体系的划分,参见〔奥〕恩斯特·A.克莱默:《法律方法论》,周万里译,法律出版社2019年版,第59页。

[3] 参见〔德〕卡尔·拉伦茨:《法学方法论》(全本·第6版),黄家镇译,商务印书馆2020年版,第406、460~461页。

判断；相比之下，超越法律的法续造已经超越了既有的法体系，属于一种强价值判断。如果有可能，法官应尽量避免从事超越法律的法续造活动，否则容易对既有的法体系造成较大损害，不符合最大收益和最小损害原则。在普通法系国家，法官在决定推翻先例之前通常要进行"必要性"和"利大于弊"论证，[1]唯有确证推翻先例能够带来更大的正义时，推翻先例的行为方可获得正当性基础。

总之，同等情况应同等对待对价值判断提出了最普遍性的要求，防止判断者恣意所可能造成的区别对待。融贯性一方面要求价值判断应从先在的法规范出发，另一方面强调判断者所依赖的诸种理由之间是否相互协调和支持，换言之判断者能够以"理"服人。价值判断还应"依法"进行，这对判断者提出了一种底线性的限制，与此同时明确价值判断不能独立运作，而必须以连接点展开并借助于其他法律方法的协助才能发挥作用。损害最小或收益最大是一项效用上的要求，它对价值判断者施加的是一种较高的要求。如果从以上几个方面约束价值判断，那么经由价值判断获得的裁判结果也倾向于能够获得理性化，从而被当事人以及社会公众所接受。

二、价值判断的程序性限制

如本章伊始所指明的，客观性拥有不同的层次类型，每种类型的客观性在具体内涵上也有差异。本书所探讨的客观性，是一种最低限度的客观性，它加入了主体间性的维度，如果价

---

[1] 参见孙海波：《普通法系法官背离先例的经验及其启示》，载《法商研究》2020年第5期。

第八章　价值判断理性限制的体系展开

值是主体间性的话，那么价值就是客观存在的，在此意义上价值的客观性与主体间性可以画等号了。[1]就此而言，一种弱意义的客观性便成为主体间性和可接受性双重要求的复合。通过探求和确立一些实体论证规则，能够为价值判断活动提供强有力的限制，使其尽可能在法体系所设定的网络坐标中运行。除了实体性约束之外，现代法治亦是一种程序法治，价值判断仍需遵循一定的程序规则或步骤，以至于让这种判断活动能够进一步受到程序性的限制，进而确保判断活动获得一种程序客观性。

（一）价值判断的程序客观性

程序客观性概念并不常见，在以往的学术讨论中，学者们时常会论及程序中立性或正当法律程序。程序中立要求公共决定的作出者不偏私，作出不偏袒任何一方利益的决定。正当法律程序，源自1215年《英国自由大宪章》中的"自然正义"，《美国宪法第五修正案》将这一制度推向极致，其核心要义仍在于保障公民权利和限制专断的公权力。虽然它首先是一种程序性的要求，但同时也包含着某些实体性或实质性的内容。[2]现代法治的基本原则之一，便是要求公权力应受法律规制，[3]权力之行使应遵循法定程序，否则要接受程序性制裁。法院作为一个公权力决策机构，其运行应遵守相应的组织程序，世界各国都

---

[1] See Sanne Taekema, *The Concept of Ideals in Legal Theory*, Springer, 2002, pp. 7-8.

[2] 参见[美]约翰·V.奥尔特:《正当法律程序简史》，杨明成、陈霜玲译，商务印书馆2006年版，第62~74页。

[3] 拉兹将"限制专断的公权力"或"政府在法律之下"列为法治的首要原则。See Joseph Raz, "The Law's Own Virtue", *Oxford Journal of Legal Studies*, Vol. 39, No. 1 (2019), p. 3.

有相应的诉讼程序法，一些国家还专门制定了法院组织法。

程序客观性大体上意味着，法官在决策案件时应按照预先设定好的程序不偏不倚地作出决定。程序为法官决策施加了一种约束和限制，尽可能排除决策者的主观偏私或决策过程受到不当干预。关于程序客观性的合理论证有不同进路，霍布斯主义者认为人们赞成客观程序根源于相互妥协，这是一种基于自利性追求的策略性理由。罗尔斯主义者提出了一些政治道德的实体性论据，主张在自由主义者看来应使用客观的程序解决纠纷。除此之外，还有论者诉诸了怀疑主义的理由，他们看中的是客观程序本身，而对法律道德政治问题是否存在正确答案持怀疑态度。[1] 简而言之，在程序客观性的拥护者看来，无论怎样，程序对于决策而言是重要的。

此处所讨论的程序客观性，与一些学者提到的认识论客观性（epistemological objectivity）基本上同义。认识论意义上的客观性，指的是在使认知对象真实呈现的过程中，应尽力免除偏见或其他扭曲认识的因素的干扰。[2] 有论者指出，认识论客观性代表了一种普遍性，"客观性以主体间性为理论预设，可理解为一种针对主体的客观。所以至少在社会科学领域，其更多指向一种公共性知识，旨在寻求普遍、有效与可重复的认知标准"[3]。在面对实质价值时人们彼此时常会发生分歧，为了有效沟通、

---

[1] See Jules L. Coleman, Brian Leiter, "Determinacy, Objectivity, and Authority", *University of Pennsylvania Law Review*, Vol. 142, No. 2 (Dec., 1993), pp. 596-598.

[2] See Brian Leiter, "Law and Objectivity", in Jules L. Coleman, Kenneth Einar Himma, Scott J. Shapiro eds., *The Oxford Handbook of Jurisprudence and Philosophy of Law*, Oxford University Press, 2002, p. 973.

[3] 高一飞：《论司法价值判断的客观性》，载《浙江社会科学》2021年第2期。

第八章 价值判断理性限制的体系展开

平等商谈和理性决策,诉诸一套形式性或程序标准变得至关重要。这套程序标准,主要是由一些最低限度的形式性要求所组成,能够得到最大限度的认可。另外,还有论者将裁判过程解剖为"发现的过程"和"裁判证立的过程",客观性由此分野出"发现过程"的客观性与"裁判证立过程"的客观性,[1]其实这二者统合起来就是认识论的客观性。

以上也能看出,认识论客观性强调从程序上限制价值判断的恣意或主观偏私,其核心要求就是裁判者要尽可能中立、做到不偏不倚,以达到一种"中立的客观性",这具体体现为两个方面的要求:其一,无私心,决策者不牵涉任何个人的利益,或者在即便知道可能会影响自身利益时仍能做到铁面无私;其二,不存偏见,不偏听偏信,保持决策程序的开放性,让当事人各方陈述自己的立场和理由,不先入为主或心怀偏见地作出决定。[2]但必须指出的一点是,程序的客观性只是从程序上保证决策的公开、透明、中立,尽管它可能会最大限度地排除偏私并力图追求公正的决策结果,但却并不保证经由客观程序作出的决策就一定是正确的。这也就是说,程序客观性与结果的正确性之间并不存在必然联系,这也是程序客观性与结果客观性之间的差异所在。

(二)价值判断的程序性限制规则

就约束司法决策中法官的价值判断而言,实定法尤其是诉

---

[1] 参见王志勇:《"司法裁判的客观性"之辨析》,载《法制与社会发展》2019年第3期。

[2] See Matthew H. Kramer, *Objectivity and the Rule of Law*, Cambridge University Press, 2007, pp. 54-57.

讼法中已经设定了不少的原则和制度。比如,传统制裁理论中主要涉及的是实体性制裁,近些年诉讼法学者提出了程序性制裁这种新形式,为了确保法定程序的有效性和强制性,一旦决策者出现了违反法定程序的行为,即宣告该违法行为无效便是最直接的后果。[1] 比如,法官违反法定程序剥夺当事人的诉讼权利,对于这种违反法定程序进行的价值决策设定一种不同于实体制裁的程序性制裁,程序上的制裁后果是撤销原审判决、取消其效力。

司法自由裁量权的规制一直是诉讼法学者热议的话题,考虑到实践中诉讼法学界对如何限制法官专断已有很多讨论,并且诉讼法设立的很多程序性制度就旨在限制法官的专断裁量,本部分暂且搁置这些内容。价值判断与法律论证是一体化的关系,法律论证的最核心内容就是法官的价值判断。法律论证规则的设立,亦旨在约束价值判断的恣意,同时又保障价值判断实现理性化,确保价值论证的结果具有可接受性。

有鉴于此,当前这一小节,将价值判断和法律论证结合在一起讨论,当代法律论证理论中已为法官的论证设定了多种规则,其中程序进路的影响较为深远。笔者尝试从法律论证理论中汲取一些养分,勾勒出限制法官价值判断的若干程序规则。需要说明,与实体性限制一样的道理,价值判断的程序限制规则可能有很多,一般来说讨论的领域越具体,这些限制性规则的内容也随之越具体、数量也越多。这里着眼于最一般的司法论证层面,提出几条限制价值判断的基本程序性规则。

---

[1] 参见陈瑞华:《程序性制裁制度的法理学分析》,载《中国法学》2005年第6期;陈瑞华:《程序性制裁理论》(第3版),中国法制出版社2017年版。

第八章 价值判断理性限制的体系展开

1. 价值判断理性化的基本程序规则

在敞开的体系中公开判断和论证，是现代司法理论的典型特征。与公开相对，是私下或秘密的判断，这种隐秘化的环境会带给法官最大化的决策自由。可以想象，由于司法决策获得是法官单方私下就可完成的，它不接受对话、反驳、质疑与挑战，那么这不可避免会滋生任意和专断，决策者可能会凭一己私好或头脑发热就得出某个判断。一旦程序不公开、不透明，偏私和专断便会渗透到决策过程之中，这必将与程序客观性要求背道而驰，由此所得出的判断结果由于缺少正当性基础而难以被人们接受。

一个理想的价值判断和法律论证商谈环境，必须是公开论证程序，让决策利益攸关各方能够有效参与，并有发表自己言论和反驳对方观点的机会。理想的价值论证环境，应面向理性公开，排除偶然性因素的干预。这方面可借鉴哈贝马斯所倡导的公共交往中的商谈规则，这些规则实际上对决策者而言扮演了一种程序性规则的角色，如诺伊曼所说，"理性和证立性成为程序性规则之功能"，[1] 它们对司法裁判中法官的价值判断发挥着约束性的作用。德国法律论证理论大家阿列克西重述并发展了哈贝马斯的基本理性程序规则，它们恰好也是我们在程序上约束法官价值判断的程序限制规则。这里将哈贝马斯限制价值论证的程序规则重述如下：

（1）平等权利要求。

其内容是任何价值判断和法律论证利益攸关的主体都有权参

---

[1] [德] 乌尔弗里德·诺伊曼：《法律论证学》，张青波译，法律出版社 2014 年版，第 83 页。

与讨论。[1] 这条规则涉及人们能够平等进入辩论，这体现商谈程序要平等对参与者开放。不仅法官要自始至终亲临或在场（刑事诉讼法中贯彻"直接言词"原则），就像我国司法责任制改革中提出的"由审理者裁判、由裁判者负责"要求一样。与此相对，受到价值判断影响的相关主体也应尽可能参与到决策过程中，通过发表意见来约束判断者的恣意和维护自己的利益诉求。价值判断是在判断主体与受众之间的一场沟通和对话，如果不允许相关主体参与对话其中，价值判断将丧失最基本的理性基础。

（2）普遍性要求。

其具体内容包括任何人均可质疑任何主张、任何人均可将任何论断引入到商谈程序中，以及任何人都有权表达自己的态度、愿望及需求。这项程序性规则旨在确保所有价值论证过程中的参与者都有平等的机会讲话和辩论，[2] 如果你觉得法官在做出某个价值判断时存在明显的恣意或错误，便可质疑或批评其判断。可以说，普遍性要求不仅是针对价值判断者的要求，同时也是对价值判断者的受众或价值论证过程的对话者、参与者提出的要求。尤其是，通过价值商谈过程中相关主体对价值判断的监督和质疑，通过施加压力来限制和检验价值判断的合理性。该规则通过规定相关主体在价值论证过程中相互争辩的具体权利，使得真理越辩越明，允许人们说话，允许发出不同

---

[1] See Jürgen Habermas, *Moral Consciousness and Communicative Action*, translated by Christian Lenhardt and Shierry Weber Nicholsen, Polity Press, 1990, p. 89.

[2] See Jürgen Habermas, *Moral Consciousness and Communicative Action*, translated by Christian Lenhardt and Shierry Weber Nicholsen, Polity Press, 1990, p. 89.

的声音，这同样也是价值商谈程序开放性的要求，这种开放性之下的辩论自由必然拒绝恣意。

（3）无强迫性要求。

在价值商谈过程中，任何言说者都不应受到内部或外部的强制，从而得以顺利行使在"平等权利要求"和"普遍性要求"中所设定的权利。[1] 无强迫性要求可以视为前两种要求的前提条件，是保障理性价值论断得以进行的必要前提。对于价值判断的行使者法官而言，内部的限制比如系统内部对其施加的政治压力或责任压力，使其无法按照自己内心的真实想法客观地作出判断，如此所得出的判断结果必然包含非理性的成分。外部压力常常来自社会层面，比如就像我们在热点案件中经常看到的那样，维护社会的稳定、尊重并吸纳舆情和民意、追求社会公众期待的结果，这些外部因素很多时候无形给法官的判断施加了压力，一定程度上会扭曲法官的价值判断。这种所谓的"可欲"结果，在法律上有时并不是正确或合理的。对于法律商谈中的其他参与者而言，比如刑事诉讼中通过刑讯逼供非法获取口供，或者通过刑讯强迫犯罪嫌疑人自证其罪，这些都是明显非理性的表现，严重违背了无强迫性的要求，基于此所形成的价值判断注定是无法令人接受的。

以上三条程序性规则为价值论证和辩论的合理性设定了一系列条件，由此形成的程序规则被称为"理性规则"。这些理性规则从各自的不同侧面发挥作用，共同限制价值论证程序中判断者的恣意，从而易于保障价值判断获得客观、理性的结果。

---

[1] 参见 [德] 乌尔弗里德·诺伊曼：《法律论证学》，张青波译，法律出版社2014年版，第83~84页。

德国法律论证理论权威阿列克西重述了哈贝马斯的上述程序理性规则，并提出了一套适宜于普遍实践论辩的规则，这套规则显然亦适用于对法官价值判断的限制。具体而言，它主要包括这样几方面内容：其一，基本规则，其中又内含逻辑规则（言谈者前后不得自相矛盾）、真诚性规则（言谈者只能主张自己相信的东西）、言谈者自身的一致性规则（言谈者必须用相同的意义来做一切表达）、语言用法的共通性规则（不同的言谈者不许用不同的意义来做相同的表达）。其二，理性规则，也囊括普遍证立规则（任何言谈者必须应他人请求对自己的主张进行证立，除非他有充足的理由拒绝这么做）、论辩自由规则（任何言说者均允许参加论辩）和不受强制干预规则（论辩过程中应排除对言说者的内在和外在的强制性干预）。[1] 可以看出，阿列克西所构想的用以限制法律论证的规则在内容上吸收了哈贝马斯的相关理论，但在内容范围上要比哈贝马斯的理论更丰富。言外之意，阿列克西所构建的这套程序性规则对价值判断的限制将更加严格。

也有学者将阿列克西的普遍理性商谈理论，归纳为一致性规则、实效性规则、真诚性规则、一般化规则以及支持性规则。其中，一般化规则强调裁判者的价值判断应具有一般化或具有可被普遍化的能力，从而使得此判断能够涵盖一般类似的情形。违反一般化规则导致的结果是，价值判断对相关理由或根据的运用仅仅与当前情境相关，而这种做法难以满足理性的要求。[2] 实践

---

[1] 参见［德］罗伯特·阿列克西：《法律论证理论——作为法律证立理论的理性论辩理论》，舒国滢译，中国法制出版社2002年版，第234~241页。
[2] 参见［芬兰］奥利斯·阿尔尼奥：《作为合理性的理性：论法律证成》，宋旭光译，中国法制出版社2021年版，第275~279页。

中，裁判者虽然面临的是特殊的情境和具体的问题，但其对于法律理由的运用应有超越个案的视野，所形成的价值判断结论也应具有对未来类似案件的普遍可适用性。从本质上看，一般化或可普遍化要求限制价值判断的个人化，迫使判断者尽可能朝着客观、非个人化的方向做出判断。

以上关于法律商谈的程序性规则，起着理性化法律论证结果的功能，它们对于司法过程中法官的价值判断施加了较为严格的限制。它要求价值判断者不是随心所欲地得出判断结果，而是要严格遵循相应的程序性论证和判断规则。然而，也应注意的是，无论多么完美的程序性规则体系也只是尽可能排除价值判断者明显的恣意和干扰性因素，而难以保证判断结论一定就是正确的。程序正义原则提出了程序的参与性、裁判者的中立性、程序的平等性、程序的合理性、程序的自治性、程序的及时终结性等要求，[1]程序上的开放、平等和透明，会让参与者感到自己受到了公平的对待，也感受到判断结论是基于正当和公平程序得出的，从而易于接受哪怕实体上并不完全有利于自己的价值判断结果。这其实正是程序的独特功能，也是为什么现代法治在实体正义之外特别重视程序正义的原因所在，[2]甚至程序正义要优于以结果为导向的实体正义。

---

〔1〕 参见陈瑞华：《程序正义论——从刑事审判角度的分析》，载《中外法学》1997年第2期。

〔2〕 参见季卫东：《法律程序的意义——对中国法制建设的另一种思考》，载《中国社会科学》1993年第1期。有学者提出了程序正义的三种价值类型，分别有基于外在价值的程序理论（程序工具主义）、基于内在价值的程序理论（程序本位主义）以及基于构成性内在价值的程序理论（程序综合主义），参见雷磊：《法律程序为什么重要？反思现代社会中程序与法治的关系》，载《中外法学》2014年第2期。

2. 价值判断理性化的论证负担规则

从程序的角度来看，要想对价值判断进行理性化限制，还应坚持论证责任负担的规则。所谓论证责任负担规则，简而言之，即是要求价值判断者或法律决策者应为其论断提供理由加以证立。为了实现价值判断的程序客观性，让人们接受基于特定程序价值判断得出的结果，判断者须言之有据、言之有物，承担说理论证的义务。公共决策者为自己的行动提供理由，这是程序性法治观的主要内容，"它要求政府官员和公民受由理由证成的规则的约束并依据这些规则行为，不论这些规则要求什么"[1]。当法官意图通过价值判断追求某种裁判结果时，他负有义务来证成这种价值选择的合理性。

设想如果价值判断者不承担说理义务，这会导致什么结果？无责任约束，价值判断者倾向于专断、恣意和任性，作出判断的理由不仅不透明，而且也不容许公众对价值判断的结果进行争辩。这最终带来的结果是，价值判断根本就无法实现理性化。

我们可从正反两个方面来理解论证责任负担规则：从积极方面看，言说者应对自己的主张提供理由加以证立；从消极方面来看，言说者的主张应接受公开检验，当他人挑战言说者的主张并要求其说明时，应针对批评加以回应。可以想象，在公开论辩过程中，如果允许任意提出自己的主张而不必给出相应的证据或理由，那么这种价值论断要么难以进行下去，要么根本无法获得一个理性结果。这也是为何在诉讼法领域中，一定

---

[1] [美] 玛蒂尔德·柯恩：《作为理由之治的法治》，杨贝译，载《中外法学》2010年第3期。

要确立相关的辩论规则和证据规则的理由。

论证负担规则涉及的是对特定证立义务的分配或免除,[1]结合法律论证中经典的商谈程序理论,论证责任负担规则向价值判断者提出了不同层次的要求。详言之,它包含以下几项具体的程序性要求。

(1)只有在提供了充分且合理的理由之后,价值判断者方可对同等情况作出不平等的对待,否则该区别对待就是非理性化的。

本章第一部分曾架设了价值判断的四项实体论证要求,其中"同等情况应同等对待"比较特殊,既包含实体性论证规则又包含程序性论证规则的内容。作为一项程序性论证规则,其主要关心的问题是,面对同样的法律问题、同样的案件情形,如果法官给出了不同的判断,这种判断是正当的吗?如果法官就这种"区别对待"未给出理由,或者给出的理由不充分或不正确,那么该判断便是有问题的。相反,如果法官提供了充分的理由,证明虽然案件情形相同、争议问题相似,仍不应做出相同的对待,那么此时便可认为这种"区别对待"的价值判断是合理、可行的。

王轶教授在将"平等对待"作为民事领域价值判断的实体性限制规则的同时,也指出了该规则的程序面向,即"主张采用弱式意义上的平等对待来回答特定价值判断问题的讨论者,必须承担论证责任,举证证明存在有足够充分且正当的理由,需要在特定价值判断问题上采用弱式意义上的平等对待。否则,

---

[1] 参见[德]乌尔弗里德·诺伊曼:《法律论证学》,张青波译,法律出版社2014年版,第88页。

其主张就不能够被证立","而坚持强式意义上平等对待的讨论者,则只须通过论证,有效反驳主张弱式意义上平等对待的讨论者提出的理由即可"[1]。这里针对不平等对待的程序论证要求,从规范的性质上讲是一种规则而非原则,"要么被遵循,要么不被遵循"[2]。这意味着,价值判断的论证责任负担者对于承担说理义务这个问题,无可斟酌的余地,在特定情形下要么被免除论证负担,要么全面履行论证义务提出的各项强度不同的要求。

当下法律实践中一个热议的话题——"同案同判"或"类案类判",其所涉及的问题就是平等对待。面对类似的案件情形,法官理应作出与先前案件相类似的裁判。比如最高人民法院发布了第 24 号指导性案例,其裁判要旨在于:交通事故侵权人,作为受害者的非机动一方行人自身的特殊体质(骨质疏松)要素不属于侵权法意义上的过错,不应成为减轻侵权人责任的理由。假设在之后一个案件中,受害人有心脏病,在送往医院治疗过程中病情反反复复,导致他心情抑郁、心脏病复发而去世。对后案该作何处理?如果想作出与第 24 号指导性案例不同的判决,须论证这两个案件在实质上并不相似,否则就要类似案件类似处理。在普通法中,对此发展出了一套较为成熟的区别技术(distinguishing),[3] 通过区分眼前待决案件与先例案件

---

〔1〕 王轶:《民法价值判断问题的实体性论证规则》,载《中国社会科学》2004 年第 6 期。

〔2〕 [芬兰]奥利斯·阿尔尼奥:《作为合理性的理性:论法律证成》,宋旭光译,中国法制出版社 2021 年版,第 283 页。

〔3〕 See Bryan A. Garner et al., *The Law of Judicial Precedent*, Thomson Reuters, 2016, pp. 92-96.

之间的关键性差异，从而对它们作出区别对待。普通法中还有推翻先例制度，对先例的推翻由于涉及司法造法，故而要遵循严格的论证责任规则。[1]常见的情况是，前后案件确实属于类似案件，但先例案件在实质意义上存在道德缺陷，那么后案法官并无义务重复过去的不正义。一言以蔽之，唯有确证前后情形确实不类似，所作出的区别对待才能被合理接受。

（2）对过去法律实践和教义学理论中已经固定下来的观点，如若没有充分的理由不得对其加以抛弃。

法律实践讲究连续性，法律实务者对于实践中已经形成的"持续且一致的司法见解"应给予充分的尊重，"在教义学证立中至少能够暂时采纳业已检验过的和业已承认的语句，这种可能性减轻了（论证的）负担，以至于没有特别的理由不需要一个重新的检验"[2]，这展现的是法教义学的减轻论证负担的功能。法律教义学的重要工作其实就是通过学术梳理和规范阐释确定下来"一般的法律教义"（general legal dogmatics）或"法律命题"（legal proposition），对此不必在每次法律适用活动中都重启对它们的检讨。

普通法中有"遵循先例"原则，其本意就是"遵从先例，切勿破坏已有定论"，或者说是"遵守先例，且不要扰乱已确立的要点"。[3]当然，并不意味着主流观点或价值就是异常不变

---

〔1〕 推翻先例应遵循的论证规则内容，参见孙海波：《普通法系法官背离先例的经验及其启示》，载《法商研究》2020年第5期。

〔2〕 [德]罗伯特·阿列克西：《法律论证理论——作为法律证立理论的理性论辩理论》，舒国滢译，中国法制出版社2002年版，第331页。

〔3〕 See Richard A. Wasserstrom, *The Judicial Decision: Toward a Theory of Legal Justification*, Stanford University Press, 1961, p.39.

的,如果随着社会的发展,主流观点或社会价值已发生深刻变化,那么固守传统观点或原有立场的言说者要证明为何仍然这么做。如果不按照以上规则分配价值论证负担,由此导致的结果是大家会任意地背弃已形成的法律立场和观点,随意开启对一般法律教义的价值讨论,会让本来就繁重的司法活动变得更加不堪重负。

(3)价值判断者已为其立场提供了证明,只有其他主体挑战或质疑该证成时,他才有义务承担额外的证成责任。

若无他人要求或质疑,价值判断者为已经完成的证成再作额外证成是没有意义且不符合经济理性的。额外证成所带来的,要么是对新的证成的需要,要么是对已提出的证成进行正当化的必要,还有可能是使得已完成的证成更精致、更准确。[1]在法律论证过程中,容许公开的辩论和批评,只要言之有据、言之成理便可行得通。价值判断者提出了某个论点,并对其加以理性证成,其他受众可能会从不同角度挑战这一观点。

司法裁判中的价值判断具有个人化和独断性的风险,正如一位日本学者反讽的那样:"这样看来,法律家是何等威武!(他们)竟然常常把自己的解释作为客观的唯一正解,以客观性的名义加以主张。然而,在有人看来,他们又是何等懦弱啊!所有的事情都依靠法规,妄想把人类生活用法规不留余地地加以规定,否则他们的心就没有着落。这样看来,法律家多么地虚伪和不负责任!竟然把主观藏匿在所谓的客观后面!"[2]为此,对价值判断的内容进行公开检讨实属必要,"只要有愈高程

---

〔1〕 参见〔芬兰〕奥利斯·阿尔尼奥:《作为合理性的理性:论法律证成》,宋旭光译,中国法制出版社2021年版,第284页。

〔2〕 來栖三郎「法の解釈と法律家」「私法」11号22頁(1954)。

度的批判可能性、检证可能性、反证可能性,才有愈高程度的客观性"[1]。法官的价值判断不仅需要面向当事人,还需要接受整个法律职业共同体以及社会公众的监督、批评。

从程序上架设以上诸规则限制判断者的恣意,保证价值判断论辩程序的公开性、中立性和不偏倚性,对于实现程序客观性是必要和重要的。这些程序性规则对价值判断的限制各有侧重,基本程序性规则主要着眼于价值判断和论证程序的理性化,确保价值判断的理性证立要求的轨道上行驶。价值判断的论证负担负责,强调通过提供理由为判断过程和结果辩护,同时强调价值判断接受公开的质疑与挑战,使得价值判断主体能够经受来自多方面的考验,以提升价值判断的程序客观性和可接受性。

三、价值判断的伦理性限制

实体论证和程序性论证规则更多的是从法律体系本身出发所提出的要求,这种约束体现了"法律性"的限制,其强制性程度越高,对于各领域的价值判断者具有越强的可普遍适用的能力。除了法律性限制之外,对价值判断者的一个有力限制还可能来自伦理道德。由于价值判断过程中最显著的问题常常表现为判断者的主观或恣意,主体情绪的张扬会加剧判断的随机性和反复无常。通常,一个道德上高度自觉的裁判者会认真、理性地看待价值判断活动,并谨慎地行使手中握有的判断和裁量权力。

(一) 行使价值判断应坚持方法忠诚

德沃金对自由裁量权曾有过一个形象的比喻,它就像甜甜

---

[1] 吕荣海:《从批判的可能性看——法律的客观性》,蔚理法律出版社1987年版,第169页。

圈中的那个洞一样，离开了周围内容的限制，那个空洞自身就失去了意义。进一步地，裁量权或判断权可以划分为两种不同版本：温和意义的裁量或判断是指对模糊不清的规范加以澄清或释明，具体方式依赖于对文义、目的、历史或体系脉络的判断；强式意义的裁量或判断涉及对法规范的批判、修正和续造，[1] 很显然的是，这时判断活动已经突破了既有法规范的拘束。

前文提及的法律内的法续造，主要是结合规范意旨阐释法规范，仍然是在既有法体系之内的法律解释活动，具有较弱色彩的价值判断。相比之下，超越法律的法续造已突破了既有的法规范体系，性质上已属于一种司法造法性的活动，具有较强的价值判断色彩。无论是何种类型的价值判断，均应尽可能以公开化的方式、朝着客观性的方向努力。这里笔者提出"忠诚"的维度，价值判断活动要忠诚于法律，忠诚于法律的价值或目的，忠诚于作为客观价值的法秩序。当然，考虑到两类价值判断的内在机理和活动强度不同，忠诚性对于强意义价值判断提出的要求会更加严苛。

什么是忠诚？"忠诚首先意味着法官必须在当下环境中以最佳的方式遵守规则，并将之作为自己的特定任务或职责"，"忠诚还意味着，法官必须以一种谦逊和屈从的态度来看待自己的任务，将法律规则看成是一种权威性指令而非个人的偏好"[2]。反过来说，如果法官任意地背弃既有的法规范，或者将个人的情绪体验、主观偏好甚至偏见作为判断的依据，那么就会走向不忠

---

[1] See Ronald Dworkin, *Taking Rights Seriously*, Harvard University Press, 1977, pp. 31-33.

[2] Jason E. Whitehead, *Judging Judges: Values and the Rule of Law*, Baylor University Press, 2014, p. 15.

第八章 价值判断理性限制的体系展开

诚。为了避免让法官个人的评价取代以法律价值为基础的判断,"明确强调法律以之为基础的各种价值的理性的内涵就更为重要,因为只有这样,法官才能够设身处地,进行自我监督、自我检查"[1]。可见,忠诚性虽然就其本质而言是一种伦理性要求,但其努力使裁判者能够在既有规范的框架下开展价值判断活动。

人们可能会继续追问,这种忠诚性该如何判断?或者说,忠诚感来源于何处?有学者将目光投向了共同体的态度,即"法官从与共同体价值和规范的持续互动中发展出对于法律的忠诚态度"[2],这大概类似于杨仁寿先生的看法,"法官为价值判断时,应以社会通念为务,随时要求自己以谦虚心为之,不得我行我素也"[3]。此外,齐佩利乌斯指出价值论证要接受"多数公认的正义观念"的检讨,"作为民主的法共同体的代表,法官也应总是要关注该法共同体中更为广泛的合意基础。也就是说,他也应总是需要考察其决定是否能够与该共同体中具有多数公认力的正义观念相符"[4]。根据社会中主流行价值(占主导地位之价值,诸如对神谕之敬奉、保护人权、坚持平等、追求共同善、维护人的尊严等)进行推理,能够为证成一个判决提供"好"的理由。[5] 正义是法律体系中的最基础价

---

[1] [德] H. 科殷:《法哲学》,林荣远译,华夏出版社 2002 年版,第 221 页。

[2] Jason E. Whitehead, *Judging Judges: Values and the Rule of Law*, Baylor University Press, 2014, p.19.

[3] 杨仁寿:《法学方法论》(第 2 版),中国政法大学出版社 2013 年版,第 226 页。

[4] [德] 齐佩利乌斯:《法学方法论》,金振豹译,法律出版社 2009 年版,第 122 页。

[5] See Ch. Perelman, *Justice, Law, and Argument: Essays on Moral and Legal Reasoning*, D. Reidel Publishing Company, 1980, p.130.

值，它是一种客观性价值，取向于正义的价值论证很容易被理性化。

无论是诉诸法律职业共同体的忠诚感，还是依靠社会中通行的一般正义观念，其实都加入了"主体间性"的要素，以他者的视角来审视群体对同一个议题的看法，既能约束判断者的恣意，又有助于促使价值判断的结果被合理接受。应注意的一点是，共同体的忠诚态度或社会一般正义观念，尽管在多数时候被证明是无异议的和正确的，但它并非总是如此牢靠。社会中的价值观念是多元的，有时候在不同价值之间很难做出非此即彼的选择，历史证明在某些时候多数意见是错误的，真理反倒是掌握在少数异议者的手中，这就提醒我们在诉诸多数公认正义观念的同时，应学会倾听少数人的不同意见。同时，也应看到，社会价值观念是不断发展变化的，昨日的真理可能在今日被证明为谬误。有鉴于此，有学者主张，一方面约束法官价值判断的是法官所处时代而非立法时的国民整体意志，另一方面应以裁判作出时而非立法时的社会价值理念为基础。[1] 可见，价值判断做到方法忠诚，其限制和判断标准本身也应尽可能是客观的。

秉持司法忠诚感，这是一种重要的司法美德，"如果将司法美德视为司法社会实践整体的一部分，那么司法美德能帮助解释法官如何会将司法忠诚当作一种伦理义务"[2]。在法实践中，如果法官能够通过慎思将方法忠诚当成一种内在义务，那么他

---

[1] 参见黄京平、陈鹏展：《刑事裁判过程中价值判断问题研究》，载《法学家》2005年第6期。

[2] Jason E. Whitehead, *Judging Judges: Values and the Rule of Law*, Baylor University Press, 2014, p. 23.

第八章 价值判断理性限制的体系展开

就会潜移默化地将这项伦理要求贯彻到价值判断活动之中。

从方法论的角度看,方法忠诚最核心的意义在于,强调价值判断活动要受法的约束。尤其是法律续造这种强意义的价值判断,法官拥有较大幅度的裁量空间,甚至可以扮演一种创造性的角色,但"这并不意味着允许法官在确实'没有规范的空间'中肆意、凭兴趣或心情作出裁判"[1]。即便是超越法律的法续造,也绝不是一种随心所欲的个人化判断,它如果想要理性化,就必须接受价值判断所遵循的规则和限制。当现行法律出现了不圆满而亟需法官填补漏洞时,法官需要转换身份角色,设身处地地把自己想象成一个立法者,如果在立法当初遇到眼前这个争议问题,会如何公允和客观地提出相应的法律规制方案。这其实是一个反事实(counter-fact)的推理,法官实际上毕竟不是立法者,在立法当初也确实未考虑过此种问题,这一切不过是一场角色置换的思想实验。

当法官迫不得已,必须超越现行法体系进行法续造之时,方法忠诚要求他仍然应谨记自己的特定职业角色,法律续造活动很少是白手起家、另起炉灶,通常是对既有法律的修修补补。法官续造法律的行为表面上看似偏离了既有的法体系,但实质上他是在"连贯且一致"地发展法律,使得所创造出来的法律看起来好像就是原有法律的一部分,或者说,法官只不过是把原本就隐藏在法律之中的隐含/默示性法(implicit law)以一种明确的方式揭示出来了而已。[2] 总之,方法忠诚对价值判断施

---

[1] [奥]恩斯特·A. 克莱默:《法律方法论》,周万里译,法律出版社2019年版,第214页。

[2] 富勒曾明确提出过"隐含性法"的概念,以区别于"制定之法"。See Lon L. Fuller, *Anatomy of the Law*, Praeger, 1977, pp. 44-45.

加了忠于法律的约束,即使是法律续造也受该伦理义务的约束,超越实在法体系所进行的法续造仍应与现有整体法秩序保持一致,使其并未叛离依法裁判的基本立场。

(二) 价值判断应忠实地披露理由

在上文讨论程序性限制规则时候,提出价值判断者应承担相应的论证责任,这种论证责任主要是法律上的程序要求。此处,价值判断应忠实地披露理由,主要是一种道德伦理上的约束。通常而言,一位尽职的判断者会如实地展示判断据以作出的理由;相反,一位怠忽职守的判断者会在道德上放松要求,不太可能会如实奉告价值判断的真实理由。

实践中盛行这样一种做法,决策者通过预判先行得出想获得的结果,然后再从法体系的内部或外部寻找理由来证立该结果。在理论上,上文将此种价值论证思路称为"后果导向的判断"。这种判断方式为何会在实践中流行,原因可能是多方面:比如,包括法官在内的很多人在智识思考上有惰性,给出结论很容易,但要理性推理就很难;又比如,法官可能像常人一样基于感情、第一印象、看似有吸引力的观点等做决策;再比如,迎合多数人或主流的意见,或者取悦政治集团。[1] 这种价值论证模式可能面临不少问题,其中之一在于很容易将法外因素带入决策过程,并时常会利用修辞技术加以掩饰。

这就进入了价值判断伦理限制的第二个层面,判断者应以公开方式忠实地披露裁判据以形成的理由。显然,"忠实"的对

---

[1] See John W. McCormac, "Reason Comes Before Decision", *Ohio State Law Journal*, Vol. 55, No. 1 (1994), p. 162.

立面是"虚假"。价值论证的不忠实,意味着判断者并未真实地展示裁判的理由依据。在实践中,价值判断的不忠实有两种基本表现形式:其一,判断者有意遗漏主要理由而选择次要理由,诺依曼教授称此种做法为"表面证立",表面上看裁判结果好像是能够得到证立的,但这种论证要么没有体现出真实的裁判动机,要么论证者本人实际上并不情愿接受这种论证。[1]其二,价值判断者并未展示判决据以形成的真正理由,而是借助其他虚假性理由来取代实际理由,并利用修辞手段来掩饰这种偷梁换柱的做法,我们权且称其为"虚假证立"。前书第五章对这两种证立形式已有初步介绍。

在简单案件中,法律判断的理由较为单一,法律适用通常并不存在实质性争议,价值判断在这里体现为一种基于法律的规范性判断,法官只需将一目了然的事实与先在的规范衔接起来,便可圆满地解决手头案件,表面证立一般很难成为一个问题。然而,在复杂疑难案件中,情况会有较大的不同,很多时候正是因为人们对法律背后的实质价值存在分歧才导致案件疑难,如何在相互竞争的价值之间进行协调和权衡就变得重要起来。

这种复杂形式的法律论证,法律规范的逻辑推导或教义论证可能只是表面证立,在为推理准确大前提时所做的一系列价值论证工作,才构成了对司法决策的深层次证立,比如典型地,阿列克西的"外部证成"(推理前提本身的正确性问题)、麦考密克的"二阶证成"(在对立的理由和复数的裁判规则之间作选择)以及瓦瑟斯特罗姆的"二阶证立"(对法律规则合理性的

---

[1] 参见[德]乌尔弗里德·诺伊曼:《法律论证学》,张青波译,法律出版社2014年版,第5页。

证明),〔1〕都涉及对裁判规则本身的再论证,如果想要使得价值论证得到充分的理性化,就务必忠诚地将深层的复杂证立过程和理由展示出来。否则的话,就会陷入一种论证不充分的局面,同时这种浅尝辄止、避重就轻的表面证立亦违背了伦理上的忠诚要求。为此,忠实性给判断者施加了一种在必要时完成深度证立的义务。

"虚假证立"这种价值论证方法最直接地违反了忠诚性的要求,忠诚性也是法律论证得以理性化的基本要求之一,言说者应主张自己相信的东西,并且应当用令自己信服的理由来支撑判断结论。虚假证立的问题并不在于未提供理由,而在于其所展示的并非判断结论得以证立的真正理由。法律论证者之所以设法掩饰真正判决理由,有些时候是由于考量了法外的理由而不敢公开承认,故而通过表面上的教义论证来掩盖法外价值判断的实质行为。如苏力指出的,法教义学的功用是用来帮助人们将一些特殊的后果判断乃至法外判断包装起来,在字面上勾连法律和决定,但判决实质上并不是基于法教义学的理由加以证立的。〔2〕而在另一些时候,"许多对坦诚的疏漏,并不是法官们下意识的伎俩,而是不够彻底分析或真正自欺欺人式分析的产物"〔3〕。

---

〔1〕 参见[德]罗伯特·阿列克西:《法律论证理论——作为法律证立理论的理性论辩理论》,舒国滢译,中国法制出版社2002年版,第274页;[英]尼尔·麦考密克:《法律推理与法律理论》,姜峰译,法律出版社2005年版,第95~96页;Richard A. Wasserstrom, *The Judicial Decision: Toward a Theory of Legal Justification*, Stanford University Press, 1961, pp. 161-171.

〔2〕 参见苏力:《法律人思维?》,载《北大法律评论》编辑委员会编:《北大法律评论》(第14卷·第2辑),北京大学出版社2013年版,第431页。

〔3〕 Scott C. Idleman, "A Prudential Theory of Judicial Candor", *Texas Law Review*, Vol. 73, No. 6 (May., 1995), pp. 1318-1319.

第八章 价值判断理性限制的体系展开

无论是否有意为之，都从根本上扭曲了价值判断的真实过程。

理论上学者们将虚假证立的做法称为"司法虚饰"，这种思想源自法律现实主义流派，侧重于以法官心理或社会性因素来达成判断，但为了确保司法判断的形式合法性又不得已佯装自己是在依法裁判。有学者认为司法虚饰理论源自一种等置论思想，该思想又具体包含一致论（判决原因和判决理由具有同一性）和真诚论（法官有义务如实披露作出判决的真实原因），并通过分别打击这两项具体主张来瓦解司法虚饰论。[1] 笔者反对一致论但支持真诚论，理由在于判决形成的实际原因与规范性证成理由有时确实会出现不一致、不具有一致性，判决原因（cause）更多是基于外部视角获得的经验性或描述性论据（社会学的、心理学的等），相比之下，判决理由（reason）主要是从内在立场提出的规范性或决定性理由（法律性理由）。[2] 当判决形成的原因与理由出现不一致时便会给裁判者有机可乘，此时忠诚性要求将这种不一致贯彻下去。至于真诚论，即便是法官考量了一些不该考量的理由并以其为根据推导结论，也应坦诚地将此公之于众。尤其对于后果考量和法外因素考量，价值论证者必须如实地揭示这些考量原因，并接受法律职业共同体和社会公众的监督。

总之，尽管违背忠诚性要求可能有时会遭致一些法律上的不利影响，但从根本上来说，忠实性毕竟是从伦理角度对判断

---

[1] 参见杨贝：《论判决理由与判决原因的分离——对司法虚饰论的批判》，载《清华法学》2016年第2期。

[2] See Gunnar Bergholtz, "Reasons and Causes in Connection with Judicial Decisions", in Aleksander Peczenik, Lars Lindahl, Bert Foermund eds. , *Theory of Lgal Science*, D. Reidel Publising Company, 1984, pp. 308-309.

者提出的一种道德要求。在实践中,相关主体能否较好地践行此种道德义务,一方面取决于法官职业能力和伦理水平的高低,另一方面也取决于整体的司法环境和氛围,除此之外可能还受一些具体制度设计的影响。在一种较为理想的司法环境下,价值论证者在整体法秩序内忠诚地作出判断,并原原本本地将判决形成的真实过程客观呈现,这确实会提升判决结果的可接受性,使得价值判断能够在一种较弱的意义上获得客观性。

四、结论

价值判断是司法裁判理论的核心内容,但由于价值以及判断活动本身的复杂性,使得价值判断的理性化一直是个难以解决的问题。长久以来,法学方法论尝试从诠释学或法律论证等多个视角破解这个谜团。价值判断的客观性既非虚幻,亦非遥不可及,它对于实现价值判断的理性化证成具有十分重要的意义。实现价值判断的客观性,其实就是设法对价值判断进行限制,使之能够在理性的、可控的、可批判以及可检验的范围内运行。我们可以从实体、程序以及伦理三个方面寻求某些规则,通过限制价值判断的行使来保障一种最低限度的客观性。

首先,实体、程序以及伦理这三个层面的考量,并不会也不可能穷尽价值判断的所有限制规则,除此之外在具体的部门法论域中,还会有一些保障价值判断理性化的具体制度或程序设计。实体、程序和伦理之间相互补充、通力合作,共同构成了价值判断的限制体系,其中实体论证规则是基础,程序论证规则是一种路径限制,而伦理性约束是道德上的自觉和额外保障。

第八章 价值判断理性限制的体系展开

其次,实体性限制规则侧重于价值判断的实质行使。价值判断者应对同等情况坚持同等对待,这也是形式正义原则的内在要求。价值判断应注重前后的连贯一致,尤其是要通盘考量确保作为判断基础的实质理由和价值之间的相互支持、融贯。价值判断从现有法教义学体系出发,每一个法律规则蕴含的教义都是对价值判断设定的拘束,通过不确定概念、概括条款、法律原则等连接点,结合具体的法律方法发掘价值判断的功能。另外,价值判断行使过程中有时会侵损个体权利或法教义学体系,故应尽可能寻求一种损害最小和利益最大化的论证方案。

再次,价值判断遵循既定的论证程序,不偏不倚地得出判断结论,在此种意义上可认为它实现了程序的客观性。程序客观性只是保证价值判断的尽可能公开、中立和非个人化,但并不承诺判断结论的正确性。价值判断应在法体系中公开判断和论证,这是从法律商谈理论中转借过来的规则,这一普遍理性证立规则之下又包含一系列具体的论证程序规则,它们均能对价值判断施加不同程度和内容的限制。同时,价值判断还应遵循论证责任负担规则,价值论者必须言之有据,但立场遭受质疑或想要偏离已公认的教义学说或原理时,负有责任提供证据对自己的立场加以理性证立。

最后,伦理限制是实体和程序之外的兜底性保障。它要求价值判断者应秉持方法忠诚的立场,所谓忠诚最重要的就是忠实于法体系的规则、原则和精神,即便是在扮演一种暂时性立法者角色进行法律续造时,亦不能任性地凭借自己的主观情感和偏好判断,而应从客观法律价值出发,不得任意地逃逸到法体系之外判断。为了让价值判断接受批评和检验,判断者应忠实地披露判决形成的过程，这要求裁判者应避免"表面证立"和"虚假证立"这两种常见的不忠诚做法。伦理限制更多的是从道德上引导和启发判断者循规蹈矩、诚信判断，哪怕判断的根据逾越了法律的界限，也应客观地将事情原委展示于众，在公开的批判和检验中使价值判断慢慢趋向于理性化。

Reference 参考文献

一、著作
（一）中文著作

1. ［奥］恩斯特·A. 克莱默：《法律方法论》，周万里译，法律出版社2019年版。
2. ［德］阿图尔·考夫曼：《法律获取的程序——一种理性分析》，雷磊译，中国政法大学出版社2015年版。
3. ［德］伯恩·魏德士：《法理学》，丁晓春、吴越译，法律出版社2013年版。
4. ［德］古斯塔夫·拉德布鲁赫：《法哲学》，王朴译，法律出版社2013年版。
5. ［德］古斯塔夫·拉德布鲁赫：《法哲学入门》，雷磊译，商务印书馆2020年版。
6. ［德］考夫曼：《法律哲学》，刘幸义等译，法律出版社2004年版。
7. ［德］H. 科殷：《法哲学》，林荣远译，华夏出版社2002年版。
8. ［德］卡尔·拉伦茨：《法学方法论》（全本·第6版），黄家镇译，商务印书馆2020年版。
9. ［德］罗伯特·阿列克西：《法律论证理论——作为法律证立理论的理性论辩理论》，舒国滢译，中国法制出版社2002年版。
10. ［德］罗尔夫·旺克：《法律解释》（第6版），蒋毅、季红明译，北京

· 299 ·

大学出版社 2020 年版。

11. [德] 马克斯·韦伯:《社会科学方法论》,韩水法、莫茜译,商务印书馆 2013 年版。

12. [德] 齐佩利乌斯:《法学方法论》,金振豹译,法律出版社 2009 年版。

13. [德] 萨维尼:《当代罗马法体系Ⅰ》,朱虎译,中国法制出版社 2010 年版。

14. [德] 施塔姆勒:《正义法的理论》,夏彦才译,商务印书馆 2012 年版。

15. [德] 托马斯·M.J. 默勒斯:《法学方法论》（第 4 版）,杜志浩译,北京大学出版社 2022 年版。

16. [德] 乌尔弗里德·诺伊曼:《法律论证学》,张青波译,法律出版社 2014 年版。

17. [德] 亚图·考夫曼:《类推与"事物本质"——兼论类型理论》,吴从周译,新学林出版股份有限公司 1999 年版。

18. [德] 尤利乌斯·冯·基尔希曼:《作为科学的法学的无价值性——在柏林法学会的演讲》,赵阳译,商务印书馆 2016 年版。

19. [芬兰] 奥利斯·阿尔尼奥:《作为合理性的理性:论法律证成》,宋旭光译,中国法制出版社 2021 年版。

20. [美] 安德瑞·马默:《法哲学》,孙海波、王进译,北京大学出版社 2014 年版。

21. [美] 益格洛·昂舍塔:《科学证据与法律的平等保护》,王进喜、马江涛等译,中国法制出版社 2016 年版。

22. [美] 本杰明·卡多佐:《司法过程的性质》,苏力译,商务印书馆 1998 年版。

23. [美] 弗里德里克·肖尔:《像法律人那样思考:法律推理新论》,雷磊译,中国法制出版社 2016 年版。

24. [美] 格瑞尔德·J. 波斯特马主编:《哲学与侵权行为法》,陈敏、云建芳译,北京大学出版社 2005 年版。

25. [美]杰罗姆·弗兰克:《初审法院——美国司法中的神话与现实》,赵承寿译,中国政法大学出版社 2007 年版。

26. [美]杰罗姆·弗兰克:《法律与现代精神》,刘楠、王竹译,法律出版社 2020 年版。

27. [美]茱莉亚·德莱夫:《后果主义》,余露译,华夏出版社 2016 年版。

28. [美]凯斯·R. 桑斯坦:《就事论事——美国最高法院的司法最低限度主义》,泮伟江、周武译,北京大学出版社 2007 年版。

29. [美]朗诺·德沃金:《认真对待权利》,孙健智译,五南图书出版股份有限公司 2013 年版。

30. [美]理查德·A. 波斯纳:《法律的经济分析》(上),蒋兆康译,中国大百科全书出版社 1997 年版。

31. [美]理查德·A. 波斯纳:《超越法律》,苏力译,中国政法大学出版社 2001 年版。

32. [美]理查德·A. 波斯纳:《道德和法律理论的疑问》,苏力译,中国政法大学出版社 2001 年版。

33. [美]理查德·波斯纳:《法官如何思考》,苏力译,北京大学出版社 2009 年版。

34. [美]理查德·波斯纳:《波斯纳法官司法反思录》,苏力译,北京大学出版社 2014 年版。

35. [美]鲁格罗·亚狄瑟:《法律的逻辑——法官写给法律人的逻辑指引》,唐欣伟译,法律出版社 2007 年版。

36. [美]罗纳德·德沃金:《认真对待权利》,信春鹰、吴玉章译,上海三联书店 2008 年版。

37. [美]罗纳德·德沃金:《原则问题》,张国清译,江苏人民出版社 2012 年版。

38. [美]罗斯科·庞德:《通过法律的社会控制》,沈宗灵译,商务印馆 2010 年版。

39. [美] 米尔伊安·R. 达玛什卡：《司法和国家权力中的多种面孔——比较视野中的法律程序》（修订版），郑戈译，中国政法大学出版社 2015 年版。

40. [美] P. 诺内特、[美] P. 塞尔兹尼克：《转变中的法律与社会：迈向回应型法》，张志铭译，中国政法大学出版社 2004 年版。

41. [美] 威廉·A. 盖尔斯敦：《自由多元主义：政治理论与实践中的价值多元主义》，佟德志、庞金友译，江苏人民出版社 2005 年版。

42. [美] 威廉·M. 兰德斯、[美] 理查德·A. 波斯纳：《侵权法的经济结构》，王强、杨媛译，北京大学出版社 2005 年版。

43. [美] 约翰·V. 奥尔特：《正当法律程序简史》，杨明成、陈霜玲译，商务印书馆 2006 年版。

44. [美] 约翰·莫纳什、[美] 劳伦斯·沃克：《法律中的社会科学》（第 6 版），何美欢、樊志斌、黄博译，法律出版社 2007 年版。

45. [英] 尼尔·麦考密克：《法律推理与法律理论》，姜峰译，法律出版社 2005 年版。

46. [英] 尼尔·麦考密克：《法律制度：对法律理论的一种解说》，陈锐、王琳译，法律出版社 2019 年版。

47. [英] P. S. 阿蒂亚、[美] R. S. 萨默斯：《英美法中的形式与实质——法律推理、法律理论和法律制度的比较研究》，金敏、陈林林、王笑红译，中国政法大学出版社 2005 年版。

48. [英] 帕特里克·德富林：《道德的法律强制》，马腾译，中国法制出版社 2016 年版。

49. [英] 彼得·斯坦、[英] 约翰·香德：《西方社会的法律价值》，王献平译，中国法制出版社 2004 年版。

50. [英] 詹姆斯·斯蒂芬：《自由·平等·博爱——一位法学家对约翰·密尔的批判》，冯克利、杨日鹏译，广西师范大学出版社 2007 年版。

51. 陈界融译著：《〈美国联邦证据规则（2004）〉译析》，中国人民大学出版社 2005 年版。

52. 陈铭祥：《法政策学》，元照出版公司 2011 年版。
53. 陈瑞华：《程序性制裁理论》（第 3 版），中国法制出版社 2017 年版。
54. 陈运生：《法律冲突解决的进路与方法》，中国政法大学出版社 2017 年版。
55. 何怀宏：《良心论：传统良知的社会转化》，北京大学出版社 2017 年版。
56. 侯猛：《中国最高人民法院研究——以司法的影响力切入》，法律出版社 2007 年版。
57. 黄茂荣：《法学方法与现代民法》（增订 7 版），纮基印刷有限公司 2020 年版。
58. 姜昕：《比例原则研究——一个宪政的视角》，法律出版社 2008 年版。
59. 焦宝乾：《法律论证导论》，山东人民出版社 2006 年版。
60. 梁坤：《社会科学证据研究》，群众出版社 2014 年版。
61. 吕荣海：《从批判的可能性看——法律的客观性》，蔚理法律出版社 1987 年版。
62. 齐树洁主编：《英国证据法》（第 2 版），厦门大学出版社 2014 年版。
63. 王泽鉴：《民法总则》（增订版），中国政法大学出版社 2001 年版。
64. 谢世民主编：《理由转向：规范性之哲学研究》，台大出版中心 2015 年版。
65. 《瑞士民法典》，殷生根、王燕译，中国政法大学出版社 1999 年版。
66. 杨仁寿：《法学方法论》（第 2 版），中国政法大学出版社 2013 年版。
67. 姚辉：《民法学方法论研究》，中国人民大学出版社 2020 年版。
68. 张青波：《理性实践法律：当代德国的法之适用理论》，法律出版社 2012 年版。
69. 赵汀阳：《论可能生活》（第 2 版），中国人民大学出版社 2010 年版。
70. 朱庆育：《民法总论》（第 2 版），北京大学出版社 2016 年版。

(二) 外文著作

1. Aleksander Peczenik, *The Basis of Legal Justification*, Lund, 1983.
2. Aleksander Peczenik, *On Law and Reason*, Springer, 2008.
3. Alexander Nikolaevich Shytov, *Conscience and Love in Making Judicial Decisions*, Spring, 2013.
4. Amalia Amaya, Ho Hock Lai eds., *Law, Virtue and Justice*, Hart Publishing, 2013.
5. Austin Sarat eds., *Blackwell Companions to Sociology*, Blackwell Publishing, 2008.
6. Brian Leiter eds., *Objectivity in Law and Morals*, Cambridge University Press, 2001.
7. Brian Leiter, *Naturalizing Jurisprudence: Essays on American Legal Realism and Naturalism in Legal Philosophy*, Oxford University Press, 2007.
8. Bruce Anderson, *"Discovery" in Legal Decision-Making*, Springer, 1996.
9. Bryan A. Garner et al., *The Law of Judicial Precedent*, Thomson Reuters, 2016.
10. Ch. Perelman, L. Olbrechts-Tyteca, *The New Rhetoric: A Treatise on Argumentation*, translated by John Wilkinson and Purcell Weaver, University of Notre Dame Press, 1969.
11. Ch. Perelman, *Justice, Law, and Argument: Essays on Moral and Legal Reasoning*, D. Reidel Publishing Company, 1980.
12. Csaba Varga, *Theory of the Judicial Process: The Establishment of Facts*, Budapest, 2011.
13. David Barnes, *Statistics as Proof: Fundamentals of Quantitative Evidence*, Little, Brown, 1983.
14. Dennis Patterson, *A Companion to Philosophy of Law and Legal Theory*, Wiley-Blackwell, 2010.
15. Fernando Atria, *On Law and Legal Reasoning*, Hart Publishing, 2001.

16. Frederick Schauer, *The Force of Law*, Harvard University Press, 2015.
17. Gustav Radbruch, Grundzüge der Rechtsphilosophie, 1. Aufl. 1914.
18. H. L. A. Hart, *Law, Liberty and Morality*, Stanford University Press, 1963.
19. Heinrich Hubmann, Grundsätze der Interessenabwägung, AcP 1956.
20. Jason E. Whitehead, *Judging Judges: Values and the Rule of Law*, Baylor University Press, 2014.
21. Jeffrey Brand-Ballard, *Limits of Legality: The Ethics of Lawless Judging*, Oxford University Press, 2010.
22. John Austin, *Lectures on Jurisprudence: or the Philosophy of Positive Law*, fifth edition, revised and edited by Robert Campbell, John Murray, 1911.
23. John Bell, *Policy Arguments in Judicial Decisions*, Oxford University Press, 1983.
24. John Finnis, *Natural Law and Natural Rights*, second edition, Oxford University Press, 2011.
25. John Rawls, *A Theory of Justice*, revised edition, Harvard University Press, 1971.
26. Joseph Raz, *The Authority of Law: Essays on Law and Morality*, Oxford University Press, 1979.
27. Joseph Raz, *Ethics in the Public Domain: Essays in the Morality of Law and Politics*, Oxford University Press, 1994.
28. Jürgen Habermas, *Moral Consciousness and Communicative Action*, translated by Christian Lenhardt and Shierry Weber Nicholsen, Polity Press, 1990.
29. Kent Greenawalt, *Law and Objectivity*, Oxford University Press, 1992.
30. Klaus Mathis, "Consequentialism in Law", in Klaus Mathis eds., *Efficiency, Sustainability, and Justice to Future Generations*, Springer, 2011.
31. Larenz, Richtiges Recht: Grundzüge einer Rechtsethik, 1979.
32. Larry Alexander, Emily Sherwin, *Demystifying Legal Reasoning*, Cambridge University Press, 2008.

33. Larry Alexander, Emily Sherwin, *Advance Introduction to Legal Reasoning*, Edward Elgar Publishing, 2021.
34. Lawrence Baum, *Judges and Their Audiences: A Perspective on Judicial Behavior*, Princeton University Press, 2006.
35. Lon L. Fuller, *The Morality of Law*, revised edition, Yale University Press, 1964.
36. Lon L. Fuller, *The Morality of Law*, revised edition, Yale University Press, 1969.
37. Lon L. Fuller, *Anatomy of the Law*, Praeger, 1977.
38. Louis L. Jaffe, *English and American Judges as Lawmakers*, Oxford University Press, 1969.
39. Martin P. Golding, *Legal Reasoning*, Broadview Press, 2001.
40. Martina Renate Deckert, Folgenorientierung in der Rechtsanwendung, München, 1995.
41. Marting P. Golding, *Legal Reasoning*, Broadview Press, 2011.
42. Matthew H. Kramer, *Objectivity and the Rule of Law*, Cambridge University Press, 2007.
43. Michael J. Saks, Reid Hastie, *Social Psychology in Court*, Van Nostrand Reinhold, 1978.
44. Michael Moore, *Placing Blame: A General Theory of the Criminal Law*, Oxford University Press, 1997.
45. Neil MacCormick, *Rhetoric and the Rule of Law: A Theory of Legal Reasoning*, Oxford University Press, 2010.
46. Norman Geisler, Frank Turek, *Legislating Morality: Is It Wise? Is It Legal? Is It Possible?* Wipf and Stock Publishers, 2003.
47. Patrick Devlin, *The Enforcement of Morals*, Oxford University Press, 1965.
48. Raymond Wacks, *Law, Morality, and the Private Domain*, Hong Kong University Press, 2000.

49. Richard A. Wasserstrom, *The Judicial Decision: Toward a Theory of Legal Justification*, Stanford University Press, 1961.
50. Richard Posner, *Overcoming Law*, Harvard University Press, 1995.
51. Richard Wasserstrom, *The Judicial Decision: Toward a Theory of Legal Justification*, Stanford University Press, 1961.
52. Robert J. Hume, *Judicial Behavior and Policymaking: An Introduction*, Rowman & Littlefield Publishers, 2018.
53. Robert P. George, *Making Men Moral: Civil Liberties and Public Morality*, Oxford University Press, 1995.
54. Ronald Dworkin, *Taking Rights Seriously*, Harvard University Press, 1977.
55. Ronald Dworkin, *Law's Empire*, Harvard University Press, 1986.
56. Rosemary J. Erickson and Rita J. Simon, *The Use of Social Science Data in Supreme Court Decisions*, University of Illinois Press, 1998.
57. Samuel Stoljar, *Moral and Legal Reasoning*, The Macmillan Press Ltd., 1980.
58. Schlegel, John Henry, *American Legal Realism and Empirical Social Science Studies in Legal History*, University of North Carolina Press, 1995.
59. Scott J. Shapiro, *Legality*, Harvard University Press, 2011.
60. Steven J. Burton, *Judging in Good Faith*, Cambridge University Press, 1992.
61. Steven J. Burton, *Judging in Good Faith*, revised edition, Cambridge University Press, 1994.
62. Steven Shavell, *Economic Analysis of Accident Law*, Harvard University Press, 1987.
63. Tony Honoré, *Responsibility and Fault*, Hart Publishing, 1999.
64. Wilson Huhn, *The Five Types of legal Argument*, second edition, Carolina Academic Press, 2008.

二、论文

（一）中文论文

1. ［德］卡尔-埃博哈特·海因:《不确定法律概念和判断余地———一个教

义学问题的法理思考》，曾韬译，载《财经法学》2017 年第 1 期。

2. [德] Ralf Poscher：《裁判理论的普遍谬误：为法教义学辩护》，隋愿译，载《清华法学》2012 年第 4 期。

3. [德] 乌尔弗里德·诺伊曼：《时代镜像中的法哲学：古斯塔夫·拉德布鲁赫（1978—1949）》，申屠晓莉、邓卓行译，载里赞主编：《法律史评论》（2020 年第 2 卷·总第 15 卷），社会科学文献出版社 2020 年版。

4. [美] 罗纳德·德沃金：《我们的法官必须成为哲学家吗？他们能成为哲学家吗?》，傅蔚冈、周卓华译，载许章润主编：《清华法学》（第 5 辑·"法律思想与人文语境"研究专号），清华大学出版社 2005 年版。

5. [美] 玛蒂尔德·柯恩：《作为理由之治的法治》，杨贝译，载《中外法学》2010 年第 3 期。

6. [日] 山本敬三：《民法中的动态系统论——有关法律评价及方法的绪论性考察》，解亘译，载梁慧星主编：《民商法论丛》（总第 23 卷），金桥文化出版（香港）有限公司 2002 年版。

7. [日] 滋贺秀三：《清代诉讼制度之民事法源的概括性考察——情、理、法》，载 [日] 滋贺秀三等：《明清时期的民事审判与民间契约》，王亚新、梁治平，王亚新等译，法律出版社 1998 年版。

8. [英] 马克西米利安·德奥·马尔：《融贯性在法律推理理论中的作用与价值》，邢焱鹏译，载《苏州大学学报（法学版）》2020 年第 3 期。

9. 白杨、石磊：《〈"北雁云依"诉济南市公安局历下区分局燕山派出所公安行政登记案〉的理解与参照——公民姓氏的法律属性及其规制》，载《人民司法》2021 年第 17 期。

10. 元石：《法教义学：建立司法、学术与法学教育良性互动的途径》，载田士永、王洪亮、张双根主编：《中德私法研究》（总第 6 卷·2010 年），北京大学出版社 2010 年版。

11. 蔡唱：《公序良俗在我国的司法适用研究》，载《中国法学》2016 年第 6 期。

12. 蔡琳：《法律论证中的融贯论》，载《法制与社会发展》2006 年第 2 期。

13. 陈辉：《后果主义在司法裁判中的价值和定位》，载《法学家》2018 年第 4 期。

14. 陈金钊：《被社会效果所异化的法律效果及其克服——对两个效果统一论的反思》，载《东方法学》2012 年第 6 期。

15. 陈景辉：《规则、道德衡量与法律推理》，载《法学研究》2008 年第 5 期。

16. 陈景辉：《法律与社会科学研究的方法论批判》，载《政法论坛》2013 年第 1 期。

17. 陈景辉：《同案同判：法律义务还是道德要求》，载《中国法学》2013 年第 3 期。

18. 陈景辉：《法理论的性质：一元论还是二元论？——德沃金方法论的批判性重构》，载《清华法学》2015 年第 6 期。

19. 陈景辉：《比例原则的普遍化与基本权利的性质》，载《中国法学》2017 年第 5 期。

20. 陈坤：《疑难案件、司法判决与实质权衡》，载《法律科学（西北政法大学学报）》2012 年第 1 期。

21. 陈坤：《疑案审理中的实质权衡与最小损害原则》，载《交大法学》2012 年第 2 期。

22. 陈坤：《法律推理中的独特思维倾向及其可能的误区》，载《现代法学》2020 年第 1 期。

23. 陈林林、许杨勇：《论法律效果与社会效果的"有机统一"》，载《求是学刊》2012 年第 2 期。

24. 陈锐：《"能动司法"：喧嚣过后的反思》，载《浙江工商大学学报》2011 年第 3 期。

25. 陈瑞华：《程序正义论——从刑事审判角度的分析》，载《中外法学》1997 年第 2 期。

26. 陈瑞华:《程序性制裁制度的法理学分析》,载《中国法学》2005年第6期。

27. 陈璇:《正当防卫、维稳优先与结果导向——以"于欢故意伤害案"为契机展开的法理思考》,载《法律科学(西北政法大学学报)》2018年第3期。

28. 杜健荣:《司法的道德困境及其应对》,载《理论探索》2013年第2期。

29. 冯亚东:《罪刑关系的反思与重构——兼谈罚金刑在中国现阶段之适用》,载《中国社会科学》2006年第5期。

30. 高艳东:《从盗窃到侵占:许霆案的法理与规范分析》,载《中外法学》2008年第3期。

31. 高一飞:《论司法价值判断的客观性》,载《浙江社会科学》2021年第2期。

32. 侯猛:《案件请示制度合理的一面:从最高人民法院角度展开的思考》,载《法学》2010年第8期。

33. 侯猛:《社科法学的传统与挑战》,载《法商研究》2014年第5期。

34. 侯猛:《司法中的社会科学判断》,载《中国法学》2015年第6期。

35. 侯猛:《司法过程中的社会科学思维:以人类学为中心》,载《思想战线》2020年第6期。

36. 侯学宾、耿思远:《司法裁判中的社会学解释与客观性社会解释》,载陈金钊、谢晖主编:《法律方法》(第24卷),中国法制出版社2018年版。

37. 侯学勇:《融贯论在法律论证中的作用》,载《华东政法大学学报》2008年第4期。

38. 侯学勇:《司法修辞方法在社会正义实现中的作用》,载《法律科学(西北政法大学学报)》2012年第1期。

39. 黄京平、陈鹏展:《刑事裁判过程中价值判断问题研究》,载《法学家》2005年第6期。

40. 黄泽敏:《案件事实的归属论证》,载《法学研究》2017年第5期。

41. 季卫东:《法律程序的意义——对中国法制建设的另一种思考》,载《中国社会科学》1993年第1期。

42. 江必新:《在法律之内寻求社会效果》,载《中国法学》2009年第3期。

43. 江必新:《司法审判中的价值考量》,载《法律适用》2020年第19期。

44. 姜永伟:《论价值判断作为裁判依据的二阶性》,载《浙江社会科学》2021年第2期。

45. 焦宝乾:《历史解释与目的解释的区分难题及其破解》,载《法商研究》2021年第5期。

46. 孔祥俊:《论法律效果与社会效果的统一:一项基本司法政策的法理分析》,载《法律适用》2005年第1期。

47. 劳东燕:《刑事政策与刑法解释中的价值判断——兼论解释论上的"以刑制罪"现象》,载《政法论坛》2012年第4期。

48. 劳东燕:《价值判断与刑法解释:对陆勇案的刑法困境与出路的思考》,载《清华法律评论》2016年第1期。

49. 雷磊:《法律程序为什么重要?反思现代社会中程序与法治的关系》,载《中外法学》2014年第2期。

50. 雷磊:《法教义学的基本立场》,载《中外法学》2015年第1期。

51. 雷磊:《法律方法、法的安定性与法治》,载《法学家》2015年第4期。

52. 雷磊:《法律概念是重要的吗》,载《法学研究》2017年第4期。

53. 雷磊:《反思司法裁判中的后果考量》,载《法学家》2019年第4期。

54. 雷磊:《司法裁判中的价值判断与后果考量》,载《浙江社会科学》2021年第2期。

55. 李海平:《基本权利客观价值秩序理论的反思与重构》,载《中外法学》2020年第4期。

56. 李红勃:《通过政策的司法治理》,载《中国法学》2020年第3期。

57. 黎丽:《价值判断之于法官》,载《法学》2003年第6期。

58. 李夏旭:《诚信原则法律修正功能的适用及限度》,载《法学》2021年第2期。

59. 李拥军:《合法律还是合情理:"掏鸟窝案"背后的司法冲突与调和》,载《法学》2017年第11期。

60. 李玉林:《中国特色社会主义审判制度的回应性》,载《人民法院报》2020年7月2日,第5版。

61. 林来梵、翟国强:《有关社会科学方法论的反思——来自法学立场的发言》,载《浙江社会科学》2006年第5期。

62. 龙宗智:《关于"大调解"和"能动司法"的思考》,载《政法论坛》2010年第4期。

63. 刘思萱:《论政策回应型司法解释》,载《法学评论》2013年第1期。

64. 刘艳红:《"司法无良知"抑或"刑法无底线"?——以"摆摊打气球案"入刑为视角的分析》,载《东南大学学报(哲学社会科学版)》2017年第1期。

65. 吕忠梅:《论实现法律效果和社会效果的有机统一》,载《人民法院报》2008年11月4日,第5版。

66. 庞凌:《法律原则的识别和适用》,载《法学》2004年第10期。

67. 彭宁:《最高人民法院司法治理模式之反思》,载《法商研究》2019年第1期。

68. 齐建英:《论法律推理中的道德衡量》,载《西北师大学报(社会科学版)》2013年第3期。

69. 桑本谦、李秀霞:《"向前看":一种真正负责任的司法态度》,载《中国法律评论》2014年第3期。

70. 舒国滢:《论法学的科学性问题》,载《政法论坛》2022年第1期。

71. 宋亚辉:《追求裁判的社会效果:1983—2012》,载《法学研究》2017年第5期。

72. 苏力:《也许正在发生——中国当代法学发展的一个概览》,载《比较法研究》2001年第3期。

73. 苏力:《法条主义、民意与难办案件》,载《中外法学》2009年第1期。

74. 苏力:《关于能动司法与大调解》,载《中国法学》2010年第1期。

75. 朱苏力：《从药家鑫案看刑罚的殃及效果和罪责自负——纪念〈法学〉复刊 30 周年·名家论坛（一）》，载《法学》2011 年第 6 期。
76. 苏力：《法律人思维?》，载《北大法律评论》编辑委员会编：《北大法律评论》（第 14 卷·第 2 辑），北京大学出版社 2013 年版。
77. 苏亦工：《清代"情理"听讼的文化意蕴——兼评滋贺秀三的中西诉讼观》，载《法商研究》2019 年第 3 期。
78. 孙海波：《通过裁判后果论证裁判——法律推理新论》，载《法律科学（西北政法大学学报）》2015 年第 3 期。
79. 孙海波：《法律推理新论"新"在哪里》，载《法制日报》2016 年 8 月 21 日，第 12 版。
80. 孙海波：《疑难案件否定法治吗——依法裁判立场之重申》，载《政治与法律》2017 年第 5 期。
81. 孙海波：《类似案件应类似审判吗?》，载《法制与社会发展》2019 年第 3 期。
82. 孙海波：《普通法系法官背离先例的经验及其启示》，载《法商研究》2020 年第 5 期。
83. 孙海波：《司法裁判社会科学化的方法论反省》，载《法制与社会发展》2021 年第 2 期。
84. 孙海波：《道德立法的法哲学省思》，载《学术月刊》2021 年第 5 期。
85. 孙海波：《在法律之内考量裁判后果》，载《比较法研究》2022 年第 4 期。
86. 孙笑侠：《法律人思维的二元论：兼与苏力商榷》，载《中外法学》2013 年第 6 期。
87. 王彬：《法律论证的伦理学立场——以代孕纠纷案为中心》，载《法商研究》2016 年第 1 期。
88. 王彬：《司法裁决中的后果论思维》，载《法律科学（西北政法大学学报）》2019 年第 6 期。
89. 王彬：《逻辑涵摄与后果考量：法律论证的二阶构造》，载《南开学报

（哲学社会科学版）》2020 年第 2 期。

90. 王彬：《司法决策中的效用考量及其偏差控制》，载《暨南学报（哲学社会科学版）》2020 年第 8 期。

91. 《"社会公德"首成判案依据 "第三者"为何不能继承遗产》，载《南方周末》2001 年 11 月 2 日。

92. 王磊：《论法价值的衡量》，载《北大法律评论》2017 年第 2 期。

93. 王鹏翔、张永健：《经验面向的规范意义——论实证研究在法学中的角色》，载李昊、明辉主编：《北航法律评论》（2016 年第 1 辑·总第 7 辑），法律出版社 2017 年版。

94. 王鹏翔、张永健：《论经济分析在法学方法之运用》，载《台大法学论丛》2019 年第 3 期。

95. 王胜俊：《把握司法规律 坚持能动司法努力推动人民法院工作科学发展——致"人民法院能动司法论坛"的信》，载《人民法院报》2010 年 5 月 6 日，第 1 版。

96. 王轶：《民法价值判断问题的实体性论证规则——以中国民法学的学术实践为背景》，载《中国社会科学》2004 年第 6 期。

97. 王怡：《社会主义核心价值观如何入法——一个立法学的分析框架》，载《法学》2019 年第 9 期。

98. 王云清：《司法裁判中的社会科学：渊源、功能与定位》，载《法制与社会发展》2016 年第 6 期。

99. 王志勇：《"司法裁判的客观性"之辨析》，载《法制与社会发展》2019 年第 3 期。

100. 汪祖兴、宋汉林：《民事社会科学证据的中国图景》，载《现代法学》2014 年第 2 期。

101. 武飞：《论司法过程中的案件事实论证》，载《法学家》2019 年第 6 期。

102. 吴英姿：《司法的限度：在司法能动与司法克制之间》，载《法学研究》2009 年第 5 期。

103. 向明、黄洁：《"见死不救"引发的赔偿纠纷》，载《中国审判》2007年第2期。

104. 谢晶：《裁判文书"引经据典"的法理：方式、价值与限度》，载《法制与社会发展》2020年第6期。

105. 许德风：《论法教义学与价值判断：以民法方法为重点》，载《中外法学》2008年第2期。

106. 许德风：《论基于法教义学的案例解析规则——评卜元石：〈法教义学：建立司法、学术与法学教育良性互动的途径〉》，载田士永、王洪亮、张双根主编：《中德私法研究》（总第6卷·2010年），北京大学出版社2010年版。

107. 徐光华、艾诗羽：《从影响性刑事案件反映的社会问题看刑事司法与民意——以2005年至2013年的119个影响性刑事案件为例》，载《法学杂志》2014年第10期。

108. 许娟：《司法判决过程中的道德论证》，载《法学论坛》2012年第2期。

109. 徐阳：《"舆情再审"：司法决策的困境与出路》，载《中国法学》2012年第2期。

110. 杨贝：《论判决理由与判决原因的分离——对司法虚饰论的批判》，载《清华法学》2016年第2期。

111. 杨贝：《论案件事实的层次与建构》，载《法制与社会发展》2019年第3期。

112. 杨知文：《司法裁决的后果主义论证》，载《法律科学（西北政法大学学报）》2009年第3期。

113. 杨知文：《基于后果评价的法律适用方法》，载《现代法学》2014年第4期。

114. 杨知文：《社会学解释方法的司法运用及其限度》，载《法商研究》2017年第3期。

115. 于飞：《〈民法典〉公序良俗概括条款司法适用的谦抑性》，载《中国法律评论》2022 年第 4 期。

116. 张嘉尹：《论"价值秩序"作为宪法学的基本概念》，载《台大法学论丛》2001 年第 5 期。

117. 张剑源：《发现看不见的事实：社会科学知识在司法实践中的运用》，载《法学家》2020 年第 4 期。

118. 张骐：《论类似案件应当类似审判》，载《环球法律评论》2014 年第 3 期。

119. 张骐：《司法推理价值判断的观念与体制分析》，载《浙江社会科学》2021 年第 2 期。

120. 张骐：《论裁判文书的对话性》，载《中国应用法学》2022 年第 1 期。

121. 张文显：《法理：法理学的中心主题和法学的共同关注》，载《清华法学》2017 年第 4 期。

122. 张翔：《形式法治与法教义学》，载《法学研究》2012 年第 6 期。

123. 张彦：《当代西方价值排序理论的范式演进：从舍勒、哈特曼到杜威》，载《学术月刊》2013 年第 2 期。

124. 张彦：《当代"价值排序"研究的四个维度》，载《哲学动态》2014 年第 10 期。

125. 赵宏：《主观权利与客观价值——基本权利在德国法中的两种面向》，载《浙江社会科学》2011 年第 3 期。

126. 郑永流：《法律判断形成的模式》，载《法学研究》2004 年第 1 期。

127. 郑玉双：《孝道与法治的司法调和》，载《清华法学》2019 年第 4 期。

128. 周灵方：《法的价值冲突与选择——兼论法的正义价值之优先性》，载《伦理学研究》2011 年第 6 期。

（二）外文论文

1. Adler, Nancy, David, Major, Susan Roth, Nancy Felipe Russo, Gail Wyatt, "Psychological Factors in Abortion: A Review", *American Psychologist*, Vol. 47, Issue 10 (1992).

2. Aharon Barak, "A Judge on Judging: The Role of a Supreme Court in a Democracy", *Harvard Law Review*, Vol. 116, No. 1 (2002).

3. Alpheus Thomas Mason, "Judicial Activism: Old and New", *Virginia Law Review*, Vol. 55, No. 3 (1969).

4. Andrei Marmor, "Three Concepts of Objectivity", *Tel Aviv University Law Review*, Vol. 19, No. 1 (1994).

5. Anthony T. Kronman, "The Vaule of Moral Philosophy", *Harvard Law Review*, Vol. 111 (1998).

6. Barbara Baum Levenbook, "The Role of Coherence in Legal Reasoning", *Law and Philosophy*, Vol. 3, No. 3 (1984).

7. Bernard Rudden, "Consequences", *The Juridical Review: The Journal of Scottish Universities*, Vol. 14, No. 3 (1979).

8. Brain Leiter, "Rethinking Legal Realism: Toward a Naturalized Jurisprudence", Texas Law Review, Vol. 76, No. 2 (1997).

9. Brian Leiter, "Law and Objectivity", in Jules L. Coleman, Kenneth Einar Himma, Scott J. Shapiro eds., *The Oxford Handbook of Jurisprudence and Philosophy of Law*, Oxford University Press, 2002.

10. Eveline Feteris, "The Rational Reconstruction of Argumentation Referring to Consequences and Purposes in the Application of Legal Rules: A Pragma-Dialectical Perspective", *Argumentation*, Vol. 19, No. 4 (2005).

11. Eveline T. Feteris, "Weighing and Balancing in the Justification of Judicial Decisions", *Informal Logic*, Vol. 28, No. 1 (2008).

12. Fabrizio Esposito and Giovanni Tuzet, "Economic Consequences as Legal Values: A Legal Inferentialist Approach", in Péter Cserne, Magdalena Małecka eds., *Law and Economics as Interdisciplinary Exchange: Philosophical, Methodological and Historical Perspectives*, Routledge, 2019.

13. Flavia Carbonell, "Reasoning by Consequences: Applying Different Argumentation Structures to the Analysis of Consequentialist Reasoning in Judicial De-

cisions", *Cogency*, Vol. 3, No. 2 (2011).

14. Gunnar Bergholtz, "Reasons and Causes in Connection with Judicial Decisions", in Aleksander Peczenik, Lars Lindahl, Bert Foermund eds., *Theory of Lgal Science*, D. Reidel Publishing Company, 1984.

15. Hanoch Sheinman, "Tort Law and Corrective Justice", *Law and Philosophy*, Vol. 22, No. 1 (2003).

16. Harold L. Korn, "Law, Fact, and Science in the Courts", *Columbia Law Review*, Vol. 66, No. 6 (1966).

17. Iris van Domselaar, "Moral Quality in Adjudication: On Judicial Virtues and Civic Friendship", *Netherlands Journal of Legal Philosophy*, Vol. 44, No. 1 (2015).

18. J. Braxton Craven, "The Impact of Social Science Evidence on the Judge: A Personal Comment", *Law and Contemporary Problems*, Vol. 39, No. 1 (1975).

19. Jaap Hage, "Law and Coherence", *Ratio Juris*, Vol. 17, No. 1 (2004).

20. Jeremy Waldron, "Judges as Moral Reasoners", *International Journal of Constitutional Law*, Vol. 7, No. 1 (2009).

21. Jerome Frank, "Are Judges Human?", *University of Pennsylvania Law Review and American Law Register*, Vol. 80, No. 1 (1931).

22. Jerzy Wróblewski, "Legal Decision and its Justification", *Logique Et Analyse*, Vol. 14, No. 53 (1971).

23. Jerzy Wróblewski, "Justification through Principles and Justification through Consequences", in Farrali and Pattaro eds., *Reason in Law*, Giuffrè, 1984.

24. Jerzy Wróblewski, "Moral Values and Legal Reasoning: Some Aspects of Their Mutual Relations", in Wojciech Sadurski eds., *Ethical Dimensions of Legal Theory*, Rodopi, 1991.

25. John E. Simonett, "The Use of the Term 'Result-oriented' to Characterize Appellate Decisions", *William Mitchell Law Review*, Vol. 10, Iss. 2 (1984).

26. John W. McCormac, "Reason Comes Before Decision", *Ohio State Law Jour-*

nal, Vol. 55, No. 1 (1994).

27. Joseph Raz, "On the Autonomy of Legal Reasoning", *Ratio Juris*, Vol. 6, Issue 1 (1993).

28. Joseph Raz, "The Law's Own Virtue", *Oxford Journal of Legal Studies*, Vol. 39, No. 1 (2019).

29. Jules Coleman, "Corrective Justice and Wrongful Gain", *The Journal of Legal Studies*, Vol. 11, No. 2 (1982).

30. Jules L. Coleman, Brian Leiter, "Determinacy, Objectivity, and Authority", *University of Pennsylvania Law Review*, Vol. 142, No. 2 (1993).

31. Jules L. Coleman, "The Practice of Corrective Justice", *Arizona Law Review*, Vol. 37, No. 1 (1995).

32. Julie Dickson, "Interpretation and Coherence in Legal Reasoning", in E. N. Zalta eds., *The Stanford Encyclopedia of Philosophy*, (2005), available at http://seop.illc.uva.nl/archives/win2007/entries/legal-reas-interpret/.

33. Keenan D. Kmiec, "The Origin and Current Meanings of 'Judicial Activism'", *California Law Review*, Vol. 92, No. 5 (2004).

34. Kenneth Culp Davis, "An Approach to Problems of Evidence in the Administrative Process", *Harvard Law Review*, Vol. 55, No. 3 (1942).

35. Larry Alexander, Ken Kress, "Against Legal Principles", *Iowa Law Review*, Vol. 82, No. 3 (1997).

36. Laurens Walker, John Monahan, "Social Frameworks: A New Use of Social Science in Law", *Virginia Law Review*, Vol. 73, No. 3 (1987).

37. Lon L. Fuller, "Positivism and Fidelity to Law: A Reply to Professor Hart", *Harvard Law Review*, Vol. 71, No. 4 (1958).

38. Martha L. Fineman, Anne Opie, "The Use of Social Science Data in Legal Policymaking: Custody Determinations at Divorce", *Wisconsin Law Review* (1987).

39. Martin P. Golding, "A Note on Discovery and Justification in Science and

Law", in J. R. Pennock and J. W. Chapman eds. , *Justification*, Nomos XXX-VIII (1986).

40. Martin Shapiro, "Judges as Liars", *Harvard Journal of Law & Public Policy*, Vol. 17 (1994).

41. Mathilde Cohen, "When Judges Have Reasons Not to Give Reasons: A Comparative Law Approach", *Washington and Lee Law Review*, Vol. 72, Iss. 2 (2015).

42. Neil MacCormic, "Coherence in Legal Justification", in Aleksander Peczenik, Lars Lindahl, Bert Foermund eds. , *Theory of Lgal Science*, D. Reidel Publising Company, 1984.

43. Niels Petersen, "Avoiding the Common Wisdom Fallacy: The Role of Social Sciences in Constitutional Adjudication", *International Journal of Constitutional Law*, Vol. 11 (2013).

44. Patrick Driessen, "The Wedding of Social Science and the Courts: Is the Marriage Working?", *Social Science Quarterly*, Vol. 64, Issue 3 (1983).

45. Paul Troop, "Why Legal Formalism Is Not a Stupid Thing", *Ratio Juris*, Vol. 31, No. 4 (2018).

46. Péter Cserne, "Consequence-based Arguments in Legal Reasoning: A Jurisprudential Preface to Law and Economics", in Klaus Mathis ed. , *Efficiency, Sustainability, and Justice to Future Generations*, Springer, 2011.

47. Péter Cserne, "Policy Arguments before Courts: Identifying and Evaluating Consequence-Based Judicial Reasoning", *Humanitas Journal of European Studies*, Vol. 3 (2009).

48. Peter Westen, "The Empty Idea of Equality", *Harvard Law Review*, Vol. 95, No. 3 (1982).

49. Rachel Cahill-O'Callaghan, "The Influence of Personal Values on Legal Judgments", PhD Thesis, Cardiff University, 2015.

50. Ralf Poscher, "Interpretation and Rule Following in Law: The Complexity of

Easy Cases", in Michał Araszkiewicz, et al. eds., *Problems of Normativity, Rules and Rule-Following*, Springer, 2014.

51. Richard A. Posner, "The Meaning of Judicial Self-Restraint", *Indiana Law Journal*, Vol. 59, No. 1 (1983).
52. Richard Posner, "Reasoning by Analogy", *Cornell Law Review*, Vol. 91, No. 3 (2006).
53. Robert Alexy, Aleksander Peczenik, "The Concept of Coherence and Its Significance for Discursive Rationality", *Ratio Juris*, Vol. 3, No. 1 (1990).
54. Robert Summers, "Two Types of Substantive Reasons: The Core of a Theory of Common-Law Justification", *Cornell Law Review*, Vol. 63, No. 5 (1978).
55. Ronald Dworkin, "In Praise of Theory", *Arizona State Law Journal*, Vol. 29, No. 2 (1997).
56. Scott C. Idleman, "A Prudential Theory of Judicial Candor", *Texas Law Review*, Vol. 73, No. 6 (1995).
57. Thomas C. Grey, "Langdell's Orthodoxy", *University of Pittsburgh Law Review*, Vol. 45, No. 1 (1983).
58. Thomas Søbirk Petersen, "New Legal Moralism: Some Strengths and Challenges", *Crim Law and Philos*, Vol. 4, No. 2 (2010).
59. Wojciech Sadurski, "Rights and Moral Reasoning: An Unstated Assumption—A Comment on Jeremy Waldron's 'Judges as Moral Reasoners'", *International Journal of Constitutional Law*, Vol. 7, No. 1 (2009).

Postscript
后 记

早在撰写博士学位论文期间,就曾关注过价值判断的议题。我的博士论文研究疑难案件的裁判方法,自然无法避开这个问题。只不过当时能力、精力有限,对它的认识不过是一知半解。

2013年,中国法学界,主要是从法理学界开始,掀起了有关"法教义学与社科法学"的学术之争,这场争论迄今为止还在延续。由此,产生了大量的学术论文和著作。十多年过去了,遗憾的是,这并没有引起中国法律学者在方法论上的真正自省和自觉,法教义学和社科法学(法律与社会科学)这两个名称均是从他国舶来之物,这两个概念至今仍是混乱的。

通过观察学者的论辩,我发现,法教义学与社科法学争论的核心之一,在于如何对待价值判断。社科法学似乎认为法教义学不能特别好地处理价值判断,导致教义性推理在实践中的功用大打折扣。社科法学过度地推崇法官的社会科学判断,甚至主张在必要之时法官可从事超越法律的价值判断。这种观点,在具有高度实用主义色彩的美国,不足为奇。但是,对我国法官,以及现实司法实践,还是有不小的冲击。

后来我尝试沿着两派学者的争论,写了一篇习作《在"规范拘束"与"个案正义"之间——论法教义学视野下的价值判

后 记

断》，后来有幸发表在《法学论坛》（2014年第1期）。这算是我比较早切入价值判断主题的小文，目的是想要澄清社科法学对法教义学的误解，辩护法教义学的开放性，能够比较好地包容价值判断，教义性推理并不排斥实质性的价值判断。只不过，价值判断不是任意的，通过遵循形式规则、融贯性和最小损害原则，它可以达到捍卫疑难案件裁判中的依法裁判立场，同时又可以最大限度地确保司法裁判的确定性。

博士毕业后的很长一段时间里，我一直在思考到底怎么能够把"司法中的价值判断"这个问题研究清楚。直到2020年，我有了更多集中阅读和思考的时间，此后陆陆续续撰写了数篇专题式论文，基本上都收录进了本书之中。

另外，值得一提的是，本书的核心内容与笔者博士后报告有较大的重合。博士后研究题目本来是"司法中的法理"，后来出于偷懒的缘故，慢慢靠向了"司法中价值判断的法理"。这么做并不是没有理由。考虑到，司法中法理和情理的密切关联，在疑难案件中仅靠法律规定有时无法获得令人满意的裁判结果，法官还需要依靠法理或情理补充、矫正既有法律之缺陷。但是，法理或情理仅靠自身无法直接发挥作用，需要借助于价值判断这个重要的桥梁或媒介。如此一来，就在"司法中的法理"与"司法中的价值判断"之间架通了桥梁。

虽然，我尝试从多个维度切入价值判断的研究，但不得不说，这个议题确实宏大、艰深，我充其量只不过是窥视了它的冰山一角。还有很多未尽的议题，期许学界同仁一起并进探索。比如，在原来的写作计划中，我特别想研究一下"个人的价值（观）对司法裁判会产生何种影响"，一个人内心的高度个人化

· 323 ·

的价值观,如何能够客观地揭示或呈现出来,绝非一件易事,只好暂时作罢,待将来条件成熟再继续补充研究。

本书八章内容都曾在学术期刊上发表,第一章"法教义学视野下的司法价值判断"发表于《法律科学(西北政法大学学报)》2023年第6期,第二章"司法中的社会科学判断"发表于《法制与社会发展》2021年第2期,第三章"后果导向的司法价值判断"发表于《学术界》2023年第8期,第四章"后果判断的规范化改造"发表于《比较法研究》2022年第4期,第五章"后果主义裁判的限制标准"发表于《浙江大学学报(人文社会科学版)》2024年第9期,第六章"司法裁判中的道德判断"发表于《法制与社会发展》2022年第5期,第七章"中国司法对道德关切的回应"发表于《法制与社会发展》2023年第5期,第八章"价值判断理性限制的体系展开"发表于《法商研究》2023年第3期。在此,感谢刘克毅、侯学宾、邹秋淑、丁洁琳、黄山杉、乔楠、郑怀宇及王虹霞等编辑老师的提携、帮助和指导。

本书出版受到中国政法大学后期资助项目的支持,感谢学校科研处的领导和同事提供的重要保障。

书稿的主体部分曾用作吉林大学博士后出站工作报告,感谢博士后导师张文显教授对我的悉心指导和帮助。感谢孙笑侠教授、尹奎杰教授、钱大军教授和朱振教授等答辩专家提出的宝贵意见,促使我进一步处理和思考很多细节问题。

感谢中国政法大学出版社的冯琰老师,这是我们的第二次合作,她的专业和敬业精神,既避免了书中很多不必要的错误,同时又减轻了我的工作负担,和她共事十分愉快。感谢我的同

后　记

乡学长田雷教授不弃，支持将本书纳入他主持的"雅理中国"文丛，并对书名的表达提出了特别好的建议。

我的博士生肖毅、秦朝阳细致阅读过书稿，并指出书中存在的问题，同时向他们表示感谢。此外，需要感谢的人还有很多，无法一一罗列名字。离开了他们的关心和帮助，本书不可能出版。

笔者自知能力有限，书中缺漏在所难免，还请各位方家不吝赐教！

2024 年 10 月 12 日深夜
于德国弗莱堡马普研究所